口才与写作

主　编◎杜　娟
副主编◎王爱荣　吕胜男

ELOQUENCE
AND
WRITING

中国旅游出版社

责任编辑：王欣艳　石赜睿
责任印制：冯冬青
封面设计：中文天地

图书在版编目（CIP）数据
口才与写作 / 杜娟主编 ; 王爱荣, 吕胜男副主编. 北京 : 中国旅游出版社, 2024. 7. -- ISBN 978-7-5032-7379-7
Ⅰ. H019; H152.3
中国国家版本馆CIP数据核字第2024W5Q642号

书　　名：口才与写作

作　　者：杜娟 主编；王爱荣 吕胜男 副主编
出版发行：中国旅游出版社
（北京静安东里6号　邮编：100028）
https://www.cttp.net.cn　E-mail:cttp@mct.gov.cn
营销中心电话：010-57377103，010-57377106
读者服务部电话：010-57377107
排　　版：北京旅教文化传播有限公司
经　　销：全国各地新华书店
印　　刷：北京明恒达印务有限公司
版　　次：2024年7月第1版　2024年7月第1次印刷
开　　本：720毫米×970毫米　1/16
印　　张：19.25
字　　数：269千
定　　价：45.00元
ISBN　978-7-5032-7379-7

编 委 会

前　言

《口才与写作》教材旨在培养学生使用母语的能力。语言随着生产经济、社会文化、技术运用在不断地变化发展。进入信息化时代，母语的表达、传播发生了前所未有的变化。2021 年 11 月 30 日，《国务院办公厅关于全面加强新时代语言文字工作的意见》指出，“语言文字是人类社会最重要的交际工具和信息载体，具有基础性、全局性、社会性和全民性特点”，要求“加强语言文字基础研究和应用研究”。一方面，说明提升母语表达质量，不仅“事关国民素质提高和人的全面发展”，更对构建和谐社会、提高生产效率，弘扬优秀传统文化和塑造新时代文明，有着重大意义和价值。另一方面，这也反映出语言使用中的新现象、新文化对社会推崇的标准语言的冲击。例如，在泛娱乐化环境中，语言的低幼化倾向，消解了语言和文化的严肃性。年轻一代无意识地冲破语言使用的场合和边界，在以讲求效率和理性精神的工作中，也会采用幼态的话语词汇和模式。这不仅无法塑造可信赖的职业形象，带来沟通中的不便和降低工作效率，还会瓦解人的思考力和专注力。

表达能力是一种应用面极广的能力。职业教育规模扩大和国家产业结构升级，对中高端复合型人才的需求越来越盛，如何善用表达协调复杂关系、处理较高难度事务是其必然的工作内容。然而高职学生的表达水平整体偏低，往往付出较高的沟通成本，获得较低的效率回报。

传统教材普遍对口才和写作课程是什么、讲什么，缺乏科学的论证。内容多以场景（如沟通口才、辩论口才、营销口才、面试口才、电话口才、主持口才等）、社交对象（上级、下级、平级、客户等）或技巧（赞美、说服、拒绝、批评等）划分，甚至混用几种划分方式。总体来说，偏重对现象的解决而不重对成因的分析，偏重技巧话术而不重底层认知，偏重创设对话环境而无视现实环境的复杂性。

本教材从底层原理入手，分析不会说和写的原因。以面试口才为例，求职者表达不畅的个体原因很多，但共性原因在于无法在高压的心理环境下，快速整合经验为有组织的语言，而缺乏技巧只是浅表的问题。因此，教材以改善和提升表达思维为根本，使学习者即使在从未接触过的场景中，也能根据原理有效地组织语言。

本教材引用前沿科学研究，借助心理学、传播学、社会学、神经科学等理论，观察、解释口才与写作活动的发生过程。教材科学、创新，注重知识和能力的体系建构，设立“一个核心两条明线”，即以思维结构为认知和实践的核心，牵引口才与写作两条主线。

语言学家和认知心理学家认为，人的心智具有复杂性，但其基本心智结构是相同的。口头表达和书面表达都是内在心智外化的结果。因此，基于心智模式理论，本教材将口才与写作视为内在思维输出的两个渠道，思维表达在口是口才，表达在手是写作，以结构思维为“骨”，将口才与写作“血肉”融合。本教材内容紧扣职业院校人才培养需求、企业的用人需求、学习者可持续发展的需求。根据信息传播学理论，定义口才为高效传递信息的能力。在广泛调查和研究的基础上，将口才教学分为双向度信息传递—沟通和单向度信息传递—演讲，培养基于人际关系的语言协调能力和基于事理逻辑的语言决策能力。其中，沟通部分根据交流沟通模式理论，提升效率的关键在于减少“干扰”，包含无序信息的干扰和心理耗能的干扰，研判理性—结构思维和感性—情绪管理是提高沟通成效的根本，当以二者为内容主干。写作部分，以实用、适用、够用为导向，选择常用的商务、行政文书应对一般职场需要。增加新媒体写作章节，如微博、微信、社群文案以及短视频脚本写作，以探索母语在信息化时代的表达。

本教材帮助学习者从学习圈层的舒适区进入深度区。通过科学认知引导实践，学习者将从言之有物、有序、有理、有情四个层面提升母语表达水平。本教材还引用了新的研究资料和大众文化新例证，如研究报告、电影、电视剧、社会现象、真实案例，旨在帮助学生将知识与生活相联系，将价值观教育渗透其中。教材可供教师、学生、组织机构、大众爱好者阅读和使用。

本书在编写过程中，参考了近年来口才与写作的理论研究和实践成果，包括国内外的学术论文、专著和企业培训课程，特此致谢。教材案例主要来自公开出版物、电视媒体和非正式出版物等网络资源，编写组向案例资源的作者表示感谢。此外，学生实践作业和编写组教师的作品也是案例来源。

由于编者水平有限、编写时间仓促，本教材中难免有错误与疏漏之处，敬请读者批评指正。

目 录

第一章　沟通

第一节　沟通概述

【情景导入】

周末，小美与一位刚认识的朋友约饭。朋友率先抵达餐厅，提前点好了自己想吃的菜。朋友表示她特别喜欢吃辣，这家餐厅也以擅制辣菜著名。小美不吃辣，但鉴于对方热情推荐，又是第一次约会，她虽然不乐意但也接受了。就餐中小美略感不快，似乎自己的感觉和需要被忽略了。晚上一进家门，辣椒的味道扑面而来，妈妈正在做辣椒炒肉。小美的声音不自觉高了八度说道："怎么回事啊？说了多少次我不吃辣！不吃辣！"妈妈莫名其妙地问"你个四川人，咋就食不得辣子？"小美说："四川人就得吃辣？那你开除我籍贯吧。"听到小美口气这么冲，妈妈问道："这么大火气，谁惹你了？我又没多放。""放的少也不能吃。"小美说。妈妈拿起铲子哐哐敲锅边，立起眉毛怼道："那这么多辣椒吃不完扔了？"小美十分生气，明明说了多少遍不吃辣了，怎么就能像听不见一样？她郁闷地关起房门，打开微信，跳出老板的回复。针对之前小美提出的方案，领导回复了两个字"你定"。小美情绪更差了，关键决策请示领导，领导让我定，这些人都在搞什么啊？

【想一想】

1. 上述沟通出现了哪些问题？

2. 小美的“火”是怎么一步步烧起来的？

3. 把话说出来就等于沟通过了吗？

4. 领导说的“你定”是什么意思？

【解析】

人们对沟通最常见的误解就是将说话与沟通画等号，以为话说出来，对方自然就应该明白，甚至是执行。但事实上，从你说出到对方回应，中间还隔着接收、理解、接受、言语或行动。沟通是一串连续的互动过程，而不是脱口而出的一个动作。当下的情境、各自的沟通模式、传递和解读信息的能力、双方的情绪状态等都会影响沟通的效率和结果。沟通并不等于说话，虽然使用语言是人的本能，说话也是沟通最常用的手段，但从本能上升至技能再到发展成为才能，还有很多内容需要学习。

一、为什么需要沟通

人具有自然属性和社会属性，社会属性是人最主要、最根本的属性。只要人处于社会关系中，就不可能不沟通，它是个体生存、生活和生产所必要的能力。

（一）生理的需要

人是高度社会化的物种，通过沟通构建各种关系，获得基本的安全感和价值感。

试想一下沟通中最令人厌恶的冷暴力，如果某人刻意无视你的语言和需要，拒绝给出一丝关注和反应，你很快就感到压力，被委屈、恐慌、焦虑、羞耻、愤怒吞没。恨不得吵一架，也比被当作空气强。当情绪激荡如潮时，不仅会冲淡理智，也会冲击身体，成语“疾言厉色”就是此情景的精准描述。

研究表明，压力会使人体的胆固醇水平上升，易诱发心血管疾病。当人长期缺乏沟通时，身体中的多巴胺和复合胺会偏低。多巴胺下降导致认知功能下降，加速大脑老化，而复合胺水平低时，身体的慢性炎症和疼痛风险显著增高。可见，在群体中交流是人的基本生理需求。

保持高频的沟通可以促进大脑发育。人脑是典型的“用进废退”的器官，它的中枢神经链接在不断变化和发展中，而沟通是复杂的脑力活动，需要调用多个区域，将内在思维表达为语言和非语言，这是对大脑神经有益的塑造。科学家在对 4~6 岁儿童进行研究时发现，那些和父母交流频繁的孩子，大脑的活动能力更活跃，社交意愿和表达能力更强。这类儿童未来的智力和情商发展比沟通匮乏的儿童更具优势。

高质量沟通也能促进成年人大脑进化。很多人认为说话是本能，不必学习，一直被习惯了的语言表达和情绪反应控制，并不能根据当下的情境选择适当的沟通方法。例如，有些人习惯于通过抱怨别人，来隐晦地表达自己的需要。一方面，抱怨特别容易激发抵触情绪，只会让对方更不想照做；另一方面，经常性使用消极词句会刺激杏仁体过度活跃而产生压力激素，抑制大脑的理性运作。也就是说，消极词句和情绪让人“说话不过脑子”。长久为之，人的沟通力和脑力会越来越差。因此，提升沟通认知，优化沟通方法，不仅会改善沟通质量，还能塑造更睿智的大脑。

沟通对于构建人的内在世界至关重要。我们在与他人的互动中，建立起对自我的认知。首先是社会比较[①]。通过对比他人来评估自己，例如“我比他高”“我比他漂亮”“我不如他聪明”类似的比较勾勒出自我的形象。其次是反映评价，即自我概念反映的是我们认为别人看待我们的方式。刚出生时，人没有或只有微量的自我意识。婴儿通过感受养育者如何对待他，将养育方式内化而逐渐有了自我意识。在会说话后，儿童会收到更多反馈，如“你很聪明”“你是坏孩子”“你真笨”，这些评价被内化后形成了自我概念的一部分。成长中，通过和不同的人沟通、做不同的事，人会得到更丰富的反映评价，

① ［美］罗纳德·B·阿德勒，拉塞尔·F·普罗科特. 沟通的艺术［M］. 北京：北京联合出版公司，2023：67-68.

不断修正自我概念。可见，如果没有关系中的沟通，我们根本无从知晓自己是谁。

（二）社交的需要

社交互动是人与人之间的社会交往性活动，具有获取人际支持、情感连接、资源共享、情绪调节、休闲娱乐等作用。

沟通是社交最基本和常见的方式，通过吐露话语和表达情感，我们向他人展示自我，发展出远近亲疏的关系。被他人了解和欢迎给人带来很大的愉悦感和满足感。多项针对年轻人社交状态的研究表明，和朋友沟通是当代年轻人最放松、快乐的事。18-22 岁是最喜欢与朋友亲密相处的年龄段，男生更倾向于从社交中获取能量。从大众媒体中也可以看到，像《Friends》《武林外传》等老牌电视剧至今仍有很大的观众群，即使只是“围观”别人的沟通，也能让人体会到关系链接的快乐。与各色人等社交往往比独处更能激活丰富的情感体验，高质量的沟通会使人领略到关系的正面价值。

如今，人们已经意识到沟通十分重要，但现代人的社交困境开始显现。据调查数据显示，当代年轻人人均只有 2.5 个好友，近一成人没有朋友。随着网络信息时代的到来，人们将沟通渴望转向线上，Y 世代和 Z 世代已经十分适应网络社交，面对面的沟通互动被大大削减。媒介沟通具有“隐”和“简”的特性，解决了想到社交就恐惧、没有社交又抑郁的问题，让年轻一代在边界感和融合感之间找到舒适点。但享受科技红利的同时也不可避免地被卷入新问题。一方面数字化技术提供了一种虚幻的陪伴，沉浸其中，越发不愿面对真实世界的沟通，获得不了实质的亲密关系。另一方面，网络语言具有碎片、简单化的倾向，非语言线索尤其缺乏。譬如，表情包就是对缺失信息的补偿，但它不够准确和精细，远不如面部表情、肢体动作、语调语气等更能直接、丰富地提供理解信息的各种线索，容易被误读。

面对面沟通并不总春风和煦，但它所带来的真实体验和丰富感受是网络无法比拟的。小聚、闲聊、拌嘴都是获得真实关系的连接杆。如果朋友不多，也没关系。据调查数据显示，36 岁以上人群更注重沟通质量，一次打破生活圈层的新信息输入和精神交流，能让快乐持续更久。可见，高质量的沟通有时比数量更重要，也能给予人社交的幸福感。

【讨论】

有没有哪部电视剧或者电影，描绘了人与人之间深刻而又亲密的关系？人物的哪些对话给你带来了与之同悲喜的感动？

（三）达成目标的需要

沟通是服务现实目标的工具，即引导人或事朝着你希望的方向表现和发展。有些目标很简单，只要你表达出来，对方就能执行。比如，你对阿姨说：“我要一份鱼香肉丝。”她不会拿番茄炒蛋。这时，沟通就是工具，使你的想法被了解和执行。但很多时候，目标的达成并不容易。请看下面一段对话：

“你好，我爱人在你家刚刚购买了双出水模式的水龙头，但安装后发现只有一种出水模式，另外一种调不出来。”

“这边没有查看到亲的订单哦。”

“×××××××××，这是交易的账户名，是我爱人买的。”

“亲亲，抱歉，麻烦您使用下单账号联系客服。”

“下单账号刚给你们了，但是那个账号目前在禁言，无法使用。”

“抱歉，亲亲，不使用下单账号无法服务哦。”

“确实是你家的产品，这是厨房龙头，要急用。可以帮下忙吗？”

“咱们产品有质保，您可以联系售后上门检查。”

“上门有费用吗？”

“是的，安装和检查需要收费。”

“那谁来付费？我这是刚买的，如果有问题也应该商家负责，怎么让客户自己付费。”

“上门都是要收费的哦。”

“这不合理呀，商家有服务义务，为什么要我额外花钱？”

“麻烦亲亲使用购买账号联系客服。”

“跟你说了在禁言呀。”

“抱歉。”

“已经反复说明购买账号无法使用，你哪儿抱歉啊？就是在为难人呀！我给你提供交易页面还不行？”

“很抱歉。”

“又不是多复杂的问题，而且已经提供了在你家购买的截图证明了，还要怎样？这么大的品牌，就这服务意识啊？你别说了，换人。”

“亲亲，您好，我是您的新客服，请先消消气，给我一点时间来了解下情况，好吗？嗯，了解您的诉求了。是这样的，由于平台不支持跨账号服务，造成了我们服务没有跟上，这并不是在为难您，但让您不舒服了我们很抱歉。您现在方便按照提示，我们一起来查找下问题吗？”

“可以。”

“好的，以上安装都没问题，您方便拍摄视频让我看下您的操作吗？”

“好的，我是这样操作的。”

“嗯，明白了，调节部位太靠上了，请您逆时针转动最下方部位试试看。”

“嗯，可以了。”

以上沟通在日常生活中很常见。因为信息差的存在，客户并不知道跨平台服务有相关规定，第一个客服固执己见，即使在客户提供购买证明后，仍然重复无效话语拒绝沟通，激发了客户的情绪。而第二位客服，先是安抚客户情绪，之后核对双方信息差，两句话就解决了问题。在面对较复杂的目标时，沟通就像是踩平衡板，在说与听、情绪与理智、坚定与灵活、往前冲与向后退、利己与利他之间，要找到平衡点。因此，沟通工具能否被恰当应用甚至艺术性地运用，将直接影响目标的实现。

尽管人人都在强调沟通很重要，但对什么是沟通、怎么沟通，不甚了解。

很多时候把观点说明白都有困难，就更不要说被人接受了。与前述的身心需求和社交需求相比，想要达成现实目标不能仅仅依凭语言本能和表达习惯，还要借助更高的认知和专门的训练。许多人出于心理懒惰和行为惯性，在对待沟通这个工具时，宁可“钝刀砍柴也不磨刀”，导致人们普遍认为支出了高沟通成本，但效率不如人意。

从智联招聘发布的雇佣关系趋势报告可见，除专业技能外，雇主最看重的前三位技能分别是沟通表达、心理抗压及数据处理。76.9% 的公司把表达和沟通能力放在第一考察位，认为任何职级，沟通能力都是不可或缺的。这意味着，谁具有良好的沟通能力，谁就更容易在职场竞争中脱颖而出，甚至获得更高的报酬。

【多元视角】

21 世纪核心素养 5C 模型①

北京师范大学中国教育创新研究院受世界教育创新峰会组织（World Innovation Summit for Education，WISE）的委托，对全球 21 世纪核心素养教育实施经验进行梳理和总结，通过对 5 个国际组织和 24 个国家或地区的文献进行调研和深入加工，形成《面向未来：21 世纪核心素养教育的全球经验》研究报告。其中提出 5C 模型即文化理解与传承素养（Cultural Competence）、审辨思维（Critical Thinking）、创新素养（Creativity）、沟通素养（Communication）、合作素养（Collaboration）。随着社会的发展和进步，世界各国、地区或国际组织几乎无一例外地把沟通与合作能力放在非常重要的位置。

研究发现，沟通素养与学生的学业成就、未来职业发展以及幸福生活都有密切的关系。例如，大学生的沟通能力与他们的学习成绩以及毕业率显著相关。回避沟通、沟通能力较差的学生更少向外求助，因此获得的支持和资源更

---

① 康翠萍，徐冠兴，魏锐，等.沟通素养：21世纪核心素养5C模型之四［J］.华东师范大学学报（教育科学版），2020，38（2）：71-82.

少、学习成绩更差，也更容易辍学。

良好的沟通能力还与职业成功密切相关。商业合作以及企业与客户之间的良好关系的建立都与有效的沟通有关。沟通能力有助于一个人获得一份工作，也有助于他们在工作中得到晋升。大部分接受调查的公司经理都认为沟通能力在雇佣和评估雇员中非常重要，也对公司业绩有全面的影响。

二、有关沟通的错误认知

沟通是使用信息来生成意义的过程。学者们普遍认同上述的沟通定义，但在一些具体认知上还有分歧，这些分歧进入大众语境，叠加各种文化、经验等，催生出一些常见的错误认知，这些有问题的认知很难引领沟通走上正轨。

（一）沟通是线性传播的

线性传播指发送者向接收者传递语言信息。在这种认知里，同一时间，传播信息的只有发送者，信息的传播是单向、线性的。这一认知受当时电子科学盛行的影响，信息（话语内容）被当作“码”，发送者说话是在编码，接受者听话是在解码，码在意识层被编译并生成含义。这种机械式线性传播观影响久远。

发送者 → 信息 → 接受者

图 1–1　线性传播示意图

但实际上，沟通只有你说我听吗？它不可以双方同时听和说吗？听说的信息，仅仅局限于话语文字吗？语言信息是否会因文化、环境、情绪的介入而变形呢？传递和接收的信息只有话语吗？表情是话语信息吗？沟通只有意识层面的参与吗？理性思维总是管用吗？

（二）沟通就是说话

将沟通简化为说话这种认知是线性传播观的时代余音。到今天仍然有不少人把沟通看得十分简单，觉得沟通就是说话，说话是天生的能力，既然是天生的，就无须学习。把沟通简单理解为说话的人，很少能体会到智慧的交锋和情感的交融。

语言能力的确是人类的本能。但使用语言的能力有高下之分，有明确的评价标准，并非人人都能够在延续关系的前提下从他人身上获得想要的信息或者达成目标。良好的沟通并不能仅仅依凭语言本能，恰当的动机、宽裕的心理空间、有逻辑的话语组织，都需要后天的教育才能达成，认知提升和实训练习必不可少。

（三）沟通可以复制

沟通可以被复制，是很常见的误解，在很长时间里沟通教学都偏重对某一场景的最佳技巧做总结，如辩论、面试、营销、谈判技巧等。

但典型案例所“设计”的沟通场景很难在现实中复现，技巧在遭遇真实复杂的对话环境时，很难被复刻。下面以三个 I 开头的单词归纳沟通无法被复制的三个原因。

Infinity 无法穷尽。没有教学可以包罗所有的沟通场合，也没有所谓的最佳技巧。现实沟通往往综合了多元场景，沟通高手并不执着于复制某一次成功的沟通，而是拥有多样的沟通反应。

Irregularity 无规律性。对话的场景在变，只要人、时机、场景、动机、情绪发生变化，对话技巧必然要应对调整，不存在万用技巧。

Inapplicability 应用困难。每个人具备的对话模式不同，受天赋、家庭、教育、文化等诸多因素影响，对话模式具有一定的稳定性，技巧难以撼动固有的对话模式。

沟通要基于此情、此时、此地、此人，它必然有一些基本原则和底层逻辑，但不可能复制出相同的事件和万能的、最佳的技巧。

（四）沟通是万能的

表达的力量有时会被神化。只要出现问题，就一定要沟通，还要马上沟通；沟通不畅，就是方法错了；如果不能达成目标，就要反复沟通、尽可能多的沟通。类似的误会在生活和职场中频发。

好的沟通能够推动关系和事物朝向积极、正反馈的方向发展，但若将沟通视作万能钥匙，无“锁”不能开，则是一种幻想。想必你也有过类似的经验，即使把握住了恰当的沟通时机，运用了很好的沟通方法，有些问题、有些人依然摆不平。有时沟通太多、太快、太清楚未必是好事。在刚刚大吵一架后，觉得话没说清楚，必须讲个明白，在彼此情绪尚未平复时就急于解释、急于缓和，很可能招致再一次的争执。要接受沟通的有限性，选择合适的场景、对合适的人沟通。

三、沟通的正确认知

（一）沟通的本质

【讨论】

在你看来，沟通更像是哪种活动？拳击、围棋还是舞蹈？请说出你的理由。

1. 沟通的过程：交流沟通模式[①]

比线性传播更进一步，交流模式更准确地反映出沟通的过程和本质。

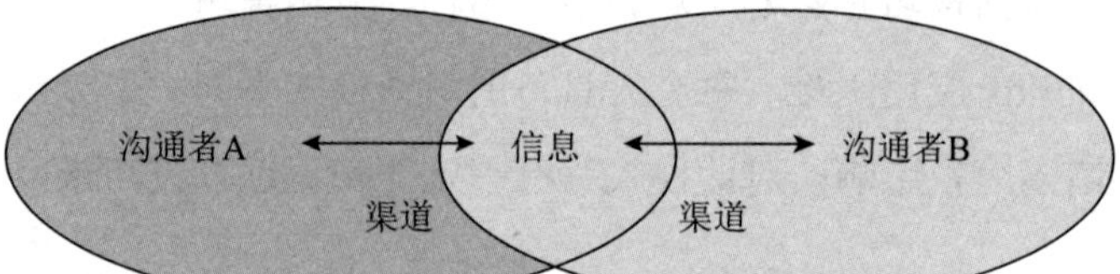

图 1–2　交流沟通模式图

① ［美］罗纳德 · B · 阿德勒，拉塞尔 · F · 普罗科特. 沟通的艺术［M］. 北京：北京联合出版公司，2023：9.

沟通不是你“对”谁说，而是你“和”谁说。信息的传递是双向的、交流的。在同一时空中，沟通双方既在发送信息，也在接收信息。例如，当你正埋头于手头事务，同事跑过来说起另外一件事，你的目光和手没有离开电脑，有一搭无一搭地说着话，同事面露尴尬，识趣地说“我们一会儿聊”。虽然你向同事发送了零星的语言信息，但在听他说的同时，你还发送了更关键的非语言信息——我正忙着呢。这个信息让他面露尴尬，他发送新的信息“我们一会儿聊”。在这个过程中，沟通者几乎同时在发送与接收信息，甚至同时发送了含义相斥的信息。因此，沟通的交互比我们想象得还要快，“话一出口就后悔了”就是因为你发送信息的同时也接收到了对方不愉快了的信息。

2. 沟通的信息和向度

沟通本质上是信息的双向传递，包括显性信息和隐性信息。显性信息指的是宣之于口的言辞，如客观描述、主观评价、意图观点等，偏向在理性脑加工信息。隐性信息则通过表情、动作、语气、音量、语调、语速等传递含义，偏向在情绪脑加工信息。要想知道沟通的当下发生了什么，需要读取和综合两类信息，并结合具体语境，才能做出判断。而沟通之难在于两种信息的含义常常并不一致，这给我们带来很多沟通误解和冲突。

显性信息是内容向度，隐性信息是关系向度。提升沟通效能的关键是处理好内容向度的言辞和关系向度的情绪。前者需要理性思维，后者则需要情绪思维。情绪波动大时会抑制理性的运作。

【讨论】

沟通同时具有关系向度和内容向度。但在不同情境中，我们可能会对某一向度格外关注。比如，在日常生活中与关系亲近者相处时，我们往往更关注关系向度，格外关注对方的沟通带给了我们什么感受。对关系疏远的人，如快递员、服务员、客服沟通时，则更注重内容向度，即我的话说清楚了吗？有用吗？而职场要复杂得多。所谓“共事”，着重关注“事”的内容向度，但也不可轻忽“共”的关系向度。思考一下，对你来说，以上哪种情境更让你头痛？为什么？

3. 沟通的信念：以实现目标和延续关系为导向

沟通一定发生在关系里，而关系至少存在两方，两方秉持怎样的沟通信念将决定沟通的走向。以实现目标和延续关系为导向，就好像为沟通划定了沟渠，不至使语言和情绪如洪水一样泛滥四溢。

常见的沟通信念有三种：对抗型、退避型、协作型。

对抗型

当持有对抗型信念时，我们把沟通当成了较量，常见心理是“我要赢”“我才对”“我比你强”，语言和情绪容易进入紧张、僵持、敌对的状态。

退避型

当持有退让型信念时，沟通被当成了潜在冲突。这类人倾向顺“流”而动，这个“流”是任由沟通发展，也可能是顺从他人的意愿，常见心理是“我很弱”“随你便”“全都行”，语言和情绪容易进入消极、压抑、回避的状态。

协作型

当持有协作型观念时，我们重视在关系的延续中协商目标的实现。争取己方利益，也不破坏他方利益。常见心理是“换个思路”“我们一起想想”“我们的目标是”，语言和情绪容易进入积极、主动、合作的状态。

前两种信念把沟通当作了资源抢夺，不是你有就是我无，而最后一种则是资源共享，我们都可以有。好的沟通信念指向关系的延续，以清晰的目标为导向。

【资源推荐】

电视剧《爱情而已》

习惯了坐冷板凳的羽毛球运动员宋三川，因缘际会结识了陷入职场瓶颈期的梁友安。在梁友安的邀请下，宋三川加入了梁承办的草台网球俱乐部。一个大龄羽转网选手，一个半路出家的俱乐部经理人，一群并肩作战的队友，把一个业余俱乐部打造成了知名的职业俱乐部。在此过程中，宋三川和梁友安萌生爱意，在面对观念和阅历上的冲突时，两个人信任彼此，积极沟通，及时化解纷争，把精力放在成长的主线上，最终收获了光明的职业前景和互为底气的美好爱情。

女主人公梁友安作为职场经验丰富的打工人，沟通能力非常出众。她情绪稳定，说话有理有据，不卑不亢，善于以目标一致和利益共赢引导沟通向前。宋三川性格坚毅，为人坦诚，不吝啬在职业和感情上先付出、多付出。他们的沟通思维和互动方式积极而健康，值得年轻人学习。

（二）沟通能力的评价坐标

沟通能力可以从内容向度和关系向度两个层面评价。内容向度延展出的评价坐标是言之有物、言之有序、言之有理，关系向度延展出的评价坐标是言之有情。

1. 言之有物

"物"包含三个由低到高的要求，有中心、有细节、有干货，分别对应表达聚焦、充实、高价值。

有中心，指的是表达有核心内容、确定主题、主旨思想或目标指向，避免空洞游离。"说了半天不知道在说什么""太废话了"都是没有中心的表现。我们可以借助金字塔原理和 PREP（Point 结论、Reason 原因、Example 事例、Point 结论）等结构化思维工具，紧抓表达主线，突出重点。

有细节，指的是有充实的内容、具体的信息、确切的情节或确凿的根据，避免信口妄言。"真是胡说""还能展开说说"都是在追问细节检验真伪。我们可以借助 5W2H（What 是什么、Why 为什么、When 何时、Where 何地、Who 何人、How 怎么做、How much 做的程度）等结构化思维工具，充实"物"的细节，提升可信度。

有干货，指的是通过学识、经验、洞见、妙语为人提供智力、精神、审美价值，"听君一席话，胜读十年书""干货满满""振聋发聩"是典型，这是"物"的最高级别的表达。

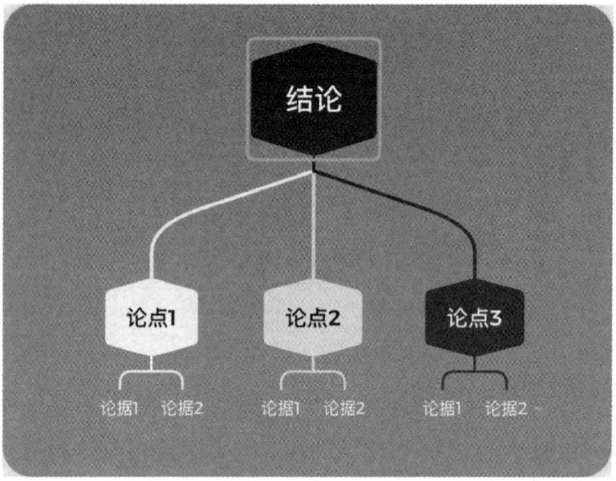

图 1–3 金字塔原理图

2. 言之有序

“序”指的是说话的逻辑。我们都有这样的经验，有些人说话不多，却能三五句就把事情交代清楚。有些人东一榔头西一棒槌，絮叨一堆，还是让人一头雾水。这就是表述逻辑上的高下。

沟通是处理大量信息的过程，当杂乱、支离、冗余的信息被逻辑重组，以次序、条理或结构的方式呈现出来，大大降低信息传递的难度和讹误，提升速度与准度。我们可以借助 MECE（Mutually Exclusive 相互独立、Collectively Exhaustive 完全穷尽）和 SMART（Specific 具体的、Measurable 可衡量的、Attainable 可达成的、Relevant 相关的、Time-based 时限的）等结构化思维工具，提升表达逻辑。

3. 言之有理

“理”是为说服力加码，包含两个层面，有凭有据和合乎道理。

“理”的一个层面是说话要有根据和理由。生活中常见到一些人，只说感受，不提依据。倘若追问原因，多半也是模糊作答。这样的人无法让人信服。根据和理由的阐述，要遵循逻辑。理由即论据，要能有效地佐证论点。针对、典型、确凿、全面都是衡量有效的标准。我们可以通过举例、引用、对比、比喻、类比等手法，为单薄的表达增加证“理”的过程。

“理”的另一层面是合乎道理、情理，也就是符合规矩规律、公序良俗、人情世故等常理。有的“理”非常明确清晰，有的“理”则相对模糊隐晦，随着时代语境的发展，“理”的内涵也在发生改变。微妙的度，需要靠经验的积累逐渐把握。

4. 言之有情

“情”指的是情绪处理，目的是降低沟通的心理成本。“见人说人话，见鬼说鬼话”式的圆滑，很多时候只会激发人的警惕，质疑信息的可靠度。在沟通中，当对方产生了情绪，却被无视时，一味地讲理非但不具备说服力，反而会使对方的情绪雪上加霜，脑力都消耗在情绪对抗上了。因此，能够及时觉察情绪、表达情绪、调整情绪，为沟通创造一个平和、合作的心理环境，就是言之有情的能力。

表 1–1　沟通评价列表

言之有物	中心、细节、干货
言之有序	次序、条理、结构
言之有理	凭据、常理
言之有情	低心理成本、高情绪价值

【小结】

沟通是基本的生存需要和重要的发展能力，但它并不能解决一切问题，更不能做到一次性解决，但优秀的沟通者能够延续关系，不断创造新的沟通条件，以目标引导沟通，通过言之有物聚焦沟通重点，言之有序、言之有理、言之有情搭建沟通框架，真实准确地向对方表达自己的意图和感情，并能识别对方的需求，如内在的情绪需求、外在的利益需求，在协商中找到解决之道。大脑的机制决定了激烈的情绪会抑制理性的表达，因此，沟通时要先处理情绪，再处理问题。

【练习】

1. 你对自己目前的沟通水平满意吗？自我评估一下你在理性言辞还是情绪处理上的能力偏弱，主要存在哪些问题？

2. 美国语言学家艾伯塔梅瑞宾提出过一个著名的沟通公式：沟通的效果 =7% 的言辞 +38% 声音 +55% 态势语，请尝试用不同的声音和态势语说“你可真是个好人啊”这句话，思考不同的声音和态势语如何改变同一句言辞的意思，感受不同的声音和态势语背后的情绪影响因素。

3. 滔滔不绝和擅长沟通是一回事吗？

第二节　情绪要素

【情景导入】

5 月 13 日　阴天

真是被气死了。做了好久的实验，好不容易要出结果了，猪队友又出幺蛾子，把试剂加错了，导致一组人的心血全废了。我只是说他能不能用点脑子，他还生气了，说什么人非圣贤孰能无过、你之前还不是怎样怎样。气得我砸了好几支试管和烧杯。他可好，居然抡起拳头砸我。直到教授来了才把我们拉开。

5 月 18 日　晴

我现在真的抵抗进实验室，别说跟他讲话，就是看也不想看他。有时必须要沟通，明明也想好好说，可说不了三句就炸。今天教授以我们的关系影响到工作为由，建议我们接受一个阶段的情绪调整。我们先是被安排进不同的房间自由地宣泄情绪，之后被要求写下自己的情绪。一开始我很茫然，不就是生气吗？还能写什么？之后老师帮我梳理了冲突中的事件、感受、语言和行动，我才意识到除了生气之外，还有一些很隐秘的情绪，当被它们挟持时，我还来不及思考就惯性地用黑脸表达态度了。下一次，老师希望我俩谈谈对现状的不满和未来的期许。倾诉不满会不会又是一场互相攻击呢？我还有点好奇。

【想一想】

1. 为什么“我”本想好好说话，却做不到？

2. 情绪应该被表达出来吗？它的破坏性表达方式有哪些？

3. 结合案例和你的经验，思考情绪对沟通的影响，你一般怎么处理沟通中的情绪问题？

【解析】

每个人都有愤怒和表达愤怒的权利，在人际沟通中遇到矛盾时可以告诉对方自己的不满，但要谨慎地选择表达情绪的方式，以免对沟通和关系产生破坏性的影响。案例中的两人在实验失败时都采取了冲动、不理智的情绪宣泄——骂人、砸东西、打架、冷战。很多人并不了解情绪的运作机制，对情绪的处理和表达也很陌生。事实上，在沟通中我们应该优先处理好自己和对方的情绪，之后理智才能开启，推进沟通向好向前。建立正确的认知、敏锐地觉察和恰当地表达情绪，不仅有益于提升沟通效率，也能调节个人与自我、他人和世界的关系。

一、情绪对沟通的影响

沟通分为内容向度和关系向度，本章针对关系向度的情绪进行讲解。

（一）认知情绪

1. 情绪的概念

情绪是指伴随着认知和意识过程产生的对外界事物态度的体验，是人脑对客观外界事物与主体需求之间关系的反映，是以个体需要为中介的一种心理活动。

情绪包括生理层面上的生理唤醒、认知层面上的主观体验、表达层面上的外部行为。当情绪产生时，这三种层面共同活动，构成一个完整的情绪体验过程。情绪与有机体的需要联系紧密，它是以需要为中介的一种反映形式。客观世界的某些刺激并不全都能引发人的情绪，只有与人的需要有直接或间接联系的事物，才使人产生情绪。通常，能满足人的某种需要的对象，会引起肯定的情绪体验，如满意、自豪、喜悦等。反之，那种妨碍与干扰需要得到满足的东西，会引起否定的情绪体验，如厌恶、痛苦、恐惧、愤怒等。

2. 情绪的产生①

（1）神经生物学角度

情绪是由大脑中特定区域的活动所产生的。人类的情绪中心主要包括下丘脑和杏仁体。下丘脑是调节内分泌系统和自主神经系统的控制中心，它分泌与情绪相关的神经递质包括多巴胺、去甲肾上腺素和内啡肽等。杏仁体是情绪的处理中心，它接收来自外部的信息，并将其转化为情绪反应。杏仁体中与情绪相关的神经递质包括谷氨酸、GABA 和丝氨酸等。因此，神经科学研究发现，情绪的产生是由神经元之间的信号传递所引起的。

【资源推荐】

丹尼尔·戈尔曼《情商》

该书对心理学界关注的“情绪智慧”提出关键性的解释，打破了长久以来智商的天生决定论。作者运用大脑与行为科学的研究成果，认为情绪智力是基本生存能力，说明了情绪智力对人体健康、人际关系、沟通和职业表现的重大影响。在该书第一章节情绪的功能中，作者论证了情绪脑与思考脑的工作方式，强调没有情绪智力，思维就无法达到最好的效果，明确了明智地处理情绪的意义。全球性的商业机构已经把情绪智力作为招聘、晋升和培训员工的标

① 希律心理.情绪是怎么产生的［EB/OL］.（2023-5-27）.［2024-5-23］. https://www.51cmm.com/wz/fhKzS8ee.html.

准，以确保职场沟通发挥最大效力，助力企业、社会的发展。

（2）认知角度

认知角度认为，情绪是我们对外界刺激的解释和评价所产生的反应。人们的情绪反应不仅仅是由外部刺激所引起的，还受到个体的认知和解释的影响。举个例子，开车时如果后车狂按喇叭，还拿大灯闪你，你以为他在恶意催促，瞬间就怒向胆边生，于是边骂骂咧咧边挡着不让他过去。一会儿后车追上来，提醒你车门没有关严，你不仅气消了，还可能感到羞愧和感激。可见，我们的情绪反应是由我们的认知和解释所引起的。

（3）社会文化角度

情绪的产生还受到社会和文化的影响。不同的文化有不同的情绪表达方式和情绪规范。例如，在某些文化中，表达愤怒被视为一种勇气和高自尊，而在另一些文化中，表达愤怒被视为一种不成熟和不礼貌的行为。因此，情绪的产生受到社会和文化背景的影响。

综上所述，情绪的产生受神经元之间的信号传递、个体的认知和解释以及社会和文化的影响。我们可以通过认识和调节这些因素，理解、接纳和处理我们的情绪。

3. 情绪的分类

（1）从生物进化的角度划分

从生物进化的角度，可以把情绪区分为基本情绪和复合情绪。

基本情绪

基本情绪是人和动物共有的、与生俱来的，具有独立的生理神经机制、内部体验和外部表现，又叫原始情绪。

不同的心理流派有不同的类型划分和数量划分。如美国心理学家保罗·埃克曼从情绪具有普遍性信号角度提出，人类存在六种最基本、最原始的情绪：惊奇、快乐、愤怒、恐惧、悲哀和厌恶。

但总体而言，基本情绪可以分为两类：积极情绪和消极情绪。需要注意的是，这里的积极和消极不是指情绪本身存在好坏之分，而是指情绪对人的关系和行为造成了增力还是减力。积极情绪激发积极、安全体验，延续关系；消极情绪激发消极、对抗体验，破坏关系。在一般情况下，满足、快乐、感恩、自豪等属于积极情绪，紧张、自责、痛苦、愤怒等属于消极情绪。判断哪些是积极情绪，哪些是消极情绪，不能教条，而是要依据情绪对人产生的是促进作用，还是削弱作用。

复合情绪

复合情绪是由基本情绪的不同组合派生出来的。例如词语中五味杂陈、心乱如麻、百感交集等，都是典型的复合情绪。它的内在既杂糅了多种情绪，也可能错叠了对立情绪。由愤怒、厌恶和轻蔑组合起来的复合情绪叫敌意，由轻蔑、羡慕、自责组合起来的复合情绪是嫉妒。常见的复合情绪有焦虑、自卑、内疚、冷漠、委屈等。

复合情绪是一种情绪的混沌状态，不易被清楚地感知和分析，它特别容易制造沟通中的误会。身在其中，人常常会出现内在体验与外在表达的不一致，即意识层、认知层、语言层和行动层不一致。言不由衷、口不应心、口蜜腹剑等就是对它的形容。

（2）按情绪状态划分[①]

按照情绪发生的速度、强度和持续时间的长短来划分，可以将情绪分为心境、激情和应激。

心境

心境是一种比较微弱而持久的情绪状态，通常叫作心情。主要有两大特点：弥漫性和长期性。心境的弥漫性是指当人具有某种心境时，这种心境表现出的态度体验会朝向周围的一切事物，让所遇到的各种事件都具有当时心境的性质。愉快的心境使人觉得轻松、愉快，看待周围的事物都带上愉快的色彩，动作也显得比较敏捷。不愉快的心境使人觉得沉重，感到心灰意冷，对什么事

---

① 中国就业培训技术指导中心、中国心理卫生协会.心理咨询师（基础知识）[M].北京：民族出版社，2015.

情都不感兴趣。古语云，“忧者见之而忧，喜者见之而喜”，就是这种心境的弥漫性的表现。心境持续的时间短的只有几小时，长的可达几周、几个月，甚至更长的时间。

激情

激情是一种强烈的、爆发式的、持续时间较短的情绪状态，这种情绪状态具有明显的生理反应和外部行为表现。激情往往由重大的、突如其来的事件或激烈的意向冲突引起。激情既有积极的，也有消极的。在激情的状态下，人能做出平常做不出来的事情，发挥出意想不到的潜能，也能使人的认识范围变得狭窄，分析能力和自我控制能力降低。因此，在消极的激情状态下，人的行为也可能失控，甚至会产生鲁莽的行为，造成恶劣的后果。人应该善于控制自己的情绪，学会做自己情绪的主人。

应激

应激是在出现意外事件或遇到危险情景时出现的高度紧张的情绪状态。当人面临危险或突发事件时，人的身心会处于高度紧张状态，引发一系列包括生理反应和心理反应的应激反应。生理反应包括身体各系统和器官的生理反应，如肌肉紧张、心率加快、呼吸变快、血压升高、血糖增高等；心理反应包括认知、情绪和自我防御反应，如出现认知障碍、焦虑、恐惧、愤怒、抑郁的情绪。强烈和持久的应激反应会损害人的工作效能，还会造成对许多疾病或障碍的易感状态。

（二）情绪的作用

1. 情绪是我们与生俱来的沟通工具

和语言一样，情绪是一种沟通工具。如婴儿在习得语言之前如何让父母知道他们需要食物、拥抱、安抚呢？在其中起主要作用的正是情绪——哭。当婴儿感到饥饿，开始哭，养育者接收到这个信号之后，就可以采取适当举动满足婴儿的需要。因此，情绪是一种表达需求的方式，一种人类与生俱来的沟通方式。

【讨论】

婴儿通过哭闹表达需要。那么，你见过儿童、成年人这样做吗？他们为什么“作”？会有哪些好处和坏处呢？

2. 情绪能激发及引导我们的行为

情绪能够以一种与生理性动机或社会性动机的方式激发和引导我们的行为。如因为喜欢和愉悦，我们会努力去做某件事情。再如愤怒时血液涌向手部，更利于抓住武器打击敌人，恐惧时血液流向大骨肌肉，便于下一步逃跑或者战斗。

3. 情绪能强化和加深我们的记忆

你有没有过这样的体验？当我们初次来到某个地方，却强烈地感觉到这个地方曾经来过。为什么会这样？其实是因为这个场所内的一些要素，比如气味、摆设、感觉曾经让你印象深刻，或者说曾经引发了你强烈的情绪体验。

研究显示，附着有情绪的事件让人印象更深刻、记忆更持久。试着回想，让人难以忘却的事情是不是都是让我们情绪有剧烈起伏的事情呢？

4. 情绪可以促进我们的认知

良好的情绪状态会提高大脑活动的效率，提高认知和表达的速度与质量。同时一些消极情绪如恐惧、悲哀、愤怒等，会干扰或抑制认知及表达功能。回忆一下你吵架时，是不是要么被气得说不出话来，要么语无伦次、口不择言，事后甚至都想不起来当时说了什么？沟通时，强烈的情绪会在一定程度上抑制理智的介入，而当情绪平和时，认知可以更理性地驱动对话与行动。

总之，情绪在人类的生命中扮演着至关重要的角色。它能够帮助我们适应周围环境，提高生活质量，增强人际关系，促进自我成长和发展。因此，我们应该学会理解和管理自己的情绪，以便更好地应对生活中的各种挑战和压力，实现更加幸福和有意义的生命历程。

（三）对情绪的常见误解

1. 情绪有好坏之分

通常来讲，我们会觉得令自己感到舒适、愉悦的就是“好情绪”，令自己不适的就是“坏情绪”。但情绪真的有好坏之分吗？我们能说愤怒是不好的，悲伤是不好的吗？想象一下，当你在野外遭遇动物的攻击，正是你的恐惧给你带来反击的力量；当我们失去某人或物，正是悲伤让我们感受到内心深处的爱。

情绪的基本运作特点是，当它被接纳时，就得到释放和流动；当它被抗拒时，它并不会消失，而是堆积、压抑，进而演变得具有破坏性。在沟通中，不要忽视情绪信号，也不要靠忍压制。情绪没有好坏，关键是我们如何看待它，是选择建设性的方式表达它，还是破坏性的方式表达它。

2. 只要控制好自己，“坏情绪”就不会影响我们

我们往往会觉得，只要控制住自己不去关注那个“糟糕”的情绪，它就会逐渐消失。实际上，这就像把垃圾桶用布盖上，就认为垃圾就会消失一样，实际这是不可能的，它只是暂时看不见了而已。最终解决的方法还是：把垃圾倒了，不然房间收拾得再整洁，还是会闻到垃圾的味道。

3. 只有“负面情绪”被消除，我们才会过得更好

事实上，情绪只是从我们身上路过而已，不管令人舒服的情绪，还是令人不舒服的情绪，只要我们不“挽留”它，它就只是通过，然后消失。我们所要做的，只是学会更好地让情绪通过自己，不让情绪滞留在身体之中、淤堵在沟通之中。

【资源推荐】

电影《头脑特工队》

电影《头脑特工队》是一部充满想象力又颇具科普意义的动画片，适合儿童和成人观看。它构建了两个世界，一个是大脑的内在世界，一个是行为表现的外在世界。影片设计了5个居住在大脑中的情绪小人：快乐、忧伤、厌恶、恐惧和愤怒，通过描摹情绪小人之间的互动，展现出人类情感的运作机制，反映出情绪对理性和行为的影响。特别是突出了所谓的负面情绪，如忧伤所拥有的潜在价值，让我们明白每一种情绪都有其动人之处和存在的意义。

此外，影片还以直观趣味的方式解释了何为回忆、梦境、想象、抽象思维等，使观众对不可见的情绪情感和理性思维的工作过程有所了解。值得一提的是，影片故事情节细腻感人，还示范了如何识别和关照他人的深层情绪，表达了人与人情感的深切链接与温暖互动。

4. 流露情绪是软弱的表现，还可能伤害他人

在我们传统的教育中，流露情绪往往被认为是不好的行为。在古代，喜怒不形于色会被认为是有涵养的表现。直到现在，仍然有人认为，生气会伤害到别人，哭泣会麻烦到别人、会被人看不起等等。沟通中只表现出令他人满意的情绪，而压抑住“令人不悦”的情绪。但情绪不可能真的被埋藏。当某一种情绪不允许被表达时，它会转移、叠加、变形，人会有意无意地制造出一些问题，阻碍沟通或关系的推进，作为不能展示其真实意志的补偿。因此，真实、恰当地表达情绪，反而能够让沟通更直接畅通。

5. 情绪是不由自主、不受控制的怪物

有人感觉情绪完全不由自主，能把人淹没。或许我们都经历过一个突如其来的情绪，然后长时间陷入其中无法自拔。但仔细想想，我们真的无法自拔了吗？其实身处再强烈的情绪中，我们还是有一线清明的意识存在的。而只要觉察到这一线意识的存在，我们就暂时与那强烈的情绪分开了一些。这并不是说，我们要从情绪中逃开，而是去学着有意识地“知道”我们身处什么样的情绪中。逐渐学会有意识地体验并调节情绪，慢慢我们会发现情绪并不是不可控制的怪物。

6. 学会表达情绪，容易变得“情绪化”

“情绪化”是对表达情绪的不自知，随便、无限制地发泄自己的情绪，但这往往是因为我们不知道如何应对才导致的；而“学会表达情绪”则正是去学习如何带有自知力地了解自己，表达内心真正的情绪。因此，学会表达情绪不仅不会让人变得情绪化，反而可以逐渐让情绪化的人更知道如何去面对自己的情绪。

二、情绪处理与畅通表达

（一）情绪反应模式的形成

人处在某种情绪状态时，身体发生的各种变化称为情绪反应。情绪反应主要包括人体内部的生理变化与人体外部的表情动作变化，如欢乐时，笑逐颜开；愤怒时，竖眉立眼，心跳加快；悲哀时，双眉深锁，涕泪交流；恐惧时，脸色苍白，浑身发抖等。对于一再重复出现的事件，我们极易形成一套固定的情绪反应模式。这种固定的情绪反应模式既可以是正向的情绪调控模式，也可以是造成危害的负向情绪失控模式。

据现代心理学研究发现，我们的情绪反应模式形成既受个体与生俱来的气质因素的影响，也受原生家庭教养的影响，情绪反应模式是可以后天习得的。

1. 先天气质因素

气质是心理活动表现在强度、速度、稳定性和灵活性等方面动力性质的心理特征。心理活动的动力特征既表现在人的感知、记忆、思绪等认识活动中，也表现在人的情绪和意志活动中，特别在情绪活动中表现得非常明显。一个人的情绪产生的快慢、强弱的程度，情绪的稳定性和变化的速度等都是他气质的表现。

了解气质因素对情绪反应模式形成的影响有助于使我们认识自己，可以及时察觉情绪并进行自我情绪调节和控制。也有助于认知他人情绪，可更加理解他人做出的行为和情绪反应，并可以采取更加合适的方式去和不同气质类型的人沟通和交往。

古希腊哲学家希波克拉底把人的气质分为胆汁质、多血质、黏液质和抑郁质四种类型。胆汁质气质的人精力旺盛，行为外向，直爽热情，情绪的兴奋性高，但心境变化剧烈，脾气暴躁，难以自我克制；多血质气质的人活泼好动，言语、行动敏捷，反应速度、注意力转移速度快，行为外向，容易适应外界环境的变化，善于交际，容易接受新事物，注意力容易分散，兴趣多变，情绪不稳定；黏液质气质的人反应速度慢，情绪的兴奋性低但很平稳，注意力容易集中，稳定性强，不善言谈，交际适度；抑郁质气质的人多疑多虑，行为极端内向，敏感、机智，情绪的兴奋性弱，寡欢，爱独处，不爱交往。

2. 原生家庭习得

情绪反应模式的形成与后天的生长环境与教养模式也有很大的关系。英国著名精神分析师唐纳德·温尼科特经过四十余年的儿童临床研究发现，人们的情绪反应模式根源于个体生命早期的养育过程。生命早期指的孕育期至二、三岁时期，这个时期是儿童情绪经历由产生至趋向成熟的过程，在此过程中，母亲及其主要抚养人对其情绪反应模式的形成承担主要责任。

在孕育期，母亲除对胎儿提供生理发育营养外，母亲的情绪、情感起伏会通过体内激素水平的波动由脐带传给胎儿。也就是说，早在母亲怀孕时，孩子就已受到来自环境的影响，从情绪、心理、生理方面塑造着孩子，并贯穿其一生。

温尼科特将情绪成熟期划分为三个阶段：完全依赖期（0–6 个月）、相对依赖期（6–24 个月），迈向独立期（24 个月及以上）。

在完全依赖期，需要母亲（主要抚养人）完全贯注于照顾婴儿，当婴儿以笑、哭闹等情绪传递信号时，母亲（主要抚养人）能与婴儿共情，并及时和充分地给予婴儿生理和心理上的满足，这一时期的情绪体验质量是婴儿成人期情绪反应状态的关键。

在相对依赖期，随着认知的发展，婴儿已可以感知到对母亲（主要抚养人）的依赖，此时母亲（主要抚养人）的离开已可让他感觉到焦虑。这是婴儿逐渐减少对母亲的依赖，逐渐适应挫折的过程。母亲（主要抚养人）可以适时地减少对婴儿的注意力，让婴儿体验到焦虑、悲伤等更丰富的情绪形式，这对于婴儿心理发育也是必须的。适度的关心和不关心对于婴儿的心理发育都是必不可少的。母亲越是能够给予孩子适度的亲密关系，孩子就越有能力与母亲分离，顺利进入趋向独立的阶段。

在迈向独立期，在前两个依赖期的情绪能力得到建立基础上，幼儿就处于了健康的心理状态，就能逐渐地迎接这个世界及其所有的复杂性，因为他所看见的越来越多的东西已然存在于他的自体当中了。在不断无限扩大的社会生命圈子中，孩子是与社会进行认同的，真实的独立就发展出来了，孩子能够以一种令自己满意的方式活出自己的个人存在，同时孩子也能参与到社会事务中。

如果孩子的早期养育足够好，那么，他将会发展成为一个健康的人，长大后遇到的情绪痛苦不可能太大，如果孩子的早期养育不够好，甚至是失败的，那么他长大的过程中将会感受巨大的情绪痛苦和社会关系适应困难。可见，在我们的成长过程中，原生家庭的教养模式及母亲（主要抚养人）的互动模式塑造了我们的情绪反应模式，并在生活中自动化地反映出来，一直代入我们的成年生活。

【多元视角】

模式的限制

情绪（emotion）中的 e 是指向前缀，有移动、行动的意思，也就是说内在情绪是外在行动的前站。大脑通过发送情绪信号，判断我正处在一个什么环境里，我经历了什么，感受了什么，进而指导我该说什么和做什么。

情绪反应模型的形成和稳定既与个体的先天气质相关，又与原生家庭的教养环境密不可分。我们不仅与父母长得像，情绪反应和语言表达习惯通常也很相似或配套。这种相似和匹配是在家庭中养成和习得的。它们能够形成稳定的模式，证明使用的时间足够久和曾经有效。人的大脑是个懒家伙，它偏爱固定的、熟悉的处理模式。加之模式有过去成功经验的背书，让人有心理上的安全感，当外界刺激发生时，情绪和沟通模式就自动运行。所以现实生活中，很多人并不真的处理情绪，只是任由情绪被激发被运行，至于结果听天由命。不基于当下现实，选择合适的情绪和语言应对方式，使许多人沦为情绪的奴隶，当沟通偏离了理性、共情，它就是两个人的自说自话。

（二）情绪反应模式的运作

1. 情绪自动化反应模式①

情绪自动化反应模式是指在外界持续刺激的影响下，逐渐形成的固定的连锁情绪反应路径与行为结果。通俗地解释，即“每当……时（外界刺激），我的心情就会……（情绪反应），结果我就会……（产生行为结果）”。例如，每当我看到同学看着我窃窃私语时，我就会认为他们在说我坏话，我就会特别生气，结果我就再也不会理他们了。

情绪自动化反应模式起因于人类大脑的应激功能和记忆功能。如果对于外界刺激的应对方式被持续使用，大脑和身体的网络系统就会发生作用，将这种应对机制模式化，生成固定的链接，从而形成情绪自动化反应模式——面对相同事物时产生相同的情绪、思维和行动。

情绪自动化反应模式有以下特点：

其一，情绪自动化反应模式的形成源于相同的刺激源。每当遇到同样的情境，人们就会产生相似的情绪并导致相似的行为结果。

其二，情绪自动化反应模式的形成是一个循序渐进的过程，经过多次相同的外界环境的刺激，自动化反应模式才会形成。

其三，情绪自动化反应模式的反应速度极其迅速。它具有“第一时间反击”的特点，一旦形成后，再遇到外界相同的刺激源时就会以主体察觉不到的速度快速启动。

情绪自动化反应模式一旦形成就很难改变，这也是为什么常常会听到有人说“我不知道为什么当时那么伤心，以致做出那么傻的举动”，“我那时候就

① 总是情绪失控？教你摆脱“情绪绑架”！［EB/OL］.（2022-8-11）［2024-5-23］. https://baijiahao.baidu.com/s?id=1740853267731366049&wfr=spider&for=pc.

是忍不住对平时很尊敬的老师大吼大叫”的原因。由此可见，情绪自动化反应模式对情绪主体是弊大于利的。

2. 主动选择情绪应对

那么如何脱离情绪自动化反应模式呢？关键在于要识别自己的情绪模式，找到病因，对症下药。但是，情绪模式经过日积月累已经成为我们潜意识的一部分，行为主体很难站在客观的角度将其识别出来。我们可以根据以下几个步骤来有意识地察觉自己的情绪变化及其引起的连锁反应，以及最后自己采取的行动，从而识别出自己的情绪反应模式。

步骤一，记录情绪变化。有意识地关注自身情绪变化，包括变化的原因及变化引发的影响，觉察到这些以后要及时准确地记录。

步骤二，自我情绪反省。充分利用步骤一的成果——情绪变化记录表，观察自己历次情绪变化的诱因是否值得，情绪反应的行为是否得当。如果造成的是积极的结果，要告诉自己努力保持，如果造成的是消极的影响，要及时提醒自己阻断不良情绪的滋长，将其扼杀在萌芽状态。一段时间过后，你会发现自己从前对身外之物斤斤计较的想法是多么不值得。

步骤三，倾诉不良情绪。由于情绪模式已经固化在我们的头脑和神经系统中，难以自我察觉，所以，我们可以求助于他人来捕捉自己的情绪变化。可以先与家人和好友沟通，请他们在自己情绪变化时及时告知。观察的方法可以通过日常沟通的面部表情、肢体语言等流露出的潜意识来判断你的情绪变化，从而追踪到你的情绪变化的诱因和由此导致的行为结果。你可以根据他人的意见来了解自己内心的真实想法。

步骤四，测试自身情绪。我们可以通过情绪测试工具或咨询专家来发现自己的情绪模式。例如各种专业测量问卷，如 MBTI、PDP 职业性格、沟通模型、四液学说、艾森克人格理论等。它们通过分类和标签，明确每一类型的特质，对于体系化和概括性地认识自我有帮助。

当然最真实、有效的方式还是积极沟通，尤其关注沟通中的纷争和冲突，它能映射出最真实的自我，改变之道就在其中。发现情绪—沟通反应模式是一个漫长的过程，坚持这样一个循序渐进、由浅入深的过程，我们会在一次次有意识的选择中，重塑沟通、关系和自我。

（三）影响情绪表达的因素

沟通是信息的双向传递。打个比方，情绪、意愿是血管，言辞、意志是血流。血流要想快速交流互换，血管就必须通畅无阻。当沟通双方的情绪疏离或对抗时，沟通意愿就阻滞与中断，再有条理、道理的言辞和意志，也无法传递过去。因此，表达情绪的方式有误，内容就会被扭曲和拒绝。

那么，影响情绪表达的因素有哪些？

性别

这里所说的性别不是简单的生理性别，还包含社会对性别的规训。通常，女性比男性更能内化诸如悲伤、焦虑之类的负面情绪。男性则倾向于表现出更强烈的愤怒和攻击性。女性在沟通中更倾向吐露自己的感受，比男性能更自如地运用面部表情、手势和语调等非语言信息。但并非存在哪个性别的沟通方式更理性或更感性。应避免站在性别立场上刻板地看待和预设他人的沟通风格。沟通要重在当下、当事人。

性格

我们的性格会决定我们的情绪表达。比如，一个性格乐观豁达的人，在生活中更容易表达正面的情绪，一个容易焦虑的人，在日常生活中，更倾向于表达负面的情绪。

文化

不同的文化，面对同样的事情也会有不同的情绪反应。比如在美国，孩子跟父母说我爱你是习以为常的事情。但是在中国，要是跟父母说句我爱你，估计父母一下子会变得很腼腆。这便是文化对情绪表达的影响。

社交媒体

在网上表达情绪会比在现实中更容易。因此社交媒体会助长情绪性的表达及情绪性的回应。无论你是发表情绪还是接收情绪，在网络上都变得更加强烈。

情绪的感染效应

也称涟漪效应。情绪是会传递的，比如说，你一个人在家里看世界杯，充其量喝几瓶啤酒。如果三五成群在酒吧里看世界杯，可能情绪就会更加亢奋。要是你到了现场去看，估计你的情绪就高涨到顶点了。沟通中的情绪感染是特别明显的。

（四）调整情绪表达的策略

情绪表达的方式影响沟通的效率和结果。尽管情绪表达受到先天、家庭和文化的影响，但这并不意味着表达方式不能进化。因为大脑具有神经可塑性。一方面，我们通过上述知识的讲解，建立对情绪的正确认知。另一方面，我们通过塑造和养成新的、健康的情绪表达习惯，改变大脑旧有的运作方式。

沟通时情绪的表达可分为四个层次，觉察情绪、标记情绪、情绪表达和调节情绪。

1. 觉察情绪

觉察情绪是指当自己某一种情绪刚一出现时便能够察觉，它是情绪智力的核心能力。如果一个人不具备这种情绪的自我觉察能力或不知道自己真实的情绪感受，就容易受到情绪的摆布，信口胡言或语出伤人。

通常情况下，当我们产生某一种情绪时会伴随着一系列的躯体、行为和心理上的变化，我们可以有意识地去察觉情绪产生时这些方面的变化。比如说当紧张时，身体僵硬、冒冷汗，思维迟钝，语速过快或过慢；恐惧时，手颤，脑袋发木，有逃跑或逃避的冲动；愤怒时，面部红热，声音陡高，眩晕，收紧身体，说脏话等。留意自己处于各种情绪时的躯体反应、行为表现或心理感受。如果在跌入情绪之前，就觉察到情绪的出现，情绪被看到的一瞬间，其强度就会减弱。倘若无知无觉，情绪强烈到已经如 180 公里每小时的车速时，想要刹车就困难了。

【练一练】

学习觉察自己的情绪并看到产生情绪的深层原因，需要长时间的练习。思考一下最近一次沟通时出现的强烈情绪。试着填写表梳理下情绪的缘起、发生过程和余波。着重回想一下冲突前后还发生了哪些事，这次冲突反应是否过激，有助于帮你搞清楚到底是何事何人困扰你。

情绪状态	何人	何事	过程	情绪强度（过烈、适当、过弱）	冲突前后还发生了哪些事
愤怒	同学	分组作业“打酱油”，吵起来了	先是我说他拖后腿了，然后他指责我太认真，接着……最后……	强烈	我熬夜承担了几个人的工作；上次作业没做好；不想再跟别人合作

建立当下觉察和事后觉察的习惯，我们的情绪按钮就不会轻易被触发，在神志清明的情况下沟通，可以让你更有效率。

2. 命名情绪

什么是命名情绪？就是把内心的感受，用某个词或一句话将它形容出来。首先是尽可能直白，比如：焦虑——还有未做好准备的事；委屈——我们被忽视了；愤怒——我们的边界被侵犯了。其次是尽可能使用小颗粒词，也就是越细致越准确越好。例如，当办公室同事给大家都买了奶茶，但唯独漏掉你时。大颗粒词就是不爽，小颗粒词则是委屈、怨恨、羞耻。有些词语为同一种情绪的不同强烈程度，可对照下图自查。

通过命名情绪，给情绪贴上标签，不仅可以发现情绪、增强自我对情绪的觉察，这个过程本身也可以起到弱化负面情绪的效果。多项研究证明，把情绪以文字的形式概括出来，能够有效减弱对情绪的实际体验。在我们将“模糊”的感受用口头或书面的语言“具体化”时，大脑中负责情绪的杏仁体活动减少，也就是说，大脑从情绪主导的状态逐渐转变为以思维为主导的状态，情绪有效被降温了。

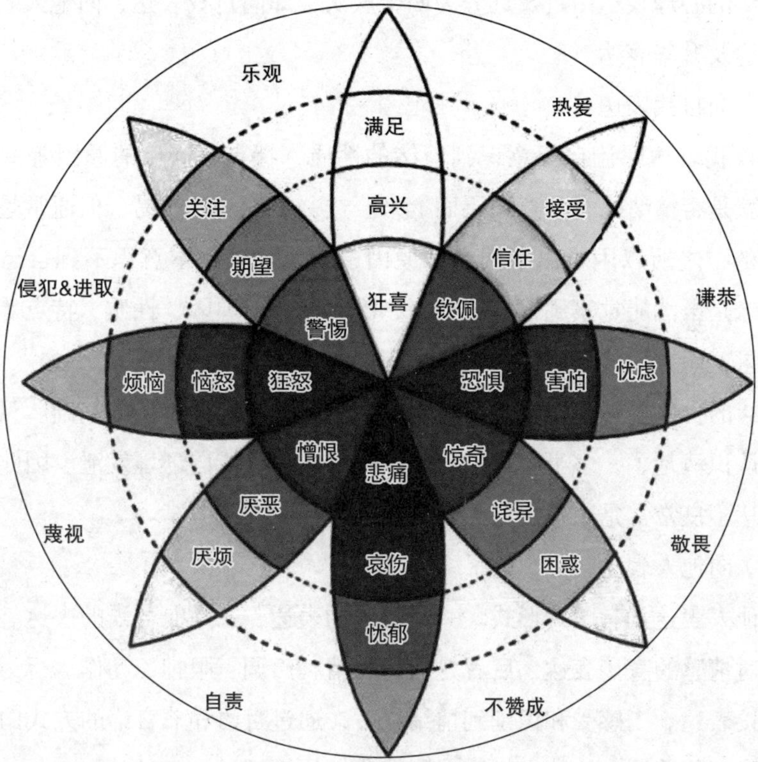

图 1–4　情绪轮盘

给情绪命名，可以提升我们对情绪的感受力，认知情绪，识别情绪，继而去表达、调节情绪。

3. 情绪表达

情绪表达包括两个方面：心理表达与生理表达。情绪的心理表达指在心理层面将情绪表达出来，如通过认知、表情、言语、行为等的表达。生理表达则是以生理的形式将情绪进行表达，如心率、血压、呼吸、平滑肌节律、内分泌，及各种内脏感受器等的表达，如愤怒时肌肉紧张、心跳加速等。一般情况下，两种表达相伴相随，心理表达不良时可使躯体表达增加，从而产生各种躯体症状，久而久之则会产生种种躯体疾病。因此，学会并习惯于情绪的心理表达是健康与否的重要保障。

情绪的心理表达由近及远分为四个层次，即向自我表达、向他人表达、向环境表达及升华表达。

（1）向自我表达

向自我表达即让自我意识到情绪的性质、特点、产生的原因等的表达方式，也就是将情绪提高到意识层面上来。这一点看来较容易，但通常是难以完全做到的，之所以困难出于两方面原因，一是自己根本意识不到自己的情绪变化，二是虽然能觉察到自己的情绪，但对情绪的起因、性质、特点等了解不清。如果这两方面表现明显，则称之为情绪的自我表达不良。

情绪的自我表达是情绪表达的关键一步，也是其他表达的基础。只要我们对情绪认识清楚了，多半会自然而然地找人倾述，或向环境发泄。因此情绪的自我表达不良常常是心理疾病的基础之一。

（2）向他人表达

向他人表达具有两种形式。一是言语的表达，二是非言语的表达。前者是用语言对情感的直接表达，后者是通过表情、声调、眼神、动作、行为等对情绪的间接表达。当感受和识别到情绪之后，通过言语和非言语的方式向周围的人表达我们的情绪，让他人知道和明白我们的情绪。

（3）向环境表达

我们也可以通过向环境中宣泄情绪、发泄心理能量的方式表达情绪，比如在高山上大喊、摔东西、击沙袋、跑步、游泳等。

（4）升华表达

升华表达是情绪表达较为高级的一种方式，通过更高层次的需要的满足释放情绪，比如阅读文学作品，心情郁闷时听歌、绘画等。

【知识链接】

情绪表达时容易产生的三层误区：

第一，用空泛的形容词描述自身的感触，变成了给人贴标签；

第二，把情绪的责任推卸给其他人；

第三，不要让别人去猜测我们模糊的情绪诉求。

表达情绪时应该遵守的四个原则：

（1）合理的情绪表达不应该让事态进一步恶化；

（2）合理的情绪表达应该是以让自己快乐幸福地生活为目标；

（3）合理的情绪表达不应该伤害到他人；

（4）合理的情绪表达不应该伤害到自己。

在进行情绪表达时，我们推荐使用情绪表达公式：

情绪表达=发生的事件+你的情绪感受+你的需求和期待

在发生的事件方面，请尽量给对方一些客观事件的信息，比如，“我昨天被老板骂了”“我们最近很少有机会独处了”“我昨晚想起了之前××的事情”。简单说明即可，不要长篇大论，否则对方的思绪可能会被带入事件中，开始提问和分析，就容易感到情绪无处发泄或者被忽略。

在情绪感受方面，把你的情绪尽量精确地描述给对方，比如“我感觉很伤心”“这件事真的让我气不过”“我觉得很无力、很沮丧”。如果感觉情绪很复杂，一时说不清楚，也可以用一些比喻或者描述身体感受来帮助表达，比如“感觉整个人像泄了气的皮球”“心里有一种空荡荡的感觉”“心口觉得特别压得慌”。

然后可以把自己的需求和期待（如果有的话）告诉对方，比如，“我很希望自己能更有成就一些”“我心里觉得很不安，你能不能陪我坐一会儿”“其实我很希望你能在日常中多关注我一些”。在这里尤其要注意语气，不要把需求和期待说成命令和要挟，比如“你要是再不×××，我就要×××了”等，这不是情绪表达，而是情绪操纵。

学习情绪表达技巧在沟通交流中很重要，但是最为重要的沟通技巧依然是对彼此的情绪保持坦诚和尊重。

需要注意的是，在情绪表达的过程中，你所说的一切都是自己对事件的体验、感受、需求和期待，所以在描述具体的情绪和需求时，务必尽量以“我”

来开头，比如“我感觉”“我需要”“我发现”“我希望”。尽可能不要用“你”开头，如“你不觉得 ×× 吗”“你应该做 ××”的方式，这些是侵犯他人情绪和思维边界的情绪表达，几乎总会带来一定的负面影响。

4. 情绪调节

情绪调节是指个体管理或改变自己情绪状态以及他人情绪的过程，是通过一定的策略和机制，使情绪在生理反应、主观体验和行为表现等方面发生变化的过程。成功的情绪调节就是能识别自己情绪高低，并能有效地把它调节到适度状态。

具体怎么调节情绪呢？美国心理学家、情绪 ABC 理论①的创始者阿尔伯特·埃利斯认为，正是由于我们常有的一些不合理的信念才使我们产生情绪困扰。这些不合理的信念久而久之，还会引起情绪障碍。在情绪 ABC 理论中：A 表示诱发性事件，B 表示个体对此诱发性事件产生的一些信念，即对这件事的一些看法、解释和认识。C 表示自己产生的情绪和行为的结果。

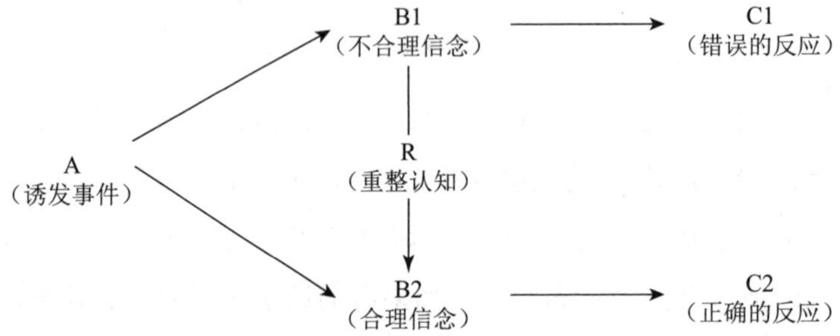

图 1-5 ABC 理论框架图

通常人们会认为诱发事件 A 直接导致了人的情绪和行为结果 C，发生了什么事就引起了什么情绪体验。然而，埃利斯通过多年的观察和调研发现，同样一件事，对不同的人，会引起不同的情绪体验。一切取决于我们对事情的态度和看法。比如，同样是报考英语考试，结果两个人都没过。一个人无所谓，

① 科普中国科学百科. 情绪 ABC 理论［EB/OL］.［2024-5-23］. https://baike.baidu.com/item/%E6%83%85%E7%BB%AAABC%E7%90%86%E8%AE%BA/2316861?fr=ge_ala.

而另一个人却伤心欲绝。这是因为诱发事件A与情绪、行为结果C之间还有个对诱发事件A的看法、解释的B的存在，即我们个体对这件事本身的理解和态度。一个人可能认为：这次考试只是试一试，考不过也没关系，下次可以再来。另一个人可能说：我精心准备了那么长时间，竟然没过，是不是我太笨了？我还有什么用？人家会怎么评价我？于是不同的信念B带来的反应C大相径庭。不同的人，在看待同一件事时，其态度和看法完全不同。

由此可见，事情或事件本身没有任何问题，问题就在于我们对这些事件或事情所持的态度和看法。这些态度和看法才是影响我们情绪和行为的罪魁祸首。所以当我们出现不良情绪时，以合理的思维方式来代替不合理的思维方式，就能实现情绪调节。

还有一些情绪调节的具体方法与技巧，在我们实际学习和生活中可以操作应用。

（1）注意力转移法

当发现自己情绪不好时，把注意力从引起不良情绪的事情转移到其他事情上，比如看剧、听音乐、画画等，通过转移注意焦点，使自己从消极情绪中解脱出来。

（2）能量发泄法

消极情绪如果不能得到纾解，长期憋在心里，很容易影响身心健康，我们可以通过适当的途径排遣和发泄。伤心时，想哭就大哭一场；心烦时，可以找知心朋友倾诉；不满时，和家人发发牢骚；情绪低落时，就听一些欢快的歌曲。

（3）运动调节法

运动可以帮助人振奋精神，使大脑的脑内啡分泌，让心情变得更加愉快。锻炼能够改善人的心境状态，降低焦虑、抑郁等消极情绪。多做慢跑、骑自行车、跳绳和游泳等有氧运动，有助于调节和加强人体心肺功能。许多人在做完运动约20分钟后，就开始感觉心情变好，情绪与思维更加清晰，行动更加积极。

（4）评价推迟法

很多时候，怒气来源于一些小事，也许是别人的一个眼神，一句讥讽，或者是对某个事物的不同看法。这些事情在当时看来可能会让你怒不可遏，但不要着急做出反应，等到一个小时、一个星期甚至一个月后你再去回顾，会发现它根本不值得你生气。

【讨论】

讨论交流你所知道的调节情绪的方法，依据个人情绪分析，你认为哪些情绪调节方法更适合你？

情绪调节的方法很多，每个人所适应的调节方法也不一样，可以结合自己的个性特点，有针对性地选用一种或多种方法，有意识地调节和改善自己或他人的情绪状态。

【小结】

拿破仑曾言："能控制好自己情绪的人，比能拿下一座城池的将军更伟大。"在情绪管理中，我们要勇于接纳自己，学会辨别，学会释放，用稳定的情绪，平和的心态，去面对工作、学习和生活中的"逆境"，做坚强乐观的自己；在人际沟通中，我们要善于发现觉察自己的情绪，他人的优点，正确对待自己的缺点，有效沟通，融洽与他人的关系，做幸福向上的自己。

【练习】

1. 制定情绪记录表，观察自己的情绪变化，寻求情绪调节的方法，学会管理自我情绪。

2. 个体的情绪反应模式可以通过后天习得，你从原生家庭习得哪些情绪反应模式？将其列举出来并思考对于消极情绪反应如何进行主动情绪调节。

3. 以小组为单位开展主题性沟通实训，注意观察和记录在沟通实训中情绪的作用，总结情绪在人际沟通中的意义和价值。

第三节　言辞要素

【情景导入】

小美和小池聊天，提到共同的朋友小白，小美问了句："小白最近怎么样？"小池这样说："小白跟我说他最近经常失眠，我看见他脸上起了好多痘痘！""他上班经常迟到，整天迷迷糊糊的，前天把车钥匙丢了，昨天午休又差点进错厕所。""最近他开会也不主动，我跟他在一个项目上，他不仅错过了截止日期，还把重要事项给遗漏了，连带我也被批评了！""他现在有点孤僻，也不见他跟什么人交往。以前你说他多爱热闹呀……"

小美忍不住打断小池，"你这真是想到哪说哪，能有个重点吗？"

【想一想】

1. 上述沟通出现了什么问题？小美为什么忍不住打断小池？

2. 如果你是小池，你会如何表达？

【解析】

案例设定的场景是一次朋友间的闲谈，可即便如此，小池的表述依然让沟通对象失去了耐心。小池滔滔不绝地罗列了关于小白的种种事件，想到哪说哪的随意让对方迷失在琐碎的信息里。主要问题可归纳为表象过剩、信息混乱和主题不明。如果小池换个表述方法，效果就完全不同了。"小白肯定失恋了！因为他最近表现很不正常。首先，他在工作上丧失斗志了，经常迟到，会上不发言，连简单的项目都搞砸了。其次，生活上，他精神恍惚，先是丢钥匙，又是走错厕所。还有，他身体上也出了问题，经常性的失眠，还内分泌失调，长了一脸痘痘。"

上述表达开门见山地抛出“小白失恋”的结论，使对方快速、准确地抓住了你的表达核心。随后，以“首先、其次、再次”为表达结构，将关于小白的琐碎、重复、混乱的信息归纳为三类：工作、生活和身体，在每个维度下陈述更细的表象。说话者先对信息进行了梳理，建立了纵向上以主题统摄论点，横向上各个论点以细节填充的框架，一横一纵充分表达了“小白肯定失恋了”的核心主题。

有人觉得这只过是闲谈，但习惯正是建立在“扫一屋”这样的小沟通上，生活和工作中至关重要的沟通可不能指望灵机一动，学习理性的处理言辞是本节的主要内容。

一、言辞处理的逻辑和表现结构

沟通分为内容向度和关系向度，本章针对的是内容向度的言辞。言之有物、言之有理和言之有序是提升言辞质量的三个关键，其核心是逻辑，表现为言辞以顺序、条理或结构的形式输出。

（一）言之有物：准确把握沟通方向

1. 以主题为导向

（1）运用组织结构图，确保沟通不跑偏

要实现一段成功的沟通，首先需要拆解问题，把握沟通问题的内涵、本质，厘清沟通问题的范围、结构。

例如，你成功通过某家知名旅游企业的入职面试，母校邀请你参加一场求职经验分享会。你大谈职业理想、职业规划，现场学生听得一脸迷茫。

你的谈话内容完全偏离了求职经验分享的主题，不能满足听众想要知道怎么找到工作的需求。因此，明确沟通问题是有效表达的第一步，以问题为中心进行解析是第二步。以上述案例为例，可以通过结构思维工具：组织结构图破题和拆题，把握沟通方向。

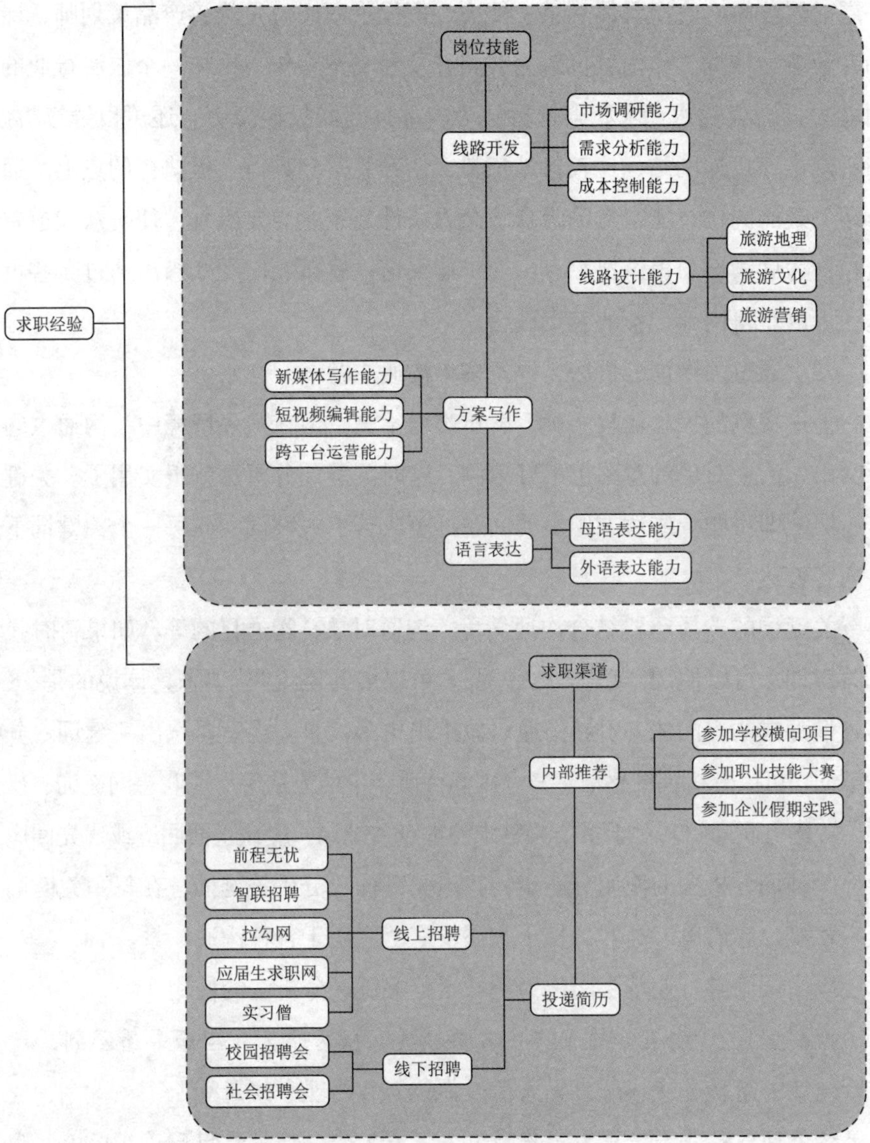

图 1–6　求职经验分享内容结构图

此次沟通的目的是分享求职经验，应当紧抓“求职”这个关键词，以它为思考和表达的核心，避免偏题。内容从求职所需的岗位技能和求职渠道展开，一层一层分解，直至具体到某一能力。假设求职岗位是旅游产品策划师，岗位的专业能力依据工作内容拆解为线路开发和文案写作，再加一个旅游行业的通用能力：语言表达。求职渠道拆解为内部推荐和投递简历。还可以继续拆解，向听众推荐投递网站，比较各站优势，使经验落到具体、可执行的点上。通过介绍关键的岗位技能，帮助听众将个人条件与企业需要耦合，使听众知道差距所在，为后续努力提供抓手点。在求职渠道上解析，向受众指出通过哪些可行途径可以获得内部推荐的宝贵机会。

（2）通过关键词分析法，寻找多个沟通主题

上述案例的核心比较明确，解析难度不高。但在很多情境中，沟通主题并不突出，沟通对象的意图也不好猜测，这时关键词分析法就很实用了。关键词分析法，即将题干或对方抛出的问题拆解成若干关键词，在每一个关键词下开启内容表达。

关键词的选择还要结合沟通情境、沟通对象、沟通目的等。如果暂时找不出关键词，可以使用“嗯”“然后呢”“可以展开说说吗”“您具体说的是……”等咨询师式的提问法，引导沟通对象给出更多信息，之后再选出关键词。分析关键词，可以分析词的感情色彩、内涵特质、价值方法等，或联想同义词、反义词，转化负面词句。对于多个关键中的重点关键词，应该正面回应或优先回应。

关键词分析法的使用分三步：找出关键词，分析关键词，在每一关键词下组织言辞。它简单、高效、易于掌握，广泛应用于各种沟通场景。

以面试旅游行业基层岗位为例，示范关键词分析法的使用。

面试官问：“如果你的工作内容很琐碎，压力很大，但领导看不到，还在不断地增加新任务使你压力更大了，你该怎么处理和沟通？”

参考回答：我会把压力当作动力，好好工作。如果承担不了新任务，我会坦诚跟领导说“不”。

首先，提炼题干中的关键词：琐碎、压力大、领导看不到、新任务压力更大；其次，依次对四个关键词分析；最后，从分析中找答案。

“琐碎”是中性色彩词，这是在问你如何认识基层工作。基础工作的特点

就是琐碎，处理琐碎要严谨，琐碎是走向齐整的必然过程。

“压力大”是负面色彩词，这是在问你的情绪处理能力。从负面词汇中找到正面价值和解决办法。如价值，有压力是正常的，有压力才有动力。再如方法，弄清楚压力来自人际还是业务，这样才知道做什么能减轻压力。

“领导看不到”是负面词句，这是在问如何处理关系，找正面价值和解决方法。如价值，工作首先要为游客的体验负责。再如解决方法，要及时与上级沟通。

“增加新任务压力更大”，是在问如何处理事务，找正面价值和解决方法。如价值，新任务新挑战。再如解决方法，采用两步阶梯式思路，首先，尽量自己做；其次，实在做不了，想其他办法也得让任务完成。

表 1–2　关键词分析表

关键词	感情色彩	问什么	词分析	怎么答
琐碎	中性	怎么看待基层工作	细节、严谨、局部	基层工作的特点就是琐碎。越是琐碎，越要严谨细致。随着工作能力的提升，我相信我会从琐碎工作发现工作的重点和走向，它是必要的过程，我会认真对待。
压力大	负面	怎么处理负面情绪	正常、减弱 价值：压力即动力 方法：针对性的处理	至于压力，是正常的，它也可能成为我成长的动力。我会思考压力是否主要来自业务，如果是，我会通过向前辈请教、企业内训、自己多摸索，改进工作方法，提高业务能力，能力上去了压力自然就化解了。
看不见	负面	怎么处理关系	看得见 方法：及时沟通	作为下属，要有向领导沟通汇报的意识，一方面得到指导，另一方面，方便领导掌握进度，以便在部署工作时有决策参考。
新任务压力更大	负面	怎么处理事务	完成任务、减轻压力 方法：自己完成 请求帮助完成	如果新任务使我压力很大，首先，我会按照轻重缓急来统筹安排，争取提高效率、加班加点完成。其次，如果任务量实在是超过我的工作能力，本着对单位负责任的原则，我会向领导请示，请求增派同事来协助我一起完成。

经由关键词分析，请看“怎么答”一栏的回复。对比案例中的回答，思考后的答案明显回复更切题、内容更扎实、条理更清晰。

【讨论】

上述案例中四个关键词，哪个是最需要正面回应的重要关键词？如果时间有限，哪个需要优先回应？

关键词分析法以问题为导向，通过寻找和分析关键词，确保沟通不偏航，重点内容有回应。每个人最后的言辞表达不一样，但方法是通用的，建立顺序是必要的，可使沟通者主题明确、思路清晰，基于自己的语言风格给出言之有物的答案。

（3）在多个主题中抓准核心主题

主题决定沟通内容的走向。当存在多个主题时，有时需要对各个主题进行排序，在每一个主题下展开全面沟通；有时则需要从多个主题中，判断出核心主题是哪一个，围绕核心主题重点回应。

以一道面试题为例：鸡蛋从外面打破是食物，从里面打破是生命。谈谈你的理解。

这道题意在考察面试者通过信息筛选和分析，判断核心主题的能力，虽不是常规面试题，但在面试中并不少见。无论是面试，还是其他沟通场景中的提问，都可以按照“这道题考什么→它需要我说什么→出题人希望我说什么”的问题链，找出核心主题。

题目描述了日常生活中一个平常的自然现象，由“打破”二字可以联想到“成长”等人生哲理。根据题目中给出的信息，可以挖掘出两个方向的哲理，即两层主题。第一层：“从外面打破”联想到外在力量的压迫，延伸到压力、挫折和竞争等；第二层：“从里面打破”指其内在孕育、成长到破壳而出的发展过程，延伸到自身能力的提升或者观念、心态的调整。此时，出题者希望听到什么还不明朗。

但对比“食物”和“生命”两词，基本能确定出本题的核心主题了。“食物”即沦为弱者，意义偏向消极和悲观，它对于生命价值和自我价值的实现是具有阻碍性的。而“生命”则寓意着欣欣向荣的生命力，合乎成长、发展和自我实现的价值取向。通过对比可以得出该题论证的重心，是后半句话即如何实现生命价值和人生意义。答题者应围绕这层主题立意进行重点回应。

2. 以目标为导向

在沟通过程中，要结合环境和需要，明确表达目标，以恰当地选择表达的方法。如果预留 1 个小时让你做项目方案汇报，目的是确保团队成员清晰透彻地了解方案内容并具体执行，那么表达越全面、越具体，则效果越好。但如果在电梯上遇到老板，就不能像正式汇报一样面面俱到，而要直奔主题，在 30 秒内瞄准沟通目标，说什么、为什么说、你希望对方怎么做。

以下是三种常见的沟通目标，不同的沟通目标匹配不同的沟通形式。

（1）建立信任

在非正式沟通中，为了达到建立信任的目标，可以适时地讲讲自己的故事，甚至是一些傻事。心理学证实，将自己的一些个人信息分享给特定对象，如果对方也愿意透露一些个人信息，那么双方就完成了一次隐秘信息的互换，这种互换有利于快速拉近距离，建立好感。

在正式沟通场合，如职场中，则要借助树立威信和社会认同来建立信任关系。可以介绍个人参与过的重大项目、服务过的知名企业、个人称号、发表文章、出版书籍、获得奖项、重要经历等。一方面展示个人在某领域的地位，另一方面获取社会认同，以成绩为信任关系背书。

（2）请求帮助

请求帮助是日常沟通的常见目的，请求效果与沟通的策略和方法密切相关。

①创设愉悦情境

通过“标签效应”为对方创设积极情绪。例如，星球大战系列的最后一集《绝地大反击》中有这样一个情节。在遥远的银河系中，卢克赢了至关重要的一战，因为他说服了黑武士倒戈，共同对抗邪恶势力。而他说服黑武士的秘诀，就是贴标签“我知道你内心善良，我能感受得到”。被贴标签的人，在他人的认可中获得自我价值的满足感，为了维护这一价值和定位，潜意识中会按照标签所定义的内容塑造自己的形象。因此，你可以巧妙地给对方贴上恰如其分的标签，开始你的请求帮助。

【多元视角】

为何在心情愉悦时，人更愿意帮忙？

美国曾有心理学家通过实验证明，人在心情好的情况下更爱帮助他人。实验设计了两种情境：第一种，在公用电话亭放一枚十美分的硬币；第二种，电话亭中没有放置任何其他的物品。当人们打完电话从电话亭出来的时候，实验研究人员抱着一堆书籍从受试者面前匆匆走过，故意让书掉落。结果，没拿硬币的人只有5%愿意帮忙捡落图书，而在电话亭中捡到硬币的人有90%以上愿意主动帮忙。[①]研究人员指出，人在心情好的时候，总希望将愉快的氛围传播出去，所以会主动伸出援手。因此，当请求他人帮助时，选择对方状态积极、情绪饱满的时候，开口求助成功率更高。

②找准心理缺口

心理缺口指让别人同意提供帮助的突破口。不同的人有不同的突破口。有些人虽然很固执，但有从众心理或是特别在意权威人士的评价。可以抓住这个缺口来推动沟通，如“大家都觉得这事只有你能帮我了”或“经某某专家推荐，我特来求助您”。而有些人对于志趣相投的人更有好感，那就可以从对方的兴趣爱好谈起，创设正面沟通的氛围，再提出请求。求助者需要根据沟通时的具体情境、所沟通对象的特质，找准突破口。

③善用“登门槛效应”

① Isen A M，Levin P F. Effect of Feeling Good on Helping：Cookies and Kindness［J］. Journal of Personality and Social Psychology，1972，21（3）：384-388.

心理学认为，在一般情况下，人们都不愿接受较高、较难的请求，因为费时、费力又难以成功。相反，人们却乐于提供要求较低的、较易完成的帮助。有趣的是，在提供了较低要求的帮助后，人们会慢慢接受较高的要求，这种现象被称为“登门槛效应”。[①] 基于这种效应，当希望他人提供难度较大的帮助时，可以先提出一个同类性质的、难度较低的请求。由于每个人都有保持自己形象一致的心理，所以在答应别人第一个小请求后，再面对第二个请求时，只要不会给自己造成太大的麻烦，往往就不会拒绝。

（3）说服他人

说服是强目标型导向的沟通。但“强”导向，不等同于态度强硬。说服力非常考验一个人的目标感和为了达成目标而采取的有效沟通手段。

①以事喻理

讲道理是常见的说服手法，但空讲道理让人心生反感。道理最好要结合他人的切身利益来说。例如，丈夫总是邋里邋遢地出门，妻子如果说：“天天立什么宏图大志，老话讲‘一屋不扫，何以扫天下？’把你自己先搞搞好吧。”丈夫多半会被怨气所挫，多好的道理也听不进去。但如果换种方式说，“咱们可是要扫天下的人，把穿戴整理好，领导同事看到你打扮得利落，把工作交给你多放心。而且你穿得齐整，老婆我也得意呢。”后一种说法考虑了丈夫有被职场和妻子欣赏的需求，结合“扫天下”的道理，丈夫更容易听从建议。

②找强支持

空有观点的说服犹如风中之烛。说服不是一句话，而是一个过程，只有强有力的支持才能让对方心服口服。例如，某官媒报道，飞机延误导致大批乘客滞留机场，很多人通过责骂航司以施压，但吵闹无果。一位女乘客挺身而出，有理有据、简洁清晰地表达了诉求，最终完成协商。她首先拿出民航法律的相关规定：“因航空公司原因导致的航班延误和取消，可以免费退改签”，拒绝了强制班机。接着，基于摆在眼前的事实，批评了航司用年轻员工挡枪，罔

---

① Freedman J L，Fraser S C. Compliance without Pressure：the Foot-in-the-door Technique［J］. Journal of Personality and Social Psychology，1966，4（2）：195.

顾高龄乘客的安危。进而举例相关规条，明确提出四个诉求：解决食宿、经济赔偿、协助乘客免费退改签和安排补班班机。整个沟通过程无论是说服还是拒绝，有法条依据，有事实依据，有清晰而合理的诉求。情理兼具、言之有据，连官媒都为她叫好。

③强调双赢

人有趋利避害的本性，如果对方察觉到你的说服背后是在剥夺他的利益，你就不可能说动他。因此，沟通不要总想着自己赢，而是要双赢，即找到双方利益的平衡点。例如，小张和小李共同负责一项产品设计工作，工作接近尾声，需要制作汇报 PPT，这是项耗费时间且价值意义不明显的工作，两人都不想做。小张在思考后提出："PPT 我来做，不过我一个人真的忙不过来，你看 PPT 上的图片，你来负责可以吗？毕竟汇报效果好的话，领导赏识、奖励收入都不会少。"PPT 的设计与文字编排工作量不小，图片准备也是重要且费时的任务，且 PPT 的质量对于两人来说都很重要，在找到双方利益的平衡点后，小李欣然同意了小张的提议。

④给出方案

有时对方没有被我们说服，不是语言不到位，而是缺乏方案支持。得到 CEO 脱不花女士曾提到，明星经理人杨天真为了维护明星的利益，经常拒绝合作方的很多要求，但每当她拒绝时都会给出一个合理的解释，以及提出相应的替代方案。尽管合作方被拒绝了，但由于杨天真的替代方案十分可行、有效，合作方并没有利益受损，反而总会被说服。①

（二）言之有序：合理安排沟通逻辑

严谨的逻辑结构是实现成功沟通的必备要素。金字塔原理是最经典的结构表达框架。从 20 世纪 60 年代初至今，芭芭拉·明托的金字塔原则一直被奉为有序表达的黄金法则（见正文第 14 页图 1-3）。

金字塔结构简单、易懂、形象，它形似塔状结构，塔尖为总论点，塔身为

① 脱不花．沟通的方法［M］．北京：新星出版社，2021：66.

分论点，塔基为分论点的论据。纵向是统摄关系，横向是逻辑递进关系。沟通中以金字塔结构组织思想和言辞，能够梳理乱序的信息，将信息转化成沟通对象可以快速理解的内容。

金字塔结构的运用包含以下四个步骤。

1. 结论先行

在沟通时先结论后原因、先观点后论据，把中心思想或关键论点放在表达的开头，优先呈现。沟通对象在接收信息时，会自动搜寻并匹配出能把多项信息联系起来的共同点或逻辑结构。不过，如果说者可以提前就把共同点或逻辑结构找出来，直接呈现给沟通对象，那么听者的理解负担就会速降。

例如，项目经理小李组织团队成员开会，他这样说道："这个星期我们做了很多工作，包括与供应商沟通、调整设计方案，还有处理一些突发状况。由于这些额外的工作，我们的预算已经超出了原计划，还有一些问题需要更多的时间来解决，所以项目进度也有所延迟。"

听的过程中，大家的内心起伏不定。前半句讲完，大家以为项目进展顺利，可听到后半句，才知道还有问题。在有的成员质疑前期工作，有的成员表示惊讶失望时，小李才缓缓说出结论："项目的进展出了一些问题，接下来，我会详细解释这些问题是如何产生的，以及我们正在采取哪些措施来解决。"

依据"结论先行"原则，小李可以这样说："我想先告诉大家一个不太好的消息（结论先行），由于一些突发问题和额外的工作，我们的项目目前进度有所延迟，同时预算也超出了预期（对结论进行说明）。接下来，我会详细解释这些问题是如何产生的，以及我们正在采取哪些措施来解决它们（分析问题及给出方案）。"这样的表达方式让听众一开始就了解到项目的真实情况，从而集中注意力去听取小李对问题的解释以及解决方案。这种方式不仅提高了沟通的效率，也大大减少了听众的困惑和焦虑。

2. 以上统下

以上统下是金字塔的纵向关系，即上一层级是对下一层级的概括。例如：

小明准备向全家介绍周末的家庭旅行计划。他首先提出结论："这个周末，我们全家应该去郊外旅行。"接着，他开始列举支持这个结论的理由或分论点："首先，周末天气很好，正值踏春赏春的好日子；其次，郊外很好停车，玩起来没压力；最后，大家好久没聚了，可以安排一些户外活动，比如野餐、徒步或者骑车，既锻炼身体，又增进感情。"论点是周末出游，分论点是天气好、好停车、好聚会。三个论据支持和解释出游的结论，结论又是对分论点的总结。通过搭建沟通框架，小明有序有理地传达了他的想法，使家人更好地理解并接受他的计划，共同期待这次家庭旅行。

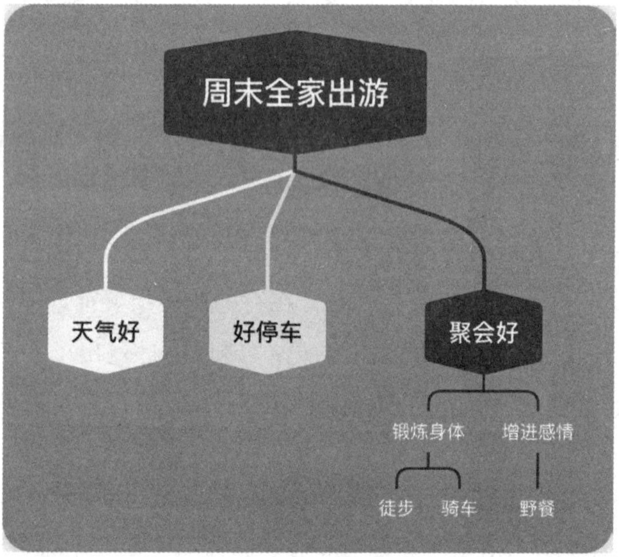

图 1–7　小明沟通金字塔框架图

3. 归类分组

在构建和传达思想时，将具有相同属性、特征或同一逻辑范畴的信息进行归类，如主题、时间、地点、人物等，再根据信息的共同特征，将其划分为不同的组别，每个组别内的信息应该具有高度的相关性和一致性。在归类分组的过程中，要确保不同组别之间的信息相互独立，避免重复或交叉。这样可以清晰地展示出信息的层次和要素之间的逻辑关系，便于沟通对象理解和记忆。

例如，用归类分组的方法给12星座分组，可以按照阴阳、元素、轴线等特征属性分别进行。如按照阴阳属性进行归类，可以分为阴性星座和阳性星座两组；如按照元素属性进行归类，可以分为火象星座、土象星座、风象星座、水象星座四组；如按照轴线属性进行归类，可以分为关系轴线、资源轴线、心智轴线、意识轴线等组。需要注意的是，分类的标准需唯一，要么按照阴阳属性分，要么按照元素属性分，但不能既按照阴阳属性，又按照元素属性分。分类后每组中的星座都拥有共同的属性特征。

【讨论】

上述星座案例列举了几种不同特征属性的归类分组。请仿照该案例的归类分组方法，讨论如果想将衣服收纳整齐，应当如何分类衣柜中衣物。

4. 逻辑递进

将所要沟通的内容通过时间顺序、结构顺序、程度顺序三种逻辑关系进行排序，使内容更具条理性。

（1）时间顺序

按照时间先后或者事件发展的逻辑顺序，进行表达的排序。例如，向领导汇报工作进展，可以按照项目开始、项目进行、项目结束的时间顺序进行表达，“项目开始前，我们进行了市场调研和风险评估，制订了项目计划和预算；项目进行中，我们遇到了一些小问题，但已经及时采取措施解决，目前我们已经完成了80%的工作量；项目预计在月底前完成，我们将做好收尾工作并确保项目质量和效果达到预期目标”。依据时间顺序表达，能够让领导更加清晰地了解到整个项目的发展过程和当前进展，有助于更好地理解和记忆汇报者要表达的信息。

（2）结构顺序

结构顺序指的是按照事物内在的逻辑结构将整体分为部分，有空间顺序和概念顺序两种。

①空间顺序

常见的空间顺序包含上下左右、东西南北、里外，以及顺时针、逆时针顺序等。例如，导游小红带团参观古镇。她说："欢迎来到这座充满魅力的古镇，我们将从入口开始，按照顺时针方向依次参观古镇的主要景点。""现在我们来到了古镇的主街，这是古镇最繁华的地方。你们可以看到两旁的店铺和民居都保留着传统的建筑风格。""接下来，我们将通过这条小巷，前往古镇的中心广场。""现在我们来到了古镇的中心——中心广场。这里是古镇的交通枢纽，也是当地居民休闲娱乐的地方……"很明显，在整个行程中小红始终遵循空间顺序进行讲解说明，先总体介绍参观路线，再按照行进的空间顺序，依次介绍各个景点。她的讲解不仅条理清晰，还能帮助游客在脑海中形成一幅完整的古镇图景。

②概念顺序

概念顺序是大脑构建的概念系统。介绍概念系统这一名词也遵循表达顺序："Why-What-How"，以帮助学习者更好地了解这一概念。[①]

I. 为什么需要概念系统？

为了将复杂的认知体系简化成一个个关键词，帮助表达者更好地理解自己和他人。

II. 概念系统是什么？

从微观上来说，概念系统是我们的神经元连接所形成的神经回路的合集；从宏观上来说，概念系统是我们关于某一个领域的知识以及知识之间的联系。

III. 如何建立和应用概念系统？

在学习的过程中，你可以把新学到的知识点和已有的概念建立起联系。通过模仿别人的概念系统，快速完善自己的概念系统。当我们在大脑中建立了某一个领域的概念系统之后，就可以用来构建沟通、演讲或者是文章的结构。

① 贺嘉．表达力［M］．北京：文化发展出版社，2019：150.

例如，出租车司机对地理空间这一概念系统的建立。伦敦大学学院的神经系统学家埃莉诺·马圭尔曾对伦敦的出租车司机进行了深度研究，揭示了后天训练如何影响大脑中神经回路的形成。伦敦号称有着世界上最复杂的地图，主干道则呈曲线状弯曲。城市中到处都是单行道，环形交叉路和“断头路”随处可见。埃莉诺·马圭尔发现，在出租车司机的大脑中，海马体的一个特定部位比其他实验对象更大。从事司机行业越长，海马体的后部就越大。也就是说，司机这个职业对于空间能力的要求，强化了这些司机大脑的行为模式。实验表明，伦敦的出租车司机对于空间的记忆，是通过后天的强化形成的。①

我们每个人的概念系统，也就是神经的连接方式都可以通过后天的练习加以强化。当看到一个知识点的时候，可以多问自己以下几个问题，来帮助你构建概念系统：第一，它的基本概念是什么？第二，它和其他哪几个知识点有关？第三，它可以解决什么问题？有什么问题是不适用的？

【多元视角】

德雷福斯模型②

德雷福斯模型由德雷福斯兄弟在20世纪70年代研究提出，他们考察了行业技术能手，包括商用客机飞行员和世界著名国际象棋大师。研究表明，从新手到大师要经历能力、态度、视角几个方面的巨大变化。德雷福斯模型把能力水平分为新手、高级新手、胜任者、精通者、大师5个层次，每一阶段都有相应的判断标准。

对于新手而言，他们基本上什么都不知道，最希望得到的是一个行动的指南。简单来说，就是告诉他们怎样一步一步地操作，最好手把手地教。

对于高级新手而言，他们已经意识到了不同的场景，可能需要不同的知识。他们的大脑中没有关于某一个领域的体系化的概念，所以他们可以去尝

① 贺嘉 . 表达力［M］. 文化发展出版社，2019：151.

② Sultan S, Morgan RL, Murad MH, et al A Theoretical Framework and Competency-based Approach to Training in Guideline Development［J］. J Gen Intern Med，2020，35（2）：561-567.

试，但未必能解决问题。

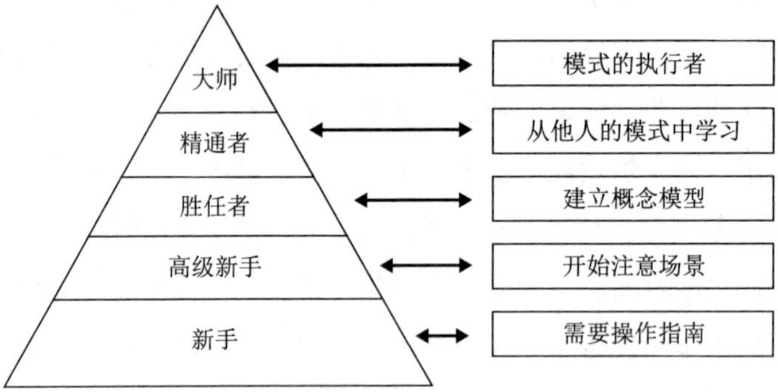

图 1-8　德雷福斯模型

胜任者是已经在大脑中建立了概念系统的人，同时他们能够运用这些概念解决问题。但是他们没有意识到，这些概念系统可以在不同的领域之间迁移。

对于精通者而言，他们不仅能用现有的概念系统解决当下的问题，而且可以从他人的行为模式中学习。他们想找到自己的概念系统在更大的一个概念系统中的位置，通俗地说，就是理解做某件事情的意义和价值。

大师是规则的制定者和模式的发明人，他们有一套概念系统可以解决不同领域的问题。同时，他们能够把自己解决某一个领域的方法论有效地总结出来，指导从新手到精通者的各个阶段的人去更有效地解决问题。

对概念系统的掌握程度越高，一个人解决复杂问题的能力就越强。这套模型本质上就是一套概念系统。

金字塔原理主要包含了结论先行、以上统下、归类分组、逻辑递进四个步骤，再以一个案例进行总结示范。

大学生小张主持了一项大学生创新实践项目，现在需要向指导老师汇报项目的进展情况。

首先，明确表达结论：项目已经完成了 80% 的进度。

其次，提供支持结论的依据：已经完成了项目 80% 的工作量，当前项目预算已经使用了 60%，项目的整体质量达到预期水平。这些依据即金字塔的第二层，也就是中间层。

最后，提供支持中间层的依据：项目任务书中规定的每个阶段的工作计划已经基本完成，大部分任务的进度已经达到预期，只有一小部分任务还在按计划正在进行中。这些依据就是金字塔的第三层，也就是最底层。

通过这样结构化的表达，老师或上级可以快速清楚项目目前的进展情况，也可以针对每一层的信息进行针对性的指导或决策。

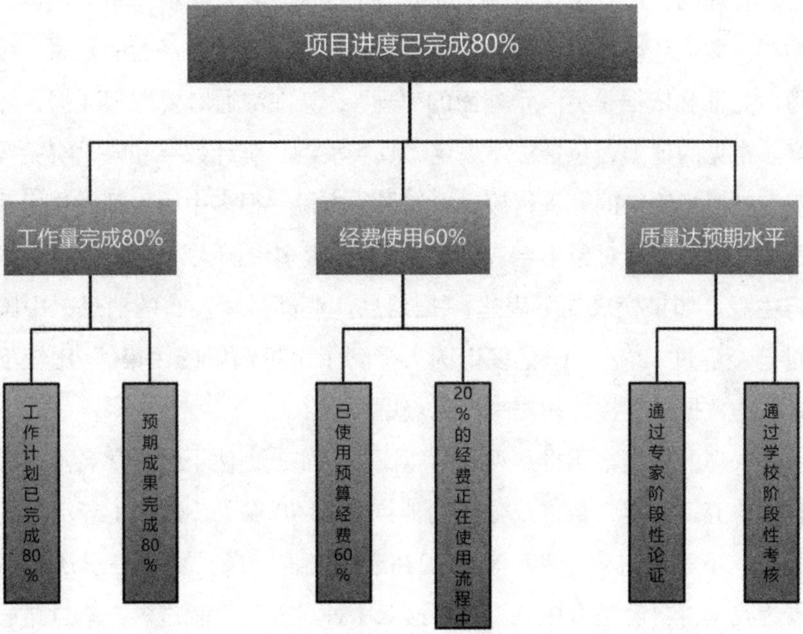

图 1-9　小张汇报金字塔结构图

（三）言之有理：科学使用沟通策略

1. 建立领域优势

沟通活动通常围绕某个特定的主题进行，而主题隶属某个领域或方向。拥有话语权的权威沟通者，更让人信服。如何建立领域优势？假设一个人想证明自己富有，走路时从身上抖落几根金条，然后漫不经心捡起来，别人看到这一幕必定会想：哇，真是有钱！在沟通过程中就可以运用这种心理，将自己的过人之处或是既往资历，以一种轻描淡写的方式传达出来。例如，一位老师在与学员沟通时，这样说道："你们知道吗，许多商业大腕在学生时代就已经展露出他们的过人之处，有一次我和比尔·盖茨聊天，他说自己在大学时期因为对计算机太过着迷……"这位老师通过透露他与盖茨有来往，打造了领域优势，让学员不由自主地对其表达信服。

2. 做到有理有据

言之有理的"理"包含道理和证据两个层面。在社会群体中的沟通，必然要遵循这个文化环境普遍认可的道理或常理。这一点随着经验的积累，可以自然习得。凭证和依据是另一个层面的"理"，意在沟通时要有理有据，才能掷地有声。常见的证据，包括法律规定、真实事例、统计数字和科学实验等。例如，双方就手机辐射问题进行探讨，如果一方说"很多中国人都受到了手机辐射的污染"，那沟通对象不会有太大感觉，"很多中国人"这个表述过于笼统而显得主观。如果换成如下表达："据信息产业部最新发布的消息，中国手机用户量已经超过 12 亿，11 亿多中国人受到了手机辐射的污染。"比较下，因为有具体的数据做支撑，相对来说观点更可信了。

入情入理的现实案例也是观点的凭证。例如，小伙子因考学名落孙山，便终日自暴自弃。村里一位老汉这样劝他："我都 70 岁了，这辈子经历过的磨难多了去了，不都挺过来了吗？就算现在还是光棍一条，可我心里还是热腾腾的，因为我觉得自己是有用的。我用这双手种过五谷、栽过树、修过路……我栽下一棵树时，心里就想，后人在那棵树上摘果子吃，他们就会说，这是以前村里的光棍老汉栽下的。人活一世，可不就得好好做做事……"老人通过解剖自己的人生体验，激发起小伙子的信心与斗志，重拾书本，次年终于通过考学。现身说法之所以有说服力和感染力，就在于它真实而亲切。

3. 擅长引经据典

经典经受了时间长河的洗礼，是权威的、典型的、广为人知的言辞和观点。运用这一方法时，首先要正确领会原文，不要断章取义，倘若没有弄清本意，就随意取用，很容易歪曲了经典的意思，将自己陷入不利境地；其次不能张冠李戴，以讹传讹，要先核实原文和出处，用错误的证据不可能支持正确的观点，对方会对你的观点全盘质疑。

《礼记》中就记载了一则孔子之言被断章取义的故事。曾参对有若说，他曾听孔子说“丧欲速贫，死欲速朽”。意思是失去职位，希望快一点贫穷；死了，希望快一点腐烂。有若认为这不像是孔子之言，可是曾参坚持，他和子游都听孔子说过。后来，子游还原了当时的语境。原来，孔子看到南宫敬叔回到鲁国后，总带着珍宝见鲁君，便说：像这样行贿，丧失职位不如快一点贫穷为好。看见宋国的桓司马给自己造石椁，三年都未造成，于是说：如此奢侈，死了不如快点腐烂为好。而曾参脱离语境，对孔子之言断章取义，导致意思变了。可见，引经据典不能只看文字意思，而要深入理解经典的整体含义和创作背景，避免断章取义、以讹传讹，反而使自己言之无理。

二、有效倾听与回应

（一）有效倾听：结构化倾听[①]

现实沟通中，表达无序是非常普遍和严重的问题。许多人说话观点模糊、论证混乱、思维跳跃。这时就需要运用结构化倾听的方法，分辨沟通对象想要表达的主要观点和关键信息，再进行回应。当对方无法梳理其表达思路时，结构化倾听是高度负责的沟通理念，它使己方引领对方，以提高沟通效率。它分为听重点、画结构、概括句三个步骤。

1. 听重点

重点通常包括三个方面：观点、结论和理由。

（1）寻找观点

观点是从一定立场或角度出发，对事物或问题所持的看法。以下文字节选

① 李忠秋．结构思考力［M］．北京：电子工业出版社，2014：43-58.

自《光明日报》上的文章《让学生健康快乐地成长——素质教育如何推进》[①]，以此为例，寻找该段文字中的观点。

一项对全球21个国家的调查显示，中国孩子的计算能力排名第一，想象力倒数第一，创造力倒数第五，引起了人们对教育现状的担忧和反思。大力推进素质教育，破除应试教育的弊端，是教育改革发展必须解决的重大课题。今天，我们正处于从教育大国迈向教育强国的进程中，切实推进素质教育、培养全面发展的高素质人才，是建设创新型国家的迫切需要，也是办好人民满意教育的必然要求。

素质教育是时代发展的呼唤。当今时代，科技进步日新月异，知识经济迅猛推进，经济社会发展日益转向创新驱动。只有高度重视和发展素质教育，大力培养创新型人才，才能抢占发展主动权和制高点，才能在激烈的国际竞争中立于不败之地。

素质教育决定着国家的未来。兴国必先兴学，强国必先强教。现在我们与发达国家在经济和科技上的差距，说到底是人的素质的差距。只有全面推进素质教育，打造大批一流的人才，才能加快实现发展方式的转变，提升发展的质量，为国家发展和民族振兴奠定坚实的人才基础。

素质教育关系亿万家庭的幸福。在很多父母心中，子女是整个家庭的中心，特别是现在的孩子大多数是独生子女，寄托了几代人的希望。只有通过素质教育，才能让青少年成为身心健康的人、人格健全的人、学有所长的人，每个家庭的幸福生活才真正有盼头。

教育是家事，更是国事；是今天，更是明天。全社会都应积极行动起来，共同推进素质教育的落实，给每个孩子一个健康快乐的童年，给亿万家庭一个幸福美好的希望，给国家民族一个更加光明的未来。

文字中的下划线标注的部分均是作者个人的看法，也就是观点类信息。

① 中共中央宣传部理论局.让学生健康快乐地成长——素质教育如何推进［N］.光明日报，2012-07-12（02）.

（2）确认结论

在众多观点里如何判断出谁才是结论呢？结论首先是一个观点，其次需要被其他的观点（理由）或事实支撑，否则就不能称为结论。以下是确定“结论”的主要方法：[①]

①寻找关键指示词

通过关注重点指示词，判断对方的结论。指示词包括：因此、表明、由此得知、由此可见、所以、可以判断、我要说的是、显示出、证明、告诉我们、问题的实质是等。

虽然以上指示词是结论出现的“信号”，但非所有结论都有提示词，倾听时还要交叉使用其他方法。

②关注重要位置

表达的开头、结尾等关键位置出现结论的概率较大，需要格外注意。比如“素质教育如何推进”案例的结论就出现在段首：“切实推进素质教育、培养全面发展的高素质人才，是建设创新型国家的迫切需要，也是办好人民满意教育的必然要求。”金字塔原则的第一条即是结论先行，因此结论时常会出现在开头表达中。

③尝试发问“所以呢”

沟通中，如果沟通对象条理性不强，无意义的话语过多，一时之间难以掌握他的结论，可以尝试发问“所以呢”，引导对方说出结论。但需要注意，与长辈或上级沟通时，尽量不要采取这种刺激型的表达方式。

（3）梳理理由

理由也是一个观点，它的存在是为了解释结论。如何在众多的观点中找出理由，主要有两个方法。[②]

①寻找提示词

理由是对结论的解释，所以与寻找结论类似，理由经常藏在一些提示词

---

① 李忠秋．结构思考力［M］．北京：电子工业出版社，2014：49-50.

② 李忠秋．结构思考力［M］．电子工业出版社，2014：51.

后。比如：由于、因为这个原因、因为这个事实、鉴于、有以下材料支撑、因为证据是、调研显示等等。根据提示词，可以较快速确认理由信息。

②尝试发问“为什么呢”

找结论的时候可以尝试提问“所以呢”，而找理由正好相反，可以尝试发问“为什么呢”。凡事多问为什么可以帮助我们深入分析问题，发掘出最核心的原因。

再看上文中的“素质教育如何推进”案例，尝试对结论进行提问。

为什么“切实推进素质教育、培养全面发展的高素质人才，是建设创新型国家的迫切需要，也是办好人民满意教育的必然要求”？因为“素质教育是时代发展的呼唤”“素质教育决定着国家的未来”“素质教育关系亿万家庭的幸福”。

为什么“素质教育是时代发展的呼唤”？因为经济社会发展日益转向创新驱动，只有高度重视和发展素质教育，大力培养创新型人才，才能抢占发展主动权和制高点。

为什么“素质教育决定着国家的未来”？因为只有全面推进素质教育，打造大批一流的人才，才能加快实现发展方式的转变，提升发展的质量，为国家发展和民族振兴奠定坚实的人才基础。

为什么“素质教育关系亿万家庭的幸福”？因为只有通过素质教育，才能让青少年成为身心健康的人、人格健全的人、学有所长的人，每个家庭的幸福生活才真正有盼头。

继续发问“为什么”，就可能得出事实和数据了。

生活中也可将这一方法用于提问沟通对象，通过追问“为什么呢”，理清对方的理由，再判断这些理由是否能支持结论。使你的沟通不要盲听盲信，也不要被表面的无序耽误，以致忽视掉有价值的信息。

2. 画结构

识别结论、理由及事实之后，下一步就是要找出结论、理由和事实的对应关系，并画出结构图。以下是上文中的“素质教育如何推进”案例的结构图。

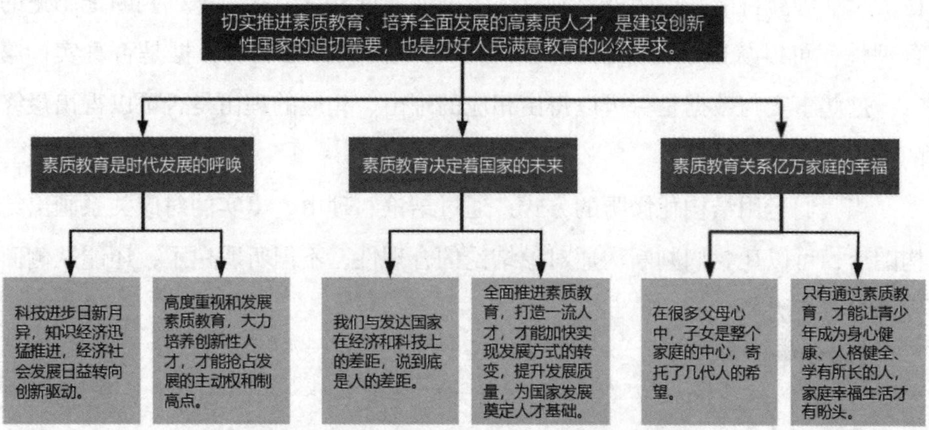

图 1–10 “素质教育如何推进”案例金字塔结构图

判断结论是否合理的前提是，在倾听时找出对方的结构。比如一位手机推销员说某款型号的手机非常值得购买，我们如何判断他说的是否合理呢？这时就要看他用了哪些理由来支撑这个结论，以及用了哪些数据支撑这些理由，即要运用结构思考力的方式找出对方表达的结构（见图 1–11）。

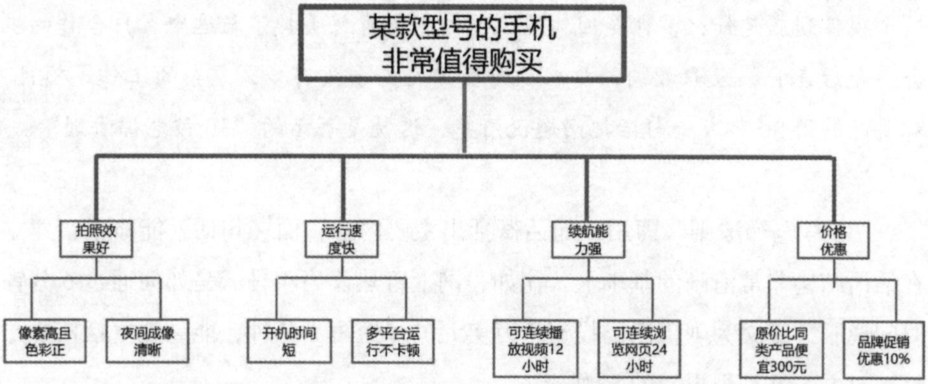

图 1–11 结构思考力分解图

结论是“某款型号的手机非常值得购买”。一级目录的依据分别是“拍照效果好”“运行速度快”“电池续航能力强”“价格优惠”。然后二级是支撑上面理由的子理由，比如拍照效果好的子理由包括“像素高且色彩正”“夜间成像清晰”等。再下一层级就要看具体数据或实证支撑。接下来，判断他结论的合理性就可以从以下两点出发：第一，看他提供的事实与数据是否真实；第二，这些事实与数据是否可以得出相应的理由、相应的理由是否可以得出最终的结论。

当我们运用结构化倾听的方式，通过结论、理由、事实的对应关系画出结构图后，可以让我们判断沟通对象结论的合理性，不但听明白了，还能从侧面提高思考能力。

3. 概括句

【知识链接】

30 秒电梯法则[①]

麦肯锡有一个著名的原理即“30 秒电梯法则”。据说一次麦肯锡的项目小组和客户总裁召开项目汇报会，会议即将开始时，对方总裁表示有急事必须马上离开，于是邀请麦肯锡的项目负责人一同乘坐电梯，在电梯里简要地介绍项目情况。电梯从楼上到楼下也就几十秒钟的时间，项目负责人根本没说清楚这个项目到底是什么，也是因为这次沟通，麦肯锡丢掉了与这个客户合作的机会。之后麦肯锡吸取教训，要求公司员工无论手头有多么复杂的工作或项目，都要能够用 30 秒或一句话把问题说清楚，这就是著名的“30 秒电梯法则”。

“30 秒电梯法则”即用一句话概括出主要内容，而一句话就能概括，建立在话语结构非常清晰的基础上。比如，网上曾热议当年马云是如何通过 6 分钟时间说服孙正义为阿里巴巴投资千万美元的。短短 6 分钟，能高度概括核心并打动对方，这是很卓越的能力。

结构化倾听的最后一步是概括主题句，可使用以下公式尝试概括[②]：

① 王风范，微沟通 . 抓人心说重点谈价值的职场沟通法则［M］. 中国经济出版社，2015：4.
② 李忠秋 . 结构思考力［M］. 北京：电子工业出版社，2014：56.

在＿＿＿＿＿＿＿＿＿＿＿＿的基础上，从＿＿＿＿＿＿＿＿＿＿＿＿＿＿、＿＿＿＿＿＿＿＿＿＿＿＿＿＿、＿＿＿＿＿＿＿＿＿＿＿＿＿＿N个方面，说明了＿＿＿＿＿＿＿＿＿＿＿＿＿＿＿＿＿＿。

如果你能填满空格，基本说明你接收到了沟通对象的关键信息。以下案例，使用该公式概括了上文中“素质教育如何推进”的主题句：

在分析中国孩子创造力在全球排名落后的基础上，从素质教育是时代发展的呼唤、素质教育决定着国家的未来、素质教育关系亿万家庭的幸福三个方面，说明了切实推进素质教育、培养全面发展的高素质人才，是建设创新型国家的迫切需要，也是办好人民满意教育的必然要求。

该公式有着严谨的逻辑，“在……的基础上”是序言，“从N个方面”是一级目录，“说明了……”是结论。有了前两步听重点、画结构，再加上概括句，对方的表达框架基本上明了了。

【知识链接】

追补信息的方法[①]

结构化倾听是很有效的抓框架、理逻辑的倾听方式，在梳理框架时，你可能会发现，仍然有一些信息缺失。如果想从对方那里获取更多信息，可以直接提问，明确问答得到的信息相对确凿。但倘若不容易问出来，就需要一些方法去追补信息。

（1）迂回之计

“迂回之计”就是不直接询问对方，换种方式提问，最后达到获取相关信息的目的。例如，假定性问题提问，它让对方在假定环境下做出选择，这样对方可能在不经意间吐露真言。再如，将对方置于第三者的角度发问。因为第二人称的提问会给对方造成压力，而第三人称的发问会让对方轻松一些，回答也更接近内心深处。

① 沈方楠．沟通力：高效沟通的艺术［M］．北京：中国法制出版社，2015：87-88.

（2）先夸后问

夸奖是对一个人品质和能力的肯定和认可，心理学研究发现，人处在被夸奖后的愉悦心情下，更容易说真话、多说话。因此，可以夸赞下别人，再请求更多信息。夸赞可以参考FFC公式，即Feeling感受+Fact事实+Compare对比，例如，夸赞一个人好看。

感受：你今天太漂亮了。

事实：这个裙子剪裁好棒，显出来你的好身材了，而且颜色也很衬肤色。

对比：远远走过来，在一群人中一眼就看到你了。

FFC是金字塔原理的拓展式应用，首先结论先行，其次细节支撑，最后比较突出。这样赞美更真诚有效，比说一句“你今天真好看”更能打动人心。

（3）以话套话

有时当对方给出的信息确实不够时，还要通过适当布局引导对方补充信息。如旁敲侧击，先是顾左右而言他，使对方松懈心理防线，之后绕回要讨论的话题，对方短时间内难以作出适应性调整，可能会顺口讲出一些信息。再如，当对方不经意间说到某一点时，可以故意用错误理解表达所闻，以引导对方纠正你的错误，从而得到信息。

如果双方想要达成共识，直接提问不仅最开诚布公也最有效率。坦诚可以降低沟通的心理成本和信息成本，因此是最被鼓励的一种方式。

（二）有效回应

在结构化倾听听得明明白白的基础上，进行有效回应，回应包括三个步骤，回应情绪、反向叙述和回应（话语或行动）。

1. 回应情绪

回应的第一步并不是处理信息而是要处理情绪。只有当对方的情绪被看见和回应后，后续信息才能在情绪无阻滞的前提下快速交换，进而走向共识。

回应情绪包含两种情况，一是沟通对象呈现出明显的负面情绪；二是沟通对象虽然没有明显的负面情绪，但具有警惕心理。

（1）回应负面情绪

看见和响应对方的情绪有助于创造积极、支持的沟通氛围。这种关注他人情绪的沟通方式有助于建立和延续健康的人际关系，这是能保持长久沟通的重要基础。

【复习和思考】

请复习第一章第二节情绪要素的相关内容，重点复习处理情绪的步骤。思考为什么在沟通中要先觉察、接受和处理自己的情绪，再去处理他人的情绪。

①看见对方的情绪

可以观察对方的面部表情、肢体动作、语调呼吸等。例如，当一个人感到紧张或不安时，面部表情多紧绷，眼睛频繁闪烁，呼吸较急促；当一个人感到愤怒时，可能青筋暴突，语调突然拔高或压低。通过觉察对方的身体语言，理解对方的情绪状态，判断下一步是继续推进还是要缓一缓。

②代替对方述情

情绪更多是对自我的保护，因此，一个人有情绪并不意味着他必然会攻击你。把注意力放在描述他的情绪和了解情绪出现的原因上。描述情绪即述情，用语言为对方的情绪命名，如生气、失望、沮丧等。研究表明，当情绪可以用词汇描述出来时，它就很大程度上避免了诉诸破坏性的语言或行动。描述本身就有减轻情绪压力的作用。可以使用“您现在一定很生气吧”“能够看到您很难过”“感觉到您失望了”等句型，对方会有情绪上被看见的释放感。如果可以，继续说“请问是不是我的某某语言或行为，让您感觉不舒服了。”类似这种表达是在了解情绪的原因。只有知道了何情何因，才能有针对性地处理。

③避免消极措辞

避免用语言否定或减弱对方的情绪。例如，“是你误会我了”“你不要生气”，这只会让对方感觉你质疑他情绪的合理性，从而导致抵触加倍。避免使用讽刺或贬低的措辞，例如“为这种事生气，你也太小气了吧”“我说什么了，你就这样”类似句。应当使用中性或正面措辞，如“我明白这对你来说很重要”等，显示尊重对方此时的体验，让对方知道你很关心他的感受。

（2）消除心理戒备

有时沟通对象并没有明显的负面情绪，但戒备心较高，这也会影响到信息的交换和回应。

一般来说，初次沟通时对方会比较警惕，对给出关键信息持谨慎态度。可以使用幽默的语言、轻松的话题或保持坦白真诚，让对方走出心理防御区。沟通前适当的闲聊和寒暄对建立沟通关系有一定的助益。在中国这样注重人情往来的社会，重叠的圈子也可以拉近双方的心理距离。

【知识链接】

为什么轻松的闲聊能消除对方的心理防线？

美国心理学家马斯洛认为，每个人都需要安全的保障，除了物质上的保障之外，最重要的就是在心理上的安全保障。安全需要的存在导致了心存警戒的防御心理和猜疑心，使人不愿坦露真实的想法。

警戒心理会根据不同的人、不同的情景而随时调整。当人们觉得自己所处的环境是安全的，他就会降低或消除警戒线，让自己走出去或者让他人走进来。而闲聊就是在创造轻松的环境，通过无伤大雅的信息交换，双方对彼此大致是什么人有了一些判断，在判断中也形成了一些直觉。有了基本安全感后，从轻松的闲聊过渡到谈论正事，良好的氛围如余音袅袅，为下一步更关键一些的信息交换做好了准备。

警备心理属于深层次心理，很难一次性打开，可以选用以下策略徐徐将关系推进[①]。

① 沈方楠 . 沟通力：高效沟通的艺术［M］. 中国法制出版社，2015：85.

①保持真诚

消除对方警备心理最重要的就是保持真诚。越是拥有社会资源和社会地位的人，越能判断出一个人是在伪装还是真的坦诚。真实拥有强大的力量。真诚地与对方握手、坦诚告知诉求、谈话不要过分客气都有助于关系的展开。

②适度迎合

如果能在行为或者情感上表现出与对方一致，就比较容易引发对方的共鸣和亲近，如同乡同好同窗关系、微笑着频频向对方点头、关注对方的需要等。

③用对方习惯的方式表达

每个人有自己的表达习惯，在沟通时注意观察对方的表达方式，尽量用对方习惯或者容易接受的方式说话。一般情况下，表述应该尽量通俗易懂、坦白直接，避免艰深晦涩、拐弯抹角、故弄玄虚。使用专业词汇、外来词汇时，如有必要，以平实简练的语言转述或打比方等，避免制造心理和理解上的隔阂。

④适当暴露小缺点

想要缩短和对方的心理距离，可以适当地暴露一点无伤大雅的缺点。所谓“人无疵不可与交，以其无真气也。”瑕疵是拒绝完美人设，真实的、有缺陷的人让人感觉更可信。

2. 反向叙述

所谓反向叙述[①]，即听者在有效倾听基础上，用自己的话语重新描述结构化倾听所收集的信息，以确认自己是否准确理解了对方的结论、观点或意见等。在传递重要信息、解决问题或进行复杂讨论时，反向叙述是非常必要的。

反向叙述有三个目的：首先，这是一种验证性的沟通方式，通过重述所听内容以核实信息，确保信息传达的准确性，降低信息误差产生的风险；其次，重述信息对听者来说是再次整理和加深记忆的过程；最后，它也是在提供情绪价值，是向对方表态，你对沟通很重视，对方会因为自己被认真倾听和了解而感到愉悦。

① 脱不花．沟通的方法［M］．北京：新星出版社，2021：10.

三个目的中核实信息是核心目标。因此，反向叙述包括两步，反向重述和核实信息。

（1）反向重述

倾听者根据自己的理解，用自己的话重新叙述对方所讲的内容。所谓反向是指原本的倾听者变为叙述者，而原来的叙述者则变为倾听者。

图 1–12　反向重述示意图

使用“我这样理解，不知道对不对……”“你的意思是不是这样……”等句式来叙述。并向对方了解自己理解的是否正确、是否到位、是否有遗漏等。

（2）核实信息

在真实的沟通中，不去核实信息是非常普遍的现象。大多数沟通中的冲突与矛盾都来自双方掌握的信息不对称或信息不透明。

乔哈里视窗理论是沟通学中的著名理论，最初是由乔瑟夫和哈里在 20 世纪 50 年代提出。该理论将人际沟通的信息比作一个窗子，通过纵轴别人知道—别人不知道、横轴自己知道—自己不知道，两轴交错，画出信息的四个区域：开放区、盲点区、隐藏区、未知区。

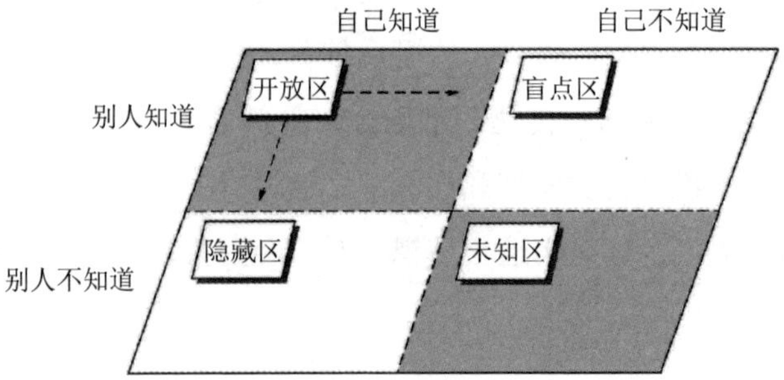

图 1–13　乔哈里视窗图

在开放区，是自己和别人都知道的信息；在盲点区，是自己不知道，别人却知道的信息；隐藏区，是自己知道，别人却不知道的信息；未知区是自己和别人都不知道的信息。开放区是公开区，一般不需要给予很多沟通；未知区是封闭区，两个人暂时触及不到，也许未来会，或者由第三者打开；而盲点区、隐藏区是信息不对称和不透明的主要区域，沟通时应重点核对，找出和补充缺失信息。沟通时如果发现说服对方十分困难，应该思考是不是这个环节出问题了。

核实信息的方法依然是反向重述并配合提问。双方可以多次互换倾听者和叙述者位置，通过交替使用重述、澄清、提问、补充四种方法，直到关键信息基本对称为止。

澄清和解释非常重要，它贵在及时，常用句式有“我的意思是……”“其实就是说……”“我们好像有些偏差……”；提问既可补问问题，也可问对方反应，类似句式有“我有没有说清楚？”“这一点我还不太明白”“可以再问个问题吗？”；补充句式类似“我想再提一点……”“您还需要我补充什么吗”等。

在使用反向叙述核对信息时，还需要注意以下几点：

①反向叙述的信息应该与对方的原始信息相符；

②反向叙述就话论话，应简洁明了，避免过多延伸话题；

③没必要掌握所有信息，主要核对的信息应是缺失的关键信息。

3. 回应

这是有效回应的最后一步。回应信息就是达成一致，或者为达成一致，双方在信息层面上有所进、有所退。它指向沟通共识，并以行动为沟通画上句点。

（1）回应以确定性的话语和行动

如果此时双方意见一致，即可达成共识。通过概括性的话语描述这次沟通的结论，以使双方确认并明确。有时还需要回应对方以行动，如接下来的工作方案、实现计划等。

假设你从事服务行业，之前跟客人发生过冲突，在经历了回应情绪、反向叙述之后，你已经了解到对方的需求了。这时仅在语言上回应，比如仅仅口头道歉就还不够，还要在行动上回应。如解决客人的问题，或者提出补偿。

（2）扩大共识

一般生活中的小事或工作中的琐事，并不需要很多技术性的处理。但如果是重要关系的大事或者工作中的复杂项目、关键决策等，特别是谈了半天仍然没有达成共识的事，就要再走一步议事流程，试着扩大共识。

具体方法是：先各自理清思路，再各自阐述思路，再找出共同点，接着找相近点，尽量把相近点扩大成为共识，最后看不同点，判断它会否影响全局。无影响就无用谈；有影响而解决不了，这就是下次沟通的起点。

三、基于不同人群的沟通策略

不同的人有不同的行事风格和沟通习惯，通过抓取对方的性格特征，可以有针对性地沟通，以提高沟通效率。①

1. 完美主义者

在心理学上，完美主义指的是一种认知—情感模式，具有这种心理和行为模式的人存在着不完美焦虑。他们的世界里“不”字很突出，如不够、不行、不好、不够好、不具体、不到位等。针对完美主义者应当如何倾听和回应呢？

（1）解析完美主义者的性格特征

①有规则有要求

完美主义者最大的性格特点就是希望把事情做到完美，所以他们内在的达标线颇高，对自己和他人的要求都很严格。因为他们做事严谨、特别认真，所以相对也更容易出众。他们喜欢制定规则、按章办事，厌恶破坏规则的人和事。

---

① 苏曼．沟通中的行为心理学［M］．古吴轩出版社，2020：25-33.

②喜欢反省

高要求通常很难达到，完美主义者常常会自我反省和自我加压，心理负担较重。担心自己的表现，自我评价与客观评价之间常有偏差。害怕面对瑕疵和问题，因此有时也易拖延。通常会对别人的指责挂心，因此做事十分尽力。

③在意他人的评价

完美主义者不仅在意自己眼中的自我形象，也在意别人对自己的评价和看法，他们希望得到承认和关注，比较抗拒暴露自己的缺点，有比较重的思想和形象包袱。

（2）洞察完美主义者的肢体语言

完美主义者并不具有特别明显不同的肢体语言。但相对来说，他的肢体动作比较收缩，容易流露出紧张感。例如，他们的目光通常比较专注，这可以帮助他们聚焦所需要的信息，有时会不自觉地注视对方，微微打量全身，视线再转回眼睛，给人一种审视感。与粗线条型人相比，体态上相对规矩，较少出现大幅度的手势动作，但有时眉头微聚，流露出内心的隐忧和焦虑。通常他们的办公桌面、家居环境和他们自己都比较干净整洁。

针对完美主义者的性格特点和行为习惯，沟通时应注意使用以下策略。

①遵守规则

完美主义者的严格未必是坏事，压力当前，同行者更能尽职尽责，在规定时间内，推动事情向好发展。如果双方已经制定好规则，最好依规办事，不要轻易违反规则，以免增添沟通的心理成本。

②重视理性分析

完美主义者信赖分析思维，他们对事物的看法常常出于理性分析，也很欣赏拥有这一特质的沟通对象。所以，在与完美主义者沟通时，尽量多理性分析，避免过度强调感性因素，这样更能获得对方的肯定、认同和信赖。

③表现出认可的态度

完美主义者希望得到他人的认可，可以经常赞美他们，或在细节上提出表扬，使完美主义者得到鼓励。如果能放低姿态，表现出虚心求教的态度，他们往往很愿意提供支持，而且通常他们做事让人很放心。

2. 乐于助人者

生活中有这样一类人，只要别人有需要，他们总是愿意尽己所能地提供帮助，甚至牺牲个人时间或利益也在所不惜，这样的人就是乐于助人者。针对乐于助人者应当如何倾听和回应？

（1）解析乐于助人者的性格特征

①付出是他的价值

乐于助人者对他人非常热心，常常主动关心别人的需要，并心甘情愿地为他人付出，付出本身就是他的价值。他们也很渴望别人认可这一价值，因此很注重与他人建立和维持良好的人际关系，不吝啬自己成为付出多的那一方，甚至会牺牲自己的一些需求去主动迁就和奉献他人。

②看重受助者的反应

乐于助人者通常比较敏感，他们多付出并不是因为他们傻，而是因为他们认可关系就是要付出。他们常常会阅读受助者的言行，如果受助者积极表达感谢，他们会感觉振奋；如果受助者不以为然，则会感觉受挫和沮丧。

（2）了解乐于助人者的肢体语言

乐于助人者通常面部表情松弛，脸上常常带笑，态度和蔼，给人一见可亲的感觉。在与人沟通时，乐于助人者的身体会下意识地向前倾，他们不太介意与他人身体靠近。此外，乐于助人者往往比较感性，喜、怒、哀、乐等情绪的展露较多，心地柔软，善于与他人共情。

针对乐于助人者的性格特点和行为习惯，沟通可以使用以下策略。

①直接请求帮助

如果你需要向乐于助人者求助，说话要礼貌，但不必太拐弯抹角，明确说出自己的需求，可以使乐于助人者提供正确的帮助。对他们来说，被人需要证明了自己有能力、有价值，这是对双方都好的事情。

②真诚表示感谢

愿意主动帮助、不吝帮助的人，值得给予尊重和感谢。这会让他们感到满足，想要继续传递他们的能量。反之，轻视乐于助人者的帮助，不仅会让他感觉沮丧，甚至会激惹他的愤怒。所以，及时表示感谢很重要。

③恰当的拒绝

有时，某些乐于助人者喜欢从自己的立场出发去帮助他人。站在自己的角度推测他人的需求，可能会让受助者有苦难言。一方面无法招架他的热情，另一方面又担心拒绝会伤到他。可以使用以下两种方式拒绝。

一是语言告知。

与其担心别人帮忙反而会差错，不如有话直说。“直”的意思是明确，而不是态度僵硬。可以先感谢对方提出帮助，赞美他的好意，然后说出理由，告知对方暂时还不需要他的出手。

二是非语言告知。

当感觉用语言很难拒绝乐于助人者的热情，甚至可能会陷入较长时间的语言推拉，这时可以利用肢体动作和面部表情等表态。比如，微笑着摇头、摆手或者身体微微后撤等暗示拒绝。但要控制好表情和动作幅度，以免让对方感觉你嫌厌。

3. 性情多疑者

生活中有这样一类人，他们习惯以怀疑的眼光看待周遭，这多半是性情多疑者。这类人群心态谨慎而多疑，做事小心多顾虑，不会轻易相信他人，有较强的忧患意识。面对性情多疑者，应当如何倾听和回应？

（1）对性情多疑者的性格特征进行解析

①缺乏安全感

多疑是缺乏安全感的表现。尤其当性情多疑者处在陌生环境下，他会感觉更有压力和紧张。因此，他们不喜欢变换环境和交友圈。不安全感激发的恐惧心理，使他们常处于警惕和防御姿态，想事、做事有悲观、怀疑的倾向。但也因为他们善于发现危机和问题，所以预备有应对方案。很少冒进，相对也稳妥。

②习惯性质疑

性格多疑者常常使用“真的吗”“不会是骗人的吧”“水很深啊”“怎么可能那么简单”“一听就不靠谱”等消极、否定式的语言表达质疑。但性情多疑者能够与对方坐下来，就说明他们认可这时有交流的必要。如果他们表达了一些质疑性话语，要判断这是语言习惯，还是真的怀疑。倘若是前者，倾听者不用太在意；倘若是后者，适度解释和回应。

（2）了解性情多疑者的肢体语言

性格多疑者有时会回避与别人的目光接触，看起来显得有点焦躁、不安，注意与他人保持一定的安全距离。由于对环境比较敏感，眼神多横向扫动以观察四周。当对方和自己立场不同时，局促不安的动作会表现得更加明显。

针对性情多疑者的性格特点和行为习惯，沟通可以使用以下策略。

①保持心态开放

由于性情多疑者普遍缺乏安全感，习惯性地质疑他人的态度和言论，特别注意收集负面信息、发掘潜在危险。沟通者若能保持开放的心态，留心观察他们的质疑点，有时会发现这些质疑背后可能确实存在问题并找到优解。

②划清情绪界限

沟通中常出现这样的现象，心理高位者要迁就心理低位者，沟通才能继续。性情多疑的人就常常处于心理低位。如果沟通者也跟他们一样陷入心理内耗。沟通必然会进入僵局，甚至引发冲突。因此，情绪自我负责非常重要，在可以解释的地方解释，如果无法使其相信，恰时的闭嘴，可以减少很多麻烦。

③注意方式方法

性情多疑者很谨慎，接受某人、某事或者某观点时会反复验证和考量，但是如果能通过他们的检验，性格多疑者会比较坚定，反而是不错的执行者。通常以下行为能够得到他们的好感和支持：

以诚相待，遵守诺言。诚恳待人是沟通的基本要求，而性格多疑者又特别注重坦诚和守信。因此，许诺要兑现，如果做不到应在事前告知。

认真评估和回应他们提出的潜在问题。

发现他们疑惑时，及时地、直接地给出有理有据的解释。

举棋不定时，鼓励他们做下尝试，如果行不通，可以再调整。

4. 精明干练者

有这样一类人，他们看上去总是精力充沛，自信满满，对生活和工作充满了干劲，话语中常夹带“目标”“效率”“时间”“优解”“价值”等词，看中实效和方法，这样的人一般就是精明干练者。

（1）精明干练者往往都是实干家，他们有以下性格特征

①竞争意识

精明干练者喜爱竞争，希望通过竞争和获胜证明价值。有些人看中竞争结果胜于竞争过程，有较强的得失心。他们精力和脑力都很充沛，具有很强的目标导向和积累意识，喜欢将精力灌注于追求卓越和功成名就上。这种高竞力有时也反映在生活和情感上。

②效率优先

精明干练者注重做事的效率，因此专注力突出。为人处事上精明敏捷，看中做事的方法，处理事务较少拖泥带水。在他们眼中，时间是用来创造价值的，因此少没有产出的事，相对来说少心理内耗，常从理性角度解决问题。沟通中部分人，因为特别看中效率和理性，而无暇顾及他人感受。

③擅长交际

精明干练者往往思路敏捷、开朗健谈，少有心理顾虑和负担，这种天然的魅力能给人留下较深的印象。他们尤其喜欢接近对自己发展有帮助的人，懂得利用圈子和资源寻求更大前景。

（2）了解精明干练者的肢体语言

在与人交流时，精明干练者常常目光专注而又自信。他们喜欢打造干练形象，着装、身材、话语和气质一般比较统一。身体相对不会太松弛，有种随时出发的感觉，区别于完美主义者的规矩，常伴随一些肢体语言，尤其在手势运用上干脆果断。

（3）与精明干练者沟通，可以采取以下几种策略：

①直奔主题

精明干练者做事讲求效率，比较反感啰嗦、无主题的对话。由于他们的天赋和努力，很容易成为职场中的高位者，因此更看中时间。与他们沟通时善用金字塔原理，最好开门见山地直奔主题，注意话语的内在逻辑，表述尽量明确、清晰、简洁，对话态度不卑不亢。

②适当建议，避免批评

精明干练者只是一种人格特质，具有这种特质的人也会犯错。因此，沟通的心态不要自我压抑。如果对方确实有些问题，可以委婉指出，而且要准备好有价值的建议。但尽量少使用批评这种较尖锐的方式，一方面，他们隐藏的优越感可能会有情绪反弹，而直接伤害沟通者或沟通关系；另一方面，不排除会有忽视意见或反驳他人的举动。

5. 性格内秀者

性格内秀者较关注内心世界，他们往往专注于自己的思考和体验。重视隐私，在语言表达上比较节制。从公开场合中不容易判断他们的真实性格和需要。但这并不是说他们不能社交或者拒绝社交。与外在世界的纷繁复杂相比，他们比较注重内心世界的秩序，有时给人疏离的感觉。

（1）一般来说，性格内秀者具有以下性格特征

①注重逻辑或感受

有的性格内秀者，性格偏向冷静，常默默地观察和思考，较少将分析和结论表露出来，当沉浸在自己的世界中时喜欢琢磨；而有的性格内秀者，则更专注于自己的情感体验。

②不热衷交际

性格内秀者一般不热衷交际，或者更适应小范围、熟圈子的交际。倾向于与人保持一定的距离，较少与他人交往过密。通常少公开谈论自己的事和主张，不喜欢在复杂人际关系中周旋。当与他人发生冲突时，态度比较回避，但也偶有惊人之言。

（2）了解性格内秀者的肢体语言

性格内秀者比较少与他人进行眼神接触，他们有自己关注的东西。因为目光收敛，所以少情绪流露，给人疏离、清高、沉默的感觉。他们的肢体语言很少，在人群中不易被看见。与他人交谈时，多数时间面容缺乏变化，在感兴趣时有时会轻轻点头。

（3）针对性格内秀者的性格特征，沟通时可使用以下策略：

①尊重距离

距离包括身体和心理距离。一般来说，性格内秀者不太愿意与人靠得太近或者发生肢体接触。在心理上需要较长的时间才能发生更深层的交流。尊重性格内秀者的空间界限，不要偏见地将这一人格特质视为不足。

②适度热情

性格内秀者并不一定不懂得表达自我或拒绝建立关系。他们也不一定会像表面那么冷漠和理性。性格内秀者与其他人群一样，在语言和行为上有自己的倾向，他们通常倾向于克制的表达。因此，与他们沟通时可以适度展露热情以带动气氛，但要避免过于亢奋。

【多元视角】

布朗定律[①]

有些人并不属于性格内秀者。但如果你发现，你已经找遍话题，而对方依然无动于衷，似乎拒绝交流时，要知道他可能处于绝缘状态，不接受他人提供的信息。如果确实有沟通的必要，可以了解一下布朗定律。

美国职业培训专家史蒂文·布朗认为，找到心锁是沟通的良好开端。知道别人最在意什么，你就能了解别人的意愿。这就是著名的布朗定律。

无论是在日常交谈、商务谈判，还是在恋爱、婚姻的交流中，都可以找找他人的心锁。一般来说，心锁就是对方的痛点、需求点和兴趣点。要找到开门

① 海松．布朗定律：先打开别人的心锁［M］．哈尔滨：黑龙江美术出版社，2019：1-2.

的钥匙，就离不开直觉、观察、分析与尝试。

人的直觉有时比理性更有洞察力。感受下沟通的气场、感觉下对方的感觉，有时直觉会给你答案。而观察和分析都是很理性的方法，例如“由表及里”，根据表面现象逐步深入找到痛点。也可“因小见大”，通过此人的一些细微的言谈举止顺藤摸瓜，发现背后隐藏的那个“根”。结构化思维对于“由表及里”和“因小见大”都有很好助益。另外，了解沟通对象的喜好，投其所好，而不是根据自己的喜好或者大众的喜好妄下判断，会让你发现对方的兴趣所在。

打开心锁并不容易，但如果真的能撬动心门从此开启一段关系，还是值得做出尝试的。

以上分类是对这一类型或具有此人格特质的人群的一种概括。用于补充说明沟通中的社会常识、潜规则和人情世故。现实沟通中，一个人可能具有强烈的某一类型的特征，也有可能具有多个特征，实践时既要参考上述特性，又要因人而异。

【小结】

本节全面而深入地讲解了在沟通过程中言辞处理的逻辑结构、有效倾听和回应的方法。在言辞处理的逻辑结构部分，探讨了如何通过准确把握主题导向和目标导向，确保沟通方向明确、沟通方式有效；阐述了指导沟通活动的金字塔原理，分析如何构建逻辑清晰、层次分明的表达结构，使信息传达更加高效；讲述了建立优势、有理有据、引经据典等沟通策略，进一步提升了表达的说服力和影响力。在有效倾听和回应的方法上，强调了倾听的重要性，并提供了一系列行之有效的倾听技巧。如：结构化倾听法，通过听重点、画结构、概括主题句等步骤，帮助我们更好地理解和把握对方的表达信息；反向叙述，通过回应情绪、反向重述、回应信息等方式，确保我们理解和回应是准确的；个性化的倾听与回应策略，针对不同特质的沟通对象，提出对应的倾听和回应技巧。

通过本节学习，提升个人沟通中的言辞处理能力，实现有效的信息交流与合作。

【练习】

1. 请举例金字塔原理在表达中的应用，分析你的举例是怎么运用金字塔原理来构建清晰、有逻辑性的表达结构的。

2. 结构化倾听对于有效沟通的重要性体现在哪些方面？请结合个人经历或具体案例，分析结构化倾听在提高沟通效率方面的作用。

3. 某公司召开部门会议，部门经理希望向团队成员传达新项目的目标和计划。经理首先介绍了项目的背景，然后详细列举了项目的各个任务，最后指出项目的总体目标和预期成果。请分析部门经理在表达中存在的问题，并基于金字塔原理提出改进建议。

4. 请将以下词句，根据金字塔结构图绘制排列，提示：第一级结论已经给出，第二级分论点是四个，第三级论据七个。

传染病防控工作（结论）、信息及时公布、病例统计、控制传染源、与公众沟通、防治、政策制定、疫情监测、变异情况、预防手段、治疗技术、公众反馈渠道。

第二章　演讲

第一节　演讲概述

【情景导入】

1940 年 5 月 25 日，英法联军防线在纳粹德国的机械化部队进攻下溃败。次日，时任英国首相的丘吉尔下令撤出在法国的英军。这就是代号为“发电机计划”的敦刻尔克大撤退。在短短 8 天内，被围困在敦刻尔克附近的小块区域奇迹般地撤出了 33 万人。这次撤退成功挽救了大量人力，为未来反攻保存了有生力量。但是英国远征军的重型装备被丢弃在欧洲大陆上，导致英国本土防卫出现严重问题。当英军将士以失败撤回本土，等待他们的不是鄙夷与奚落，而是丘吉尔发表的热情洋溢的演讲——《我们将战斗到底》。演讲中，丘吉尔高度赞扬了英勇作战的士兵，安慰了英国民众。演讲在战争的困难时刻注入一针强心剂，振奋了人心，鼓舞民众永不放弃，战斗到底。

【想一想】

1. 什么是演讲？它具有怎样的重要意义？

2. 你上一次演讲或当众说话是什么时候？你当时想带给听众（观众）什么收获或者价值？达成的效果如何？自己是否觉得还有需要改进的地方？

3. 在下次相同的情况下，你打算如何准备让最终呈现的效果会更好一些？

【解析】

演讲是一门古老的艺术。早在公元前4世纪，古希腊就有了著名的演说家。而在中国春秋战国时期，诸子百家争鸣，他们游历各地，发表演说，鼓动君王，以实现他们的政治理想。自古至今，演讲作为交际工具，具有重大意义，在个人交往、职场交流、政治宣传、产品推介等领域，无不扮演着重要角色。刘勰在《文心雕龙·论说》中说："一人之辩，重于九鼎之宝；三寸之舌，强于百万之师。"丘吉尔的演讲准确地体现了这句话。

一、演讲的特点、分类与作用

演讲，又称讲演或演说，是指演讲者在特定场所环境中，直接面对观众，运用有声语言，辅以态势语言，针对某具体的问题，鲜明地发表自己的见解，表明态度，阐明事理，抒发情感，对观众进行宣传鼓动的一种语言交际活动。它包含演讲主体（演讲者）、演讲受体（观众）、演讲环境三要素。

（一）演讲的特点

1. 现实性

演讲是演讲者对社会现实的判断和评价，向观众陈述自己主张的现实活动，具有鲜明的时代现实性。古往今来，优秀的演讲者都是面对社会现实问题提出自己的解决方案，回应时代的需求，义不容辞地促进社会文明进步。

2. 广泛性

任何人都可以利用演讲这一工具来交流思想、传播知识、表达情感。从社会层面上来讲，无论什么年龄、职业、性别、阶层的人员都可以是演讲者，演讲的内容也可以涉及社会方方面面的问题。

3. 针对性

演讲作为一种回应现实社会的实践活动，演讲内容紧跟时代步伐，针对现实问题。演讲者的观点也要针对现实问题进行提炼。只有这样，演讲才能发人深省，达到效果。

4. 艺术性

演讲本身就是一种运行语言艺术的行为。而且，为达到效果，有时候也需要借助一些艺术的表现手段，创造艺术感染力。它的许多环节也要进行“艺术处理”，如选题语言文字表达、环境布局、开场、身体姿态、临场反应等。

5. 鼓动性

演讲是对观众的宣传教育，鼓舞人心。演讲者的目的是让观众认同自己所讲的观点，并使观众付诸行动。是否具有鼓动性是演讲成功的一个重要标志。费孝通称赞闻一多的演讲：“使糊涂的人清醒过来，怯懦的人勇敢起来，疲倦的人振作起来，而反动派则战栗地倒下去。”

【知识链接】

演讲与普通口才的区别

口才是指人们运用口语表达思想情感、进行沟通交际的才能。演讲是在特定时空环境下的说话形式，它不同于一般的口才。两者的区别有三点。

1. 内涵不同

演讲是面对观众就一个问题发表见解，是一种公开的社会实践活动，口才是一个人运用语言进行交流沟通各种形式的总称。

2. 场景要求不同

演讲是在特定的时空环境中，追求一定的仪式感和艺术美，比较正式隆重。演讲主办者会在演讲前对演讲会场进行布置，对人员安排、活动流程精心设计，以达到最佳的演讲效果。口才存在于人们学习、生活、工作的方方面面，它追求实用，比较随意自然。

3. 主客观界限不同

演讲以演讲者为主导，面对众多观众（演讲受体）发表自己的见解，主导者与接受者界限分明。口才是往往是双方的交流沟通，交流者兼具主客体两种身份，在实际交流过程中两种身份自由转换。交流可以是一对一，也可以是多人交谈。

4. 标准层次不同

演讲是最高层次的语言表达形式，优秀的演讲者以良好得体的主体形象，运用语言魅力，观点鲜明，态势明确，实现演讲的感召力和艺术感染力。口才运用灵活，在实际场景中，只要思维敏捷、表达得体，说到点子上解决实际问题就可称之为有口才。

（二）演讲的分类

演讲可以从内容、形式、语言风格等角度划分多种类型。

1. 按照演讲的内容划分

可以分为政治演讲、生活演讲、学术演讲、法庭演讲、职场商务演讲等。

（1）政治演讲

政治演讲是一种非常严肃正式的演讲，演讲者针对国内外政治问题或者相关问题进行分析、评论、演说，阐明或宣传某种政治观点。此类演讲要求具备一定的政治远见与分析能力，包括外交、军事、政府工作、政治宣传等。

（2）生活演讲

生活演讲指演讲者对生活存在的问题、风俗、现象等发表看法。它涵盖内容广泛，悼念、祝贺、迎送等演讲属于此类。

（3）学术演讲

学术演讲指对某一学术问题或者某些专业知识所作的专题讲座、学术报告等，要求具备科学性、专业性、独创性，语言准确，论证严密。

（4）法庭演讲

法庭演讲是最古老的演讲之一，是指公诉人、辩护人、诉讼代理人等在法庭上发表的演讲，讲究客观性，论据充分，具有严密逻辑的雄辩性。

（5）职场商务演讲

职场商务演讲指演讲者在职场商务环境中，或展示个人魅力，提高职场竞争力，或推介产品、项目运作、招商投资等作的演讲，包括竞聘、述职、产品发布会、项目推介会等。

2. 按照演讲的形式划分

可以分为命题演讲、即兴演讲和辩论演讲等。

（1）命题演讲

命题演讲指演讲者根据事先选定的题目或话题范围，事先做好准备所进行的演讲。它有全命题和半命题两种形式。全命题是指演讲的题目由活动组织者确定，演讲者严格按照规定题目进行演讲。半命题是指活动组织者选定演讲选题范围，演讲者根据自身实际情况，自拟题目演讲，内容相对自由一些。

（2）即兴演讲

即兴演讲指在事先没有准备的情况下就眼前情景、事物、人物临时发表演讲。它有感而发，篇幅短小，时感性强，要求演讲者紧扣主题，迅速构思，言简意赅。

（3）辩论演讲

辩论演讲指对某一事物或问题，双方持有不同观点而在同一场景下所进行的辩论，坚持己方观点，批驳对方观点，包括现场答辩、赛场辩论和生活辩论。这种演讲针锋相对，逻辑性强。

3. 按照演讲的语言风格划分

可以分为激情洋溢型演讲、活泼幽默型演讲、质朴无华型演讲、含蓄雅致型演讲等。

（1）激情洋溢型演讲

激情洋溢型演讲者充满激情，用火热的语言去感染、打动观众，将原来确定的意思表达得更加鲜明，不容置疑，调动观众的情绪，引起他们强烈的情感共鸣。

（2）活泼幽默型演讲

活泼幽默型演讲者用轻松幽默的语言，灵活多变的句式，给观众以风趣之感，在轻松愉快的情绪中得到启迪与教育。

（3）质朴无华型演讲

质朴无华型演讲者十分讲究语言表达的准确严密，追求本真，用朴实无华的语言引人深思。

（4）含蓄雅致型演讲

含蓄雅致型演讲者语调平缓，内容丰富含蓄，语言富有韵味，意蕴深长。在娓娓道来的阐述中，以含蓄雅致的语言感染观众。

（三）演讲的作用

演讲通过有声语言和态势语言宣传思想，鼓舞观众，可以引发观众深思，带给他们语言艺术的享受。它是一种智慧，可以调动观众情绪，帮助观众思考；它是一件武器，可以教育观众，产生行动力。

1. 启迪心智

演讲追求真理，强调以理服人。它可以帮助观众认识社会历史，理解现实问题，辨析真理与谬误，净化人的思想情感。通过演讲，引发观众深入思考，启发他们追求真理。

2. 激发情感

演讲带有浓厚的主观感情色彩，借助声音、姿势、动作等直观表现，热情地歌颂真善美，无情地鞭笞假丑恶，寓情于理。演讲会场气氛热烈，激发观众强烈的情感共鸣。

3. 艺术感染

优秀的演讲除了明辨是非，调动情绪外，还带给观众语言表演艺术美的享受。演讲者通过绘声绘色的有声语言，抑扬顿挫的语调，以及恰当而富有情感的态势语言，使得观众产生产生愉悦、激动和满足的感觉。

4. 鼓舞行动

演讲通过析理、动情、艺术感染来宣传演讲者思想情感，影响观众的情绪，引发他们的思考，最终鼓动观众产生符合演讲目的的行动，达成演讲的最终目标。

【资源推荐】

电影《国王的演讲》

影片以英国国王乔治六世战胜口吃成功演讲为题材，讲述了这位国王在平民医生的帮助下，从一位胆怯自卑的口吃者如何蜕变为一位成功演讲者的故事。影片主人公在小时候还是王子的时候，口吃让他出尽了洋相，让他愈发不敢当众演说。在语言治疗师的循循善诱和针对性治疗下，特别是在战争的艰难时刻，乔治六世终于克服了心理障碍，成功发表演说。影片中王子克服心理、语言障碍的历程，对我们认识演讲、训练演讲有重要的启发意义。而语言治疗师针对性治疗所使用的一些训练方法，对我们实际练习也有可操作性的指导意义。

二、成为优秀演讲者的基本素养

演讲需要面对众多观众，宣传思想并感染说服他们，这并不是一件容易的事情。作为优秀的演讲者应具有以下基本素养。

（一）艺术家的素养

演讲是一门艺术，演讲者需要具备一定的艺术家素养。演讲者运用有声语言、态势语言演说抒情，感染观众。对声音的运用包括音高、音强、停顿、延长等，对态势语言的运用包括表情、肢体动作、身体姿态站位等，对这些元素熟练而富有感染力的应用，没有一定的技巧和表演艺术素养是难以达成演讲效果的。

（二）积累与识见

演讲者在舞台上自信热情地发表看法，侃侃而谈，洋洋洒洒，看似信手拈来的鲜活事例，实则是由平时点点滴滴积累而成。演讲者应保持对信息的敏感度，对时事新闻、风土人情、历史掌故等一般常识要不断搜集，这样演讲时才有丰富的材料可用。演讲者还要具备足够专业知识，演讲时涉及相关知识才能表现得足够自信。更重要的是，演讲者要对搜集来的信息加以提炼，形成自己的独特见解，在演讲中以理性深刻的认识启迪观众。

（三）自信与胆量

“狭路相逢勇者胜。”演讲面对众多观众，需要演讲者能够以自信的态度宣讲思想，发表看法，这没有一定的胆量是做不到的。演讲者需要勇敢走上讲台，保持适度紧张，展现出自己最好的一面。这种胆量与信心来源于我们内心的追求，让梦想趋走彷徨。

【知识链接】

耶克斯－多德森定律

该定律认为：动机强度和工作效率之间的关系不是简单的线性关系，而呈倒U形曲线关系。中等强度的动机强度，工作效率最高，最有利于完成任务。强度过低，责任心不够，工作不积极，拖沓任务；相反强度过高，内心过于紧张，用力过猛，也会将工作搞砸。

【小贴士】

克服演讲紧张心理小技巧

①深呼吸，做自我心理暗示：我能行！

②承认紧张情绪。紧张是一种正常的情绪反应，适度紧张更有助于任务的完成。我们要接受自己的紧张情绪，调整好自己状态，认真应对。

③不害怕失败。我们很多时候紧张是因为我们害怕失败，怕自己演讲失败。实际上，没有天生的演讲家，都是一遍一遍训练出来的。不怕失败，才能迎接成功。

④事先熟悉环境，必要时加以排练。在演讲前提前熟悉环境，熟悉舞台位置，灯光音响等，做到心中有数。

⑤忘我，把注意力放在观众身上。演讲者不要将注意力集中在自己身上，越关注自己就会越紧张。相反，如果我们将注意力转移到观众身上，演讲中忘记自我，自身的紧张情绪就会得以释放。

三、成为优秀演讲者的底层思维

“花半秒钟就看透事物本质的人，和花一辈子都看不清事物本质的人，注定有截然不同的命运。”（电影《教父》台词）语言的背后是思想，优秀的演讲者都具有以下四种底层思维。

（一）利他思维——从他人（观众）的利益出发，达成演讲的目标

在日常生活中，我们往往习惯性地“利己思维”，即从自身利益出发，从自己的立场、观点、知识储备等视角演讲。这样使观众不信任演讲者，也不爱听，也就达不到预期的演讲目标。而他人（观众）感兴趣的是：你的演讲跟我有什么关系，我从你的演讲中能够得到什么？因此，我们的演讲应该调整视角，从观众的利益出发。

1. 利他，切换演讲视角，讲对方（观众）关心的内容

在实际交流过程中，我们一般具有三种视角：主讲者（演讲者）视角 = 我想要说的（从我的利益出发演讲）；听讲者（观众）视角 = 观众想要听的（从对方的利益出发演讲）；全场景视角 = 实际场合或事务需要的（从整体利益出发演讲）。比如实际工作中你需要因私请假，这时候你就要站在老板（听讲者视角）和全公司的利益（全场景视角）去请假。从老板利益出发，他一般会反

感、反对员工请假，因为他担心员工耽误工作，至于你请假的理由，对他来说是无所谓的。从全公司的利益出发，一方面，因为你的请假，你的工作就需要协调别人来完成，这又影响了他人利益；另一方面别人可能由于不熟悉你的业务而不能很好地完成任务。明确了老板、企业的需求，我们就知道了请假需要说的重点内容，你可以先简短说一下请假原因，然后重点说你目前工作进度以及请假期间的工作安排以及如何保证工作效果。

【想一想】

你需要请假回去探亲几天，你该如何表达？

2. 利他，切换专业模式，讲对方（观众）熟悉的内容

在演讲时，我们往往会从自身的知识结构出发，以为别人也知道你知道的知识，比如我们在做 IT 技术汇报时，不经意就会出现负载、扩容等专业术语；医生在健康知识讲座时，会出现带状疱疹神经痛、生理性白细胞偏低；等等。由于观众没有相应的知识储备，演讲者所认为的常识性问题，观众则迷惑不解。面对这个问题，我们可以通过以下途径解决。

（1）知识转换或类比

这个方法是指，演讲中出现专业术语时，我们通过转换成通俗易懂的话语来表达，或者加上“换句话说”“通俗来讲”引出观众熟悉的知识去解释描述陌生的专业的词汇，也可以通过比喻的方法来理解其中关系。

例如乔布斯推出第一款 iPhone 时，没有用“智能手机”这个名词来介绍，而是说“一个大屏 iPod+ 一个手机 + 一个上网浏览器”，因为在当时，这是世界新产品，对于绝大多数人来说是陌生的。而乔布斯描述的话语内容是观众所熟知的事物，这样就迅速理解新产品的功能。再如张文宏在帮助大众理解“流行性感冒”和“感冒”的区别时说：“如果我告诉你流行性感冒是老虎，那你说感冒是什么呢？我告诉你，感冒连兔子都不是，它可能是小爬虫，也可能是苍蝇。”在做演讲时，我们千万不要故弄玄虚，要说简洁明了、便于观众理解的话语。

（2）知识视觉化

这种方法就是将抽象的知识具象化、视觉化，提高演讲的效率，更是便于观众理解记忆。知识视觉化可以通过图像、PPT 或者视频呈现比较复杂难懂的知识。如我们在申请房贷时，不知等额本金与等额本息的区别，这时银行工作人员给你以下图表，结合他的解说很快就知道二者的区别。

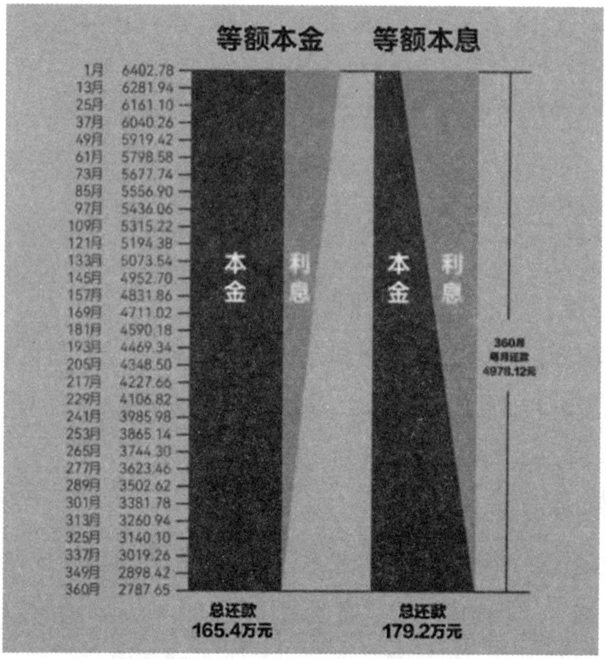

图 2–1　银行等额本金与等额本息

（3）知识价值化

呈现的新知不断价值化，也就是用你的新知密集式地去影响观众的旧知识，使观众在原有知识基础上不断更新旧知，而被演讲者所讲的新知所吸引。如对于某个知识，观众原以为是那样的，通过你的演讲，观众发现实际上并非如此；对于某样物件，观众原以为那样就是有用的，实际上他们发现还有更好的使用方法；对于某个事物，观众本来态度是那样的，结果发现应该是别样的态度。这样的演讲，不断冲击观众原有知识结构，构筑他们的新知识体系，你的演讲就有价值。

3. 利他，对于不同的观众切换不同的演讲方式

每个人在意的内容是不一样的，如果你在演讲前不了解观众的情况，不能根据对方（观众）的需求去准备演讲的内容和方式，那么从你自身来讲，即使觉得讲得再好，也是不能达成演讲目标的。演讲的内容与方式要与观众的需求相匹配，才能从根本上提高演讲的效率。例如前面所讲张文宏跟大众讲感冒，采用类比的方式，如果张文宏现在是在做学术报告，面对同行专家在做演讲，那种方式显然不合适，他应采用专业准确的术语去阐述他的观点。再如同样讲IT 技术，面对一线管理员，你要讲操作界面的简洁便利、性能稳定（即干活不累，不易出错），面对公司管理者，你要讲 IT 技术驱动业务增长以及投资风险低、回报高。面对不同的对象，演讲要采用不同的方式以及准备不同的内容。

（二）目标思维——影响观众，紧紧围绕目标组织演讲

演讲不是站在台上把话说完，就算达成目标了。不同身份的人演讲有不同的目标，如企业主演讲，要讲他的梦想、理念、企业业务的广阔前景，以吸引投资、招募合伙人、吸引到高端人才；优秀人才演讲，要讲他的才华、专业能力以及以往业绩，提高自身价值，以获取更好平台、更高职位；员工对外交流演讲，要讲他的公司、业务、业绩等，以宣传公司，推广业务，与对方加强合作。

演讲要得到观众的认可，使他们采取实际行动。古希腊有两位演讲家，当外敌入侵时，为鼓舞士气，两位演讲家都发表了自己的看法。一位讲完后，大家说："他讲得真好啊！"另一位讲完后，大家说："走，我们去战斗！"演讲要激励观众（听众），达到实际的效果。例如足球比赛前，队长或主教练在更衣室发表演讲，鼓舞球员去拼搏，赢得比赛。

1. 演讲要有明确的目标

演讲前，演讲者要问自己："我想要达成什么目标？"为明确目标，我们可以采用ABCD演讲目标法：

A：观众（AUDIENCE）：观众是一群人，我们要提取他们的最大公约数，用观众中绝大多数人所熟悉的言语、事物，讲他们关心的话题，并与最大多数的观众产生共鸣。

B：行为（BEHAVIOR）：通过演讲，希望观众采取什么行动？

C：条件（CONDITION）：演讲要采用观众乐于接受的方式，通过什么条件，可以实现自身目标？

D：程度（DEGREE）：观众要采取行动的转换率是多少？

2. 演讲者要有明确的目标感

我们明确目标后，在实际过程中，要始终紧紧围绕目标而演讲，要讲离目标越来越近的话语，而不是讲着讲着就有失控之感，不知不觉中偏离了自己的目标，造成演讲主题不清，效果不佳。

（三）系统结构化思维——演讲是一个系统结构，各部分各司其职

演讲是由各部分组成的有机整体。它的系统结构可以用一棵树来比喻，演讲者的知识能力储备就是树根，演讲的主题就是树干，演讲的逻辑就是树枝，演讲的故事就是树叶，演讲的影响力就是果实。

1. 树根：知识能力的储备

很多人在当众演讲时会显得很紧张，甚至大脑一片空白，登台后语无伦次，不知该如何演讲。其实，演讲是个人综合能力的体现，平时要多阅读，多积累，演讲前要做好充分的准备，只有树根扎得深，登台演讲才能大方自信，侃侃而谈。

2. 树干：演讲主题

演讲主题清晰，标题鲜明，能够吸引观众。如果演讲的标题假大空，观众一听就觉得没有意义，更不会关心演讲内容了。将看似假大空的演讲标题具体化，可以采用以下方法。

①用数字、故事等替换形容词。在自己产品推介会，演讲者往往会用形容

词强调自己产品“很好”“创新”等特点，其实这种形容不够鲜明，缺乏差异，你应该用具体的数字或者故事来替代这些说辞。如雷军在 2021 年小米手机发布会上讲《我的梦想我的选择》，他披露了自己的十个选择（故事），并宣布目标：三年时间，拿下全球第一（数字）。

②用具体的目标人替换所有人。当你的目标是所有人时，你的演讲可能会变得茫然。我们的目标要具体，以小见大。如电影《我和我的祖国》，为表现爱国主题，电影以一个个的“我”的个体故事与祖国的命运相联结，观众就感到特别亲切，故事真实可感。

③用具体代替抽象。演讲的主题要鲜明，就需要用具体的事实来代替指向不明的抽象表述。比如演讲题目《坚强的心成就自我》，内容是分享自己高考失败后坚强创业成功的事。题目中“坚强的心”不是具体事例，题目改成《高考失利后，你的人生完了吗？》就更具体鲜明，真实可感，也更吸引人。

3. 树枝：演讲逻辑

演讲内容的展开需要严谨有序的逻辑。内在逻辑好比树枝一样伸展开来，有利于观众把握要领。演讲者事先将所要演讲的内容进行分析分类。我们可以采用麦肯锡 MECE（Mutually Exclusive Collectively Exhaustive）分类原则，即按“相互独立、完全穷尽”的原则分类，做到清晰准确，较易把握演讲的关键问题。

4. 树叶：演讲的故事

演讲者要发表自己的看法需要借助生动形象的故事。故事具有神奇的魔力，对观众产生很强的吸引力。讲故事要讲究语气语调的运用，有节奏感，叙述、对话、插叙、模仿要错落有致，情节生动，有条理有层次，对于故事中的人物、事件描述要恰如其分。

【多元视角】

大料与小料

故事分为大故事、小故事，又叫“大料”“小料”。“大料”是一个相对完整的故事，要素较为齐全，一般要两三分钟以上；“小料”是指一两句话概括的故事。据TED机构统计，优秀演讲者在一场演讲中讲故事、将场景、讲案例的时间比例大于或者等于60%。换言之，一个10分钟的演讲，其中有6分钟在讲故事、场景、案例。

5. 果实：演讲的影响力与实际效果

大树结成果实，演讲也要达成自己的目标。演讲的最终目标要形成影响力，对观众产生实际效果，对事物产生新的理解或者采取实际的行动，哪怕是新理解或者新行动只是点滴的进步与改变，也是富有价值的。

（四）复利价值思维——价值输出，塑造形象，打造个人品牌

演讲不仅作用于观众，也会给演讲者带来诸多益处。优秀的演讲者通过演讲宣传自己的思想见解，影响观众。这一过程，可谓演讲者的价值输出。不断的价值输出，塑造演讲者的个人形象，打造出演讲者个人品牌。

1. 价值输出

演讲者要对自己所演讲的思想内容有价值的自我认同，抱着将好产品、好思想分享给观众的心态。演讲是送给观众的礼物，演讲者的内心就会淡定踏实，叙述也随之变得自信有趣。

2. 塑造形象

演讲是与观众面对面的直观行为，通过有声语言和态势语言直接作用于观众的情感与思维。优秀的演讲能带来深邃的思考、热情的气氛。在演讲的整个过程，观众不断被激发，如沐春风，从而形成对演讲者热情、自信、专业的良好形象。演讲者通过演讲塑造了个人在观众心目中的形象。

【讨论】

演讲可以培养演讲者哪些优点？

【小结】

演讲，又称讲演或演说，是直接面对观众，运用有声语言与态势语言，发表见解，宣传思想，鼓动观众的一种直观交际行为。它具有现实性、广泛性、针对性、艺术性、鼓动性。

按照内容划分，演讲可以分为政治演讲、生活演讲、学术演讲、法庭演讲、职场商务演讲等；按照形式划分，演讲可以分为命题演讲、即兴演讲和辩论演讲等；按照语言风格划分，演讲可以分为激情洋溢型演讲、活泼幽默型演讲、质朴无华型演讲、含蓄雅致型演讲等。演讲可以启迪观众心智、激发他们情感，带给他们艺术的享受，并鼓舞他们行动。

优秀演讲者需要具备艺术家的素养，要有强烈的自信与胆量，并不断搜集积累知识，提炼知识形成自己独特的见解。优秀的演讲者具有以下底层思维：利他思维——站在观众的角度思考问题；目标思维——用演讲影响听众，紧紧围绕演讲目标组织演讲，并最终达成；系统结构化思维——演讲是一个系统结构，各部分各司其职，做好每一部分内容；复利价值思维——通过演讲输出自身价值，塑造形象，打造个人品牌。

【练习】

1. 什么是演讲与口才，两者有什么联系与区别？

2. 演讲有哪些特点，对演讲者和观众各有什么益处？

3. 优秀演讲者需要具备哪些基本素养，他们具备怎样的底层思维？

【实训】

1. 每日暗示。清晨默念数遍自我积极暗示语，诸如："快乐的一天又开始了！""我努力，我能行！""我一定要大胆发言，大声说话！"

2. 与同学交流一次你自己最成功的一次当众说话或者社交活动表现。

第二节 演讲的内容：演讲稿

【情境导入】

小美通过大量阅读演讲相关的书籍、资料，积累了不少知识和素材，想要向同学们开展一场介绍演讲意义的演讲活动。开始前，小美信心满满，她认为自己熟知知识，又打了腹稿，只要心态平稳演讲必然成功。然而，现实并不尽如人意，小美在演讲中反复出现了大脑宕机的情况，一度连她自己都不清楚到底她想要说什么，就更别提频繁漏掉重点、用词不当了。看着台下观众意兴阑珊的样子，小美心跳如雷只得草草结束了演讲。事后，她询问了一些同学的意见，打算好好复盘一下。

甲同学说："我很想支持你，但你讲得太乱了，我听得很糊涂！"乙同学说："你的表达不接地气，我不确定自己理解的是否就是你要表达的。"丙同学说："观众都是同学，你不如讲点实在内容，少说些大道理。"丁同学说："你的开头和结尾都很匆忙，好像没准备稿子就上场了吧？"

小美不由得暗暗后悔："没有扎实的准备，哪有临场发挥？如果认真写好演讲稿，可能思路就不会那么混乱，也不会出糗了。"

【想一想】

1. 演讲稿对于演讲有哪些显性和隐性的积极作用？

2. 演讲稿缺乏条理怎么办？

3. 单纯的素材积累或者知识储备为什么不能保证一场演讲活动的高质量开展？

【解析】

演讲活动和我们日常生活中的其他活动一样，最忌骄傲托大。好的演讲不能仅仅指望现场的灵光乍现，或是演讲者激情万丈的表演，它来自台下充足、扎实的准备，尤其是演讲稿的写作。演讲稿是内容和思想的载体，也是演讲的灵魂。它的写作服从母语表达能力的评价标准，言之有物、有情、有理和有序，即实在的内容、真实的情感、有力的论证和清晰的结构。由于演讲时，观众收集信息十分依靠听觉，结构清晰和用词平实就格外重要。因此演讲者应谨记，让观众听懂是你的首位职责。

一、演讲稿的概念

俗话说："磨刀不误砍柴工。"演讲稿的写作是准备演讲的重要一环。想要掌握它的写作要求和技巧，就要明确演讲稿的概念。

演讲稿是指在演讲活动开始前，演讲者遵循口语表达的特点，为某一主题事先写作的一种文体，用于表达见解、传播知识、解决问题或交流思想、感情。它兼有应用文和文艺作品的双重特质，既符合应用文说理的特点，如主题明确、逻辑清晰、论证有力，又带有一定的文艺色彩，如故事化的讲述、情感的抒发等。

演讲稿的写作有明确的对象，因主要靠口头语言表意，因此文字需要简洁易懂，突出对象感和现场感。一般在正式演讲时，演讲稿是必须的。演讲稿与PPT、现场讲演共同组成一场演讲活动。

随着社会的发展，演讲和演讲稿的概念在扩展，它不再是舞台式的表演，而是落地融入日常的学习、工作和生活中，可以说，凡是公开演说都可称为演讲，支持演说的文稿即是演讲稿。

二、演讲稿的作用

首先，演讲稿帮助我们提前梳理清楚演讲的逻辑和表达的思路，防止无序表达影响观众的理解，并缓解因不确定性带给演讲者的紧张感和恐惧感，提升演讲者在演讲活动中的信心和表现。

其次，演讲稿提前准备了演讲时可能用到的语言文字，避免现场词不达意引发观众的误解，或因冥思苦想而打乱演讲的思路和节奏。

最后，演讲稿提前对演讲活动进行布局规划，演讲者可通过演讲稿的内容和字数估算演讲的时长，尽可能合理利用每一分秒，避免因不足时或超时影响自己的专业口碑，或牵连后面的演讲者。

整体而言，演讲稿对演讲效果的提升是正面的、有效的。但演讲场上风云变幻，演讲者也要机动灵活地根据现场的情况对文稿进行必要的调整，不要照本宣科，反而让演讲稿束缚了你的机变，使演讲活动沦为单方面的“灌输”，这就得不偿失了。

三、演讲稿的特点

（一）情感性

《礼记·中庸》有言：“唯天下之至诚，为能化。”一次能够打动受众的演讲活动，必然是饱含了情绪的深刻触动。演讲者的真情实感贯穿其中，拉近了与受众之间的距离，消弭双方的陌生感，使信息的传达和交换更加积极可信。反观一些既空且玄的演讲稿，因为缺乏情感的注入和对观众深切的体察，再或充满了情绪的表演，很容易被观众识别而生厌，难以达成演讲活动组织的初衷。

【例证】

谷爱凌《我承认，我爱上了恐惧》[①]

我今年 18 岁了。过去十年里，我和恐惧谈了场轰轰烈烈的“恋爱”。我

---

① 谷爱凌讲述心路历程：“我承认，我爱上了恐惧”[EB/OL].参考消息网，(2022-2-10).https://baijiahao.baidu.com/s?id=1724335406318596716&wfr=spider&for=pc.

是一名专业的自由式滑雪运动员，脚上的一双雪板、22 英尺长的 U 形池和各种特技动作是我肾上腺素的主要来源，也是极限运动真正令人上瘾的核心原因。

正如那些沉醉于恋情中的恋人们一样，这个重要的另一半可能会反复无常。实际上，“恐惧”可以算是三种不同感觉的总称，那就是兴奋、不确定和压力。我逐渐明白：如果能意识到这些情绪的微妙信号，并积极利用它们，会对成功起到关键作用；如果忽视它们，往往就是受伤的先兆。

虽然极限运动员很容易被贴上无畏或不走寻常路的标签，但其实，我曾花无数个小时在海绵池和气垫上想象做那些技巧动作的画面，并进行练习。把自己置于危险境地从生理上说是违背天性的，虽然我们尽一切努力做好了身体状态上的准备，但再多的所谓安全训练，也不能与无情的雪坡相提并论，在一个剧烈颠簸将我们抛入空中之后，它就直奔我们而来。我们不是忽视恐惧，而是通过探索深刻的自我意识和深思熟虑的风险评估，与恐惧建立独特的关系。

这个过程先从想象那个画面开始。在尝试一个新技巧之前，我喉咙底部和膈肌顶部之间的胸口会升起一阵紧张。我深吸一口气，闭上眼睛。我想象着在巨型起跳坡道中上升，伸展双腿以将腾空升力最大化。然后，我看到自己反向扭转上半身，做出我想要的翻转动作，产生力矩，直到我再让身体从另一个方向转回来。现在，在我的脑海里，我已经飞了起来。我可以在看到起跳点的背面之后，立刻转体将视线投向头顶万里无云的天空。在我听来，风也是一种音乐，每次 360 度转体都为我的动作带来了音乐节拍。当我的双脚在中途落下，我将身体转入第二个空翻前的一瞬间，我看到了落地点。我想象着双腿不断摆动，身体回到面向前方的姿势，将重心放在靴子前头着地，转体四周。我面带微笑，然后睁开眼睛。

想象结束后的一刹那，堵在我胸口的疙瘩终于扑腾着舒展开来，就像化茧成蝶那著名的蜕变终章。随着肾上腺素而来的兴奋，就是我真正热爱和沉迷的东西。对安稳完成动作的自信，对即将到来的未知体验的兴奋，这两者之间那种摇摇欲坠的平衡让我欲罢不能……

这是奥运冠军谷爱凌的一篇写作稿，非常适合用于演讲。“恐惧”并不是容易讲的话题，它是种情绪，不容易被语言化。谷爱凌的叙述饱含深情而不乏技巧。她真诚地热爱着极限运动，又理性地认识到它的危险。她以滑雪为例，将情绪表达与道理阐述完美融合，娓娓道来她如何接纳、转化和享受恐惧。将面对恐惧的心路历程剖析给观众，让我们感叹原来天才也会恐惧，天才也要拼尽全力。她饱满真诚的情感通过故事化、细节化、方法性的讲述传递给观众，让人备受鼓舞。

（二）场合性

演讲稿的写作也要“在其位言其政”。意思是，演讲稿的写作要考虑场合和对象。写作时反复提问，演讲稿是否切中场合？是否因势利导？是否言之有物？观众想要什么？我又给出了什么？当演讲稿与场合相契合时，往往有事半功倍的效果。倘若与场合不相适，甚至完全相悖，等到演讲时再行补救，可能就来不及了。写作前，可通过提问主办方或向前辈、同行讨教，对场合和对象有所把握。

【例证】

莫砺锋教授《在文学院百年院庆大会上的讲话》选段[①]

今天的盛会，真可谓群贤毕至，少长咸集。最难得的是，大家济济一堂，却都有同样的身份标志，我们身上都打着中文学科的烙印。更令人兴奋的是，今天到会的有三百多位南大文学院的历届系友，大家都曾在这里度过风华正茂的青春岁月。

……

我相信，即使系友们分散在天南海北，也始终忘不了那段岁月，始终对南大的美丽校园魂牵梦萦。我也相信各位系友今天在校园里重逢，一定会热烈地

① 莫砺锋 . 莫砺锋教授在文学院百年院庆大会上的讲话［EB/OL］.（2014-10-20）［2024-5-23］. https://www.nju.edu.cn/info/3181/35291.htm.

谈论当年在讲坛上的他或她，也会在心里默默思念同桌的你。

这段演讲切中对象，在场观众多为中文系出身，有着共同的身份标识和相似的成长经历，通过忆往昔岁月唤起观众对校友重逢、追忆青春的感动。

【例证】

科学家颜宁在高质量发展大会上的演讲节选[①]

给大家拜年。这是我在深圳过的第二个春节，来到广东，才感受到春节何以为春，气候宜人，繁花似锦。我也已经给朋友们发信，邀请他们来广东，充分感受一下现代与传统交融的春节，特别是别具一格的花市，热闹绚烂，让我这个北方人大开眼界。让我大开眼界的不仅有南国风光和广东民俗，更有广东和深圳的速度、力度和温度。

科学家颜宁于2022年先后出任深圳医学科学院院长、深圳湾实验室主任。这次讲话发生于2024年首个工作日，继她当选中科院院士刚刚过去两个月。她的发言不仅代表刚刚就任的自己，也代表了深圳的科研人员。颜宁从时节入手，巧妙地借春日胜景表达了对广深现代与传统融合的认可，又对文明的建设者各级政府部门和科研人员回应以热情。发言契合当下的季节、场合和她的身份职责。

【练一练】

假如在新学年的第一次班会，你作为班长需要向全班同学发言，你会怎么写作你的演讲稿。

---

① 探研究____转生星人．中国科学院院士颜宁梦想在深圳迅速落地生根、萌芽开花［Z/OL］．（2024-02-18）．https://www.bilibili.com/video/BV1FF4m1E7xK/?spm_id_from=333.337.search-card.all.click.

（三）通俗性

《警世通言》中建议："话须通俗方传远，语必关风始动人。"意思是话语通俗才能传远，关涉人情才能感动人心。除非你的演讲对象是专家、学者、专业人士、同行精英，要求你必须使用学术语言或专业表达，否则演讲的语言应尽可能平实通俗，多使用简短句式，少使用生僻字。

演讲稿的语言要"适耳"，平实、具象的表达是为了提高信息传播信息的效率，减少听众的听觉理解负担。演讲者可以多使用短语，短语的排列组合朗朗上口，具有声韵美感和节奏感，能够加强演讲的气势，带动观众的情绪。

【例证】

编选自《人民日报》文章《老科学家成为"科普达人"》[①]

金涌是我国化学工程领域的专家，主要研究高速流态化、清洁化工工艺、粉体技术等。在长期的教学科研实践中，他深刻认识到科普的重要性。"10多年前，学校的学术活动节邀请我作报告，我想到的题目就是'如何培养科技创新思维'。"金涌回忆当时的这场报告取得了热烈反响，让他意识到自己抓到了一个真问题。此后，他不断丰富自己的"素材库"，把创新与发明的大师轶事、自己对创新的理解领悟等，用更接地气的方式表达出来。

能被人体吸收的生物"塑料"是怎么研制出来的？被划破的航天器如何自动"愈合"？从可控核聚变到石墨烯，从能源转型到循环经济，他把深奥的科学原理与日常所见的现象融会贯通，展现出一个奇妙的科学世界。金老为了让百姓能够听懂化工知识，专门对演讲的语言进行反复打磨，力图采用通俗易懂的方式传递给听众。为了实现对抽象概念的可视化、具象化，他通过动画制作、演员表演等，将抽象的科学概念形象生动地展现出来……

当科学家面对普罗大众做演讲，在讲述专业程度极高的科学话题时，也很

① 老科学家成为"科普达人"［N］. 人民日报，2023-11-27（017）.DOI: 10.28655/n.cnki.nrmrb.2023.011392.

注重语言的平实落地和抽象概念的具象表达。科学家的行动告诉我们，演讲不是为了显摆你的知识，而是要通过知识的传递贡献你的思想和思考。因此，让观众能够听进去、听得懂，是演讲稿写作的重要原则。但要注意的是，通俗并不等于粗浅，它们的区别在于是否有真知灼见。

（四）融合性

演讲稿本质上是要为演讲活动服务的。因此，只要能帮助演讲者厘清演讲活动中的各个环节，帮助演讲者把控好演讲活动的时间，无论使用什么文体，亦或是将各种文体融合使用，都是可以的。在演讲稿写作时，既可以使用议论的文体让论证更加充分，又可以使用戏剧中的情节让内容跌宕起伏，还可以使用诗歌的格律，为演讲注入韵律美感。

【讨论】

还有没有别的文体可以运用在演讲稿的写作中？

四、演讲材料的收集

演讲稿的写作要言之有物，“物”就是实在的内容，它需要由材料填充。如果缺少有效的材料或材料使用不当，演讲稿的内容就是“无根之木、无源之水”。

（一）收集材料的意义

演讲者组织演讲活动是为了向受众传达信息、展示观点，而这些观点有一部分正是从材料中发掘出来的。演讲者在参详了大量可靠的材料之后，便能够从中发现“金子”、挖出“宝藏”，从而萌发演讲的动机并形成相关的观点。因此，广泛、科学地收集材料是写作演讲稿的重要基础，很大程度上决定了演讲的成败。

此外，在阐述观点时，演讲者也可以合理地运用所收集的材料，以有效支撑自己的观点，或者借用材料丰富演讲稿的例证。

（二）收集材料的原则

演讲材料按照来源可以分为直接材料和间接材料。前者是指演讲者自身的所见所闻、所思所想或者是亲身调查得到的素材，后者是指演讲者从书籍、广播、电视、网络等媒介通过间接手段收集到的材料。

演讲者在收集材料的过程中应当遵循以下原则。

1. 紧扣主题原则

在一些情境中，收集材料是为了更好地帮助演讲者论证观点，因此，紧扣主题就十分必要了。如果做不到这一点，就会使受众难以心服口服，无法达到论证的预期效果。因此，先要确定好你的主题，使用思维导图等工具，梳理主题将从哪些角度开展，需要什么样的材料，之后再有针对性地选择。

2. 客观真实原则

无论收集演讲材料的目的是什么，这些材料最终都会以不同的形式展现给听众。若材料作假，自然会降低演讲活动的可信程度，拉开演讲者和听众之间的信任关系，给信息传递、观点表达带来负面影响。因此，要确定你的材料是真实可信的。可以通过权威渠道、信息溯源、交叉验证等方法核实你的材料。

3. 强而有力原则

充分、具体、典型才是强而有力的材料。如果你将材料作为启发思考的“柴木”，通常材料越详细、深入，越能开拓演讲者的见识和思路，点亮演讲者的思想火花。如果你准备将材料作为论据引入演讲稿，一篇演讲稿可以使用多个材料，从不同角度支撑你的论点。它们越典型、越有针对性，论证就越扎实有力。

【例证】

莫砺锋教授《在文学院百年院庆大会上的讲话》节选[①]

昭明太子的《文选》，是在南京编纂的。刘勰的《文心雕龙》，是在南京

① 莫砺锋．莫砺锋教授在文学院百年院庆大会上的讲话［EB/OL］.（2014-10-20）［2024-5-23］. https://www.nju.edu.cn/info/3181/35291.htm.

撰写的。李白一生云游四海，曾七次来到金陵，远多于他进入长安的次数，并写出了“金陵子弟来相送，欲行不行各尽觞。请君试问东流水，别意与之谁短长”的深情诗句。王安石和苏东坡在朝廷里针锋相对，但他们在南京的半山园里相逢时，却心平气和地谈诗论文，以至于东坡动情地说“劝我试求三亩宅，从公已觉十年迟”。安徽人吴敬梓寄寓南京，在秦淮河畔写成《儒林外史》，还自称“记得当时，我爱秦淮”。在南京的江宁织造府长大的曹雪芹把《红楼梦》的故事背景安排在南京，并把其中主要人物称为“金陵十二钗”。即使是南京的下层居民，也受到浓郁文化氛围的熏染。柳如是等“秦淮八艳”，无不精通琴棋书画，其他城市的烟花女子似乎缺少这种集体性的文艺范。《儒林外史》中写才子杜慎卿在雨花台上听到两位挑大粪的底层劳动者说：“我和你到永宁泉吃一壶水，回来再到雨花台看看落照。”杜慎卿慨叹说：“真乃菜佣酒保都有六朝烟水气。”所谓“六朝烟水气”，就是一种有历史积淀的文化底蕴，一种沦肌浃髓的文化修养。

莫砺锋教授论证南京这座城市的文学氛围时，用到的例证材料是知名文人的事迹。这些事迹皆翔实可考，符合材料的紧扣主题原则和客观真实原则。一定量的举例和典型人物的辉煌事迹，是材料强而有力原则的体现。演讲者通过这些真实可靠的案例，加强了观点的说服力。

五、演讲稿的写作

一篇演讲稿是优质还是低劣，评价角度很多。例如选题角度，选题是否是观众感兴趣的、是否是演讲者熟知并为之所动的；如意义角度，是否具备知识价值、启发价值、方法论价值；如适切角度，是否适应场合，是否合乎演讲者年龄、身份，是否分寸得宜；再如语言角度，有趣吗？严谨吗？有情绪感染力吗？但以上评价都是锦上添花的“花”，它们的写作技巧丰富多变，贵在运用自然灵活，而不必循规蹈矩。但真正的“锦”是逻辑，它才是演讲稿写作的基础和核心，也是观众听得懂、听得进、听得服气的深层原因。因此，正文、开头、结尾每个部分的写作逻辑要清楚，三者合一后整个文稿的逻辑要贯通。

（一）开头的写作

俗话说“万事开头难”。开头的写作为后文规划路径，如果这一步定向准确清晰，后续的写作就不容易偏航。

开头作为整篇稿子的总领，既不宜过长也不宜过短。过长则如“老太太的裹脚布”，絮叨啰唆，无法在短时间内将听众的注意力聚焦，一旦听众注意力分散了，再想抓回就困难了。而开头过短，则难以将主题交代明白。当听众还云山雾罩时，便急急切入主体，听众很可能跟不上节奏，最后大概率会放弃倾听，可谓是出师不利。

常见的开头方式有故事型、总结型和悬念型。

1. 故事型开头

故事型开头，类似文学的手法“起兴”，它通过设置故事情节、矛盾冲突等，在潜移默化中将想要传递的信息具象地传达给听众，起到渲染氛围、引出主题的作用。这种方法亲切自然，在不知不觉中引发观众的兴趣，将其注意力集中在演讲者的叙述上。

SCQA 模型非常适合用于故事型开头。

S–Situation **情境**

情境又称情节，是某一状态的描述。可以套用 5W 模式，如 When 哪年哪月哪一天、What 什么事、When 什么人、Where 在哪儿、Why 为什么这样，将故事更细节化，加强可信度。

C–Complication **冲突**

冲突是叙述中的小高潮，表现为矛盾、纷争、意外、不安因素等，它是推动情节发展的关键，打破原有的平稳状态，让情节蓄满张力。

Q–Question **疑问**

疑问是对状态被打破的质疑，它可能以问题的形式由演讲者抛给观众，引发观众的思考。也可能埋在叙述中，让观众感觉好奇。

A–Answer 回答

基于以上给出回答，答案一般就是演讲的主题。

【例证】

浙江大学心理与行为科学系教授高在峰《反人类设计背后的心理学》（开头节选，文稿整理自一席[①]）

2013 年我和我的爱人去买房，我们看了两个月的房子，最后终于找到了一个满意的，但是房东告诉我们，必须要在中午 12 点之前交一个预定金，否则就给另外一家了。我们听到这个消息之后二话没说，拔腿就去银行。我记得特别清楚，我们去的是工商银行，我老婆取的钱。我们成功地把这个房子拿到了，但是到了晚上的时候，出现了一个让我们浑身冒冷汗的事情，银行卡呢？我们家所有的存款都在那张卡上。

我老婆这个时候非常自责，我当时其实心里也是发虚的，但是我跟我老婆说：这个事情不怪你，是这个 ATM 没有设计好，不是你的错，是设计的错。

我在浙江大学心理系工作，从事的是认知心理学和工程心理学相关的研究。所谓工程心理学，简单地讲，研究的是人机交互环境下人的心理规律。

“不是你的错，是设计的错”，这句话不是我提出的，是 Donald Norman 在 1988 年的《设计心理学》里面提出来的。这句话是传达一个什么意思呢？它告诉我们，我们日常生活中的很多错误或者失误，其实很大程度上是应该由设计师负责任的。设计师在设计产品的时候，他要考虑到人的心理加工规律，否则我们就容易犯错。拿我刚才举的取钱例子来讲，我老婆之所以忘记取卡，很大程度上是和我们认知系统的注意加工特性有关系……

这段开头的结构图如下：

① 高在峰 . 反人类设计背后的心理学［EB/OL］.（2018–12）. https://yixi.tv/#/speech/detail?id=741.

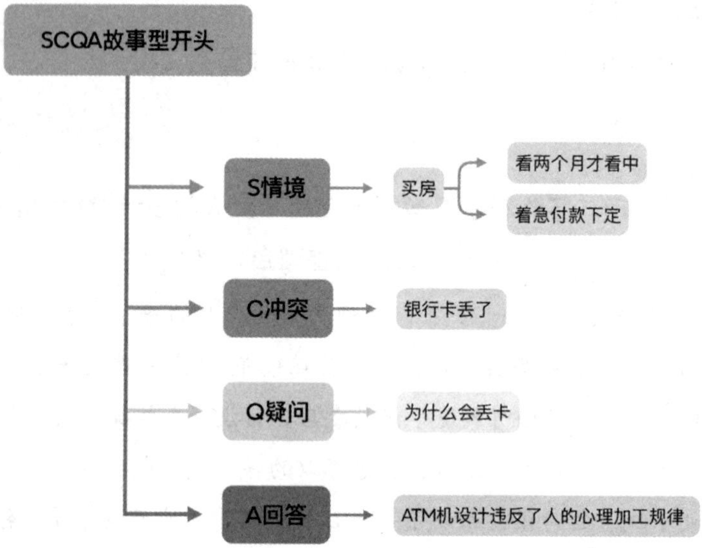

图 2–2　高在峰演讲开头的结构图

演讲者通过一段真实发生在他身上的故事开始了演讲，故事的讲述是为了引出演讲的主题：很多产品的设计违反心理和大脑的加工规律。后续主体正文沿着这一主线徐徐展开。这个开头非常精彩，既不突兀又直指主题。故事长度适中，有情境有冲突有质疑有回答，结构完整，叙述一波三折，成功激起观众的好奇心。

【练一练】

请以“奋斗”为演讲主题，运用积累的故事和案例为你的演讲稿写一篇故事型开头。

2. 总结型开头

将演讲活动的主旨或者目的旗帜鲜明地传达给听众，使听众提前做好心理建设去接受或思考你的观点。总结型开头是在为整个演讲稿定调子。开头是总论点，后续主体正文是分论点，它们层次鲜明、条分缕析地论证着总论点。金字塔原理是这一方法的典型。

金字塔结构很好地利用了人大脑自带的分类习惯。人们在感知事物时，倾向于把相似物归为一类。例如看电视剧时观众会常把人分成好人、坏人，或者这伙人、那伙人。这是大脑归类分组机能无意识地发挥了作用，乱糟糟的信息经由分类重组被整理有序，大大减轻了理解负担。

金字塔结构是对人脑自动分类习惯的有意识升级。写作演讲稿时，演讲者可利用它找出主要观点、次级观点、各个次级观点的论据，将这些信息整理为三角形结构，通过明确各个要素之间的逻辑关系，梳理清晰写作的主线和旁枝、论点和论据。

写作演讲稿开头部分时，演讲者应善用金字塔原理中的结论先行原则，找到论述的起点和核心，使听众一开始就对演讲有全局的、大致的了解，以不畏惧的心态顺利进入演讲活动中。

【例证】

2019 年央广总台主持人大赛决赛选手邹韵的演讲（开头）[①]

今年是我做记者的第九个年头，在我做过的很多的报道结尾我都会报尾巴，比如说央视记者美国华盛顿报道，又或者是邹韵 CGTN 北京。在过去的九年里，我的名字和工作单位都没有变，但是最后这个地点却一直在变。从中国的主场外交活动，到“精准扶贫”政策落地的一个小村庄，从美联储货币政策的发布，再到飓风桑迪的重灾区。我从一个个新闻现场，去见证一个个历史性的时刻。

有人说，站在这个舞台——主持人大赛的舞台需要一种气，那就是底气。我也很认真地想过，我的底气到底来自于哪儿……

这段开头的结构如下：

① 则是上好知之过也.邹韵主持人大赛，生命见证过多少真实，付出过怎样的努力，我希望就会有怎样的底气［Z/OL］.（2024-03-08）. https://www.bilibili.com/video/BV1Mw4m1d7dZ/?spm_id_from=333.337.search-card.all.click.

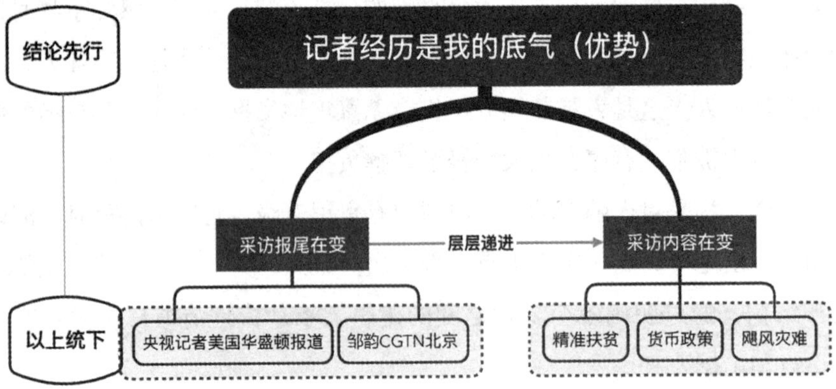

图 2-3　邹韵演讲稿（开头）结构图

这是邹韵在冠军争夺赛时的演讲。最后一战如何突出人无我有的优势，是她能赢的关键。邹韵以“今年是我做记者的第九个年头”，亮明身份，我是个有记者职业背景的新主持人。一句话总结观点：这一身份就是我的优势（底气）。接下里以报尾和内容的变化为两条分线，佐证她拥有丰富扎实的职业经验。

【资源推荐】

电视节目《CCTV 电视节目主持人大赛》

《CCTV 电视节目主持人大赛》是由中央广播电视总台精心打造的一项重大赛事，自 1988 年已经成功举办过八届。参赛选手是来自各地的主持精英，他们的知识储备、逻辑思维、临场应变、表达艺术均属上乘，是极佳的演讲学习材料。认真揣摩和模仿，可提升你的综合表达能力。

App“一席”

“一席”二字来自“听君一席话”，人文、科技、白日梦，是一席对自己内容的概括，节目以现场演讲与网络视频相结合的形式传播前沿思想和观点。节目邀请的演讲者是来自各行各业的实干者，他们有知识、有经验、有见地、有观点、有情怀，也有意趣。一席存储了丰富优质的演讲资源，从中你可学到前沿知识、积累故事素材，还可观察演讲者表达的结构、抒情的艺术，是极佳的学习资源。

3. 悬念型开头

设置悬念或提出问题，能够迅速地抓住听众的注意力，激发其好奇心，产生破解悬念、找出答案的兴趣和动力，从而更好地跟随演讲者的思路。听众的参与意识越强，演讲者和听众之间的距离就越近，听众相对不容易走神。很多教师在授课时，常常在导入阶段植入悬念或者不断发问，以敦促学生开启思考。

【例证】

李一诺《比尔·盖茨怎么花钱》的演讲（开头部分，文稿整理自一席）①

这位估计大家都认识——比尔·盖茨，可能大家也都知道他把很多财富捐了出来做慈善。我自己是2015年离开麦肯锡后，加入了盖茨基金会，然后全家从美国搬到中国，做北京代表处的工作。

我有3个孩子，老大8岁多了，他也知道比尔·盖茨是首富，他大概也知道我在干什么。有一天他就跟我说，妈妈，我知道你的工作是什么。我说是什么呀？他说你每天都在办公室包钱，然后寄钱。我说那寄给谁呢？他说寄给非洲的小孩。我说好，这算是一种理解。

我曾经在麦肯锡嘛，所以我麦肯锡的同事有时候跟我说，一诺，你现在太幸福了。我说为什么？他说你看以前我们在公司每天挣钱多辛苦啊，你现在每天花钱，每天办公室门口肯定是很多人等着你，你看哪个顺眼就给一点。我脑补了一下这个画面，的确比较幸福。这是第二个版本。

还有一个版本的理解是，说世界上有钱人没一个好的，做慈善全是烟雾弹，肯定是避税。这是第三种理解。

后来我就想，既然大家有这么多猜测和理解，那我就跟大家讲一讲比尔·盖茨到底是怎么花钱的……

---

① 李一诺．比尔·盖茨怎么花钱［EB/OL］．（2018-7）．https://yixi.tv/#/speech/detail?id=780.

演讲主题是比尔·盖茨怎么花钱。"首富""花钱"的选题本身就具有较大吸引力，能够满足听众的猎奇心理。在高吸引力的基础上，演讲者抛出三种完全不同的理解，激活观众的思考，我也这样理解吗？到底哪个理解是正确的？都正确还是都不正确？演讲者利用观众想要知道答案的热情，将观众的注意力凝聚在后续的演讲上。

（二）主体的写作

主体部分的写作重心是梳理主题和各个子主题之间的纵向关系，以及各个子主题之间的横向关系。

1. 纵向关系

总论点与分论点、论点与论据是纵向关系，又称上下级关系，即论点统摄论据，论据证明论点。纵向关系贯穿整个演讲稿，确保每一个部分不偏题。听众将根据你规划好的路径思考问题，更容易得出与你相似的结论，信服你的观点。演绎方式常用于梳理演讲稿的纵向关系。

【例证】

企业家在山东省工业调整振兴大会上就如何应对金融危机的演讲整理稿①

第一，企业要有最基本的竞争力，即过冬的能力。在金融危机中，海尔集团提出"海外市场要升级，国内市场要深入"，服务"老外"和"老乡"。针对"老外"，海尔从创牌的思路，坚持"出口创牌"而不仅是"出口创汇"，通过自己的客户网络持续获取订单；针对"老乡"，海尔抓住"家电下乡"机遇，为农村用户提供服务。第二，要有超强的竞争力，即冬泳的能力。在金融危机中，有的企业库存增加、有的企业应收账款增加。对此，海尔进行"零库存下的即需即供"商业模式的创新，客户创造价值；并且不断地创造用户需求，获取有价值的订单。第三，要有一个永远应对危机的机制，这是企业持续发展的能力。

① 张瑞敏．海尔：造御寒的"时钟"［J］．商周刊，2009（6）：39-41.

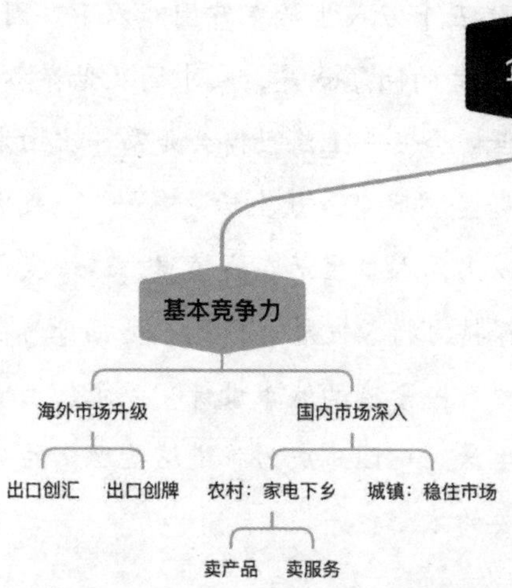

图 2–4 海尔应对金融危机演讲稿结构图

这段演讲观点鲜明，纵向结构清晰。总论点为企业竞争力，为了说明何为竞争力，演讲者通过基本竞争力、超强竞争力和持续发展力三个分论点，论证了总论点。再将三个分论点继续纵向演绎，如为了实现海外市场升级的目标，从出口创汇和出口创牌两个点给出办法。上级是论点、是目标、是问题，下级是论据、是实现目标的手段、是解决问题的方法。以上统下，以下论上，纵向关系非常明确。

此外，“What-Why-How”模型也是常见的演绎工具，通过“指出问题—分析原因—解决问题”由浅入深地展开写作。

【例证】

2010 年时任联合国秘书长潘基文在南京大学的演讲《让中国成为向世界展示发展道路的国家》①

中国处于发展中国家和发达国家之间。你们已经达成了很多千年发展目标，而你们有潜力实现所有的目标。然而，中国的人均 GDP 仅是主要发达国家的十分之一。中国的沿海城市现代化程度很高。但是，大多数的内陆地区急

① 南京大学.潘基文南京大学讲话：让中国成为向世界展示发展道路的国家［EB/OL］.（2010-11-02）［2024-5-23］. https://www.nju.edu.cn/info/3191/136081.htm.

需发展。你们的经济体巨大。然而，一亿五千万人生活在贫困线以下。因此，发展是中国的优先任务。那么每个人要思考的问题就是，在中国及世界各地，如何确保可持续发展。我在上海参观了世博会——上海世博会是第一次由发展中国家主办的世博会。上海世博会的主题是“城市，让生活更美好”。我们已经进入了城市化的世纪。世界超过一半以上的人口生活在城镇里。这给我们带来了相当大的挑战和各种机遇——如何保持可持续发展并提高人类福祉。在世博会中国馆，我见到了可能的未来解决方案：紧凑的城市设计，多元化土地利用，公共交通系统，可再生资源和低碳生活。中国正成为推进这些理念的全球领军者。在我看来，这是中国发展最重要的方面之一。

这段演讲首先指出中国的国情（What）。接着对国情进行分析（Why），中国的人均 GDP 不高、沿海与内陆发展差异大、经济体巨大且压力巨大。给出建议（How），以世博会中国馆给出的解决方案为例，对中国选择的发展方向和提出的解决方案予以认同。

2. 横向关系

分论点之间的关系、论据之间的关系都是横向关系，又称同层级关系，同层级的要素需遵循时间顺序、空间顺序、发展顺序、重要性顺序等。横向关系有利于组织全面、严密的论述。而归纳方法很适合梳理横向关系。

【例证】

莫砺锋教授《在文学院百年院庆大会上的讲话》论述中国文学是先民的诗意生存，是中国人重要的精神食粮[①]

有人说文学只为人们提供安慰，事实上中国文学所提供的决非仅仅是安慰，而是内涵丰富的精神食粮。大家学习中文，最重要的收获不是关于语言文学的知识，而是一种有价值的生命范式，是先民们的诗意生存。我本人最为敬仰的古

① 莫砺锋．莫砺锋教授在文学院百年院庆大会上的讲话［EB/OL］.（2014-10-20）［2024-5-23］. https://www.nju.edu.cn/info/3181/35291.htm.

代文学家是屈原、陶渊明、李白、杜甫、苏轼和辛弃疾。我认为他们提供了诗意人生的六种范式，为我们构建了永远的精神家园。屈原是诗国中绝无仅有的一位烈士。他以自沉的激烈方式结束了肉体的生命，却在精神上获得了永生。陶渊明是诗国中最著名的隐士。他证明了朴素乃至贫困的日常生活可以具有浓郁的诗意。李白是诗国中独往独来的一位豪士。他用行为与诗歌鼓舞我们在人生境界上追求崇高而拒绝庸俗，在思想上追求自由解放而拒绝作茧自缚。杜甫是中国诗歌史上最典型的儒士。他是儒家“人皆可以为尧舜”这个命题的真正实行者，是我们提升人格境界的精神导师。苏轼是诗歌史上最为名实相副的居士。他以宽广的胸怀和审美情趣去拥抱生活，还以坚韧旷达的人生态度引导我们在风雨人生中实现诗意生存。辛弃疾是诗国中少见的英武侠士。他用英风豪气鼓舞我们追求刚健而杜绝委靡。上述六位诗人，其遭遇和行迹各不相同，但他们都以高远的人生追求超越了所处的实际处境，他们的诗歌都蕴涵着丰盈的精神力量……阅读屈、陶、李、杜、苏、辛的作品，一定会使我们从浑浑噩噩的昏沉心境中蓦然醒悟，一定会使我们从紫陌红尘的庸俗环境中猛然挣脱，从而朝着诗意生存的方向大步迈进。而诗意生存正是人生的最高境界，是真正的幸福人生。

这段演讲的论述结构如下：

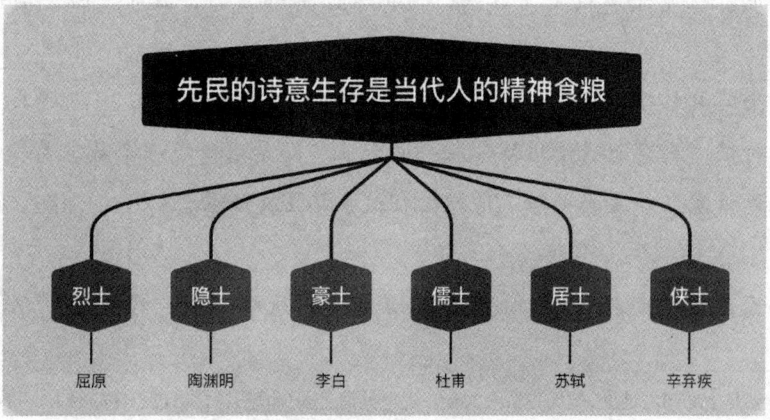

图 2–5　演讲稿中先民诗意生存举例结构图

莫教授的演讲偏向文学风格，但其内在逻辑仍然遵循归纳原则。屈原、陶渊明、李白、杜甫、苏轼、辛弃疾六位诗人是烈士、隐士、豪士、儒士、居士、侠士的典型代表，他们的出场按照生活时代的时间顺序依次排列。

3. 纵向关系和横向关系搭建的系统

【例证】

2019年央广总台主持人大赛决赛邹韵的演讲（节选）[①]

今年是我做记者的第九个年头，在我做过的很多的报道结尾我都会报尾巴，比如说央视记者美国华盛顿报道，又或者是邹韵CGTN北京。在过去的九年里，我的名字和工作单位都没有变，但是最后这个地点却一直在变。从中国的主场外交活动，到“精准扶贫”政策落地的一个小村庄，从美联储货币政策的发布，再到飓风桑迪的重灾区。我从一个个新闻现场，去见证一个个历史性的时刻。

有人说，站在这个舞台，主持人大赛的舞台需要一种气，那就是底气。我也很认真地想过，我的底气到底来自于哪儿。因为我不属于那种在舞台上非常抢眼儿的人，我也不是科班出身，但是我想我的底气可能来自于在过去的九年里，我的报道是我一条一条跑出来，一个字一个字敲出来，一场直播一场直播做出来的。生命见证过多少真实，付出过怎样的努力，我希望就会有怎样的底气。

这条路真的很难，所以我也有过动摇。这也是为什么在2015年我去剑桥读书的时候，没有选择读跟媒体相关的专业，而是选择了一个最容易转型的商科。但是读完书，反而更坚定地想要在这条路上走下去。

……

今天站在这个舞台上，我有很多话想说，康辉老师曾经说过：“从记者到

---

① 则是上好知之过也.邹韵主持人大赛，生命见证过多少真实，付出过怎样的努力，我希望就会有怎样的底气［Z/OL］.（2024-03-08）. https://www.bilibili.com/video/BV1Mw4m1d7dZ/?spm_id_from=333.337.search-card.all.click.

好记者到主持人，再到好主持人，这是一个媒体人很扎实的路径。”在过去的九年里，我努力地去实现从记者到好记者的转变。而在今天，在这个舞台上，我希望可以迈出从好记者到记者型主持人的转变。这个转变注定艰难，但我会拼尽全力。因为毕竟邹韵走运，支撑起她的不是运气，而是越努力越走运。在未来我希望在这个国家化的语境中可以有我的小小的一席之地。我想我会努力去做一个更加开放的中国人，始终打开聆听各方声音的大门，但是不忘自己的中国根。因为只有这样我们才能写出更多的铿锵有力的中国文，为我们的祖国在国际话语体系上加分。

这段演讲的结构如图：

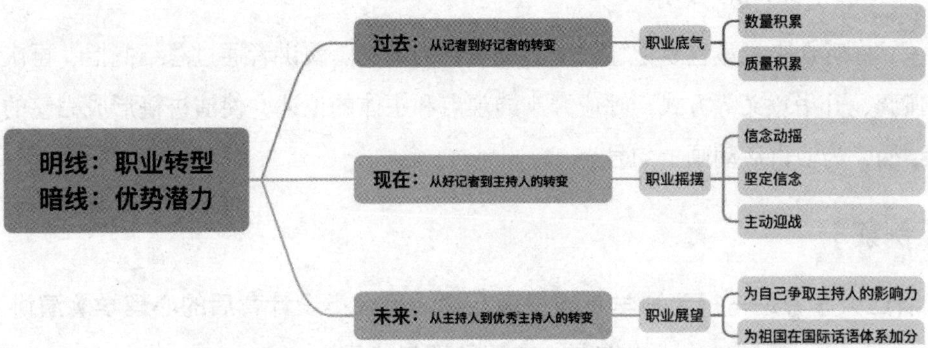

图 2-6　邹韵演讲稿结构图

这篇即兴演讲结构清晰、情感真挚，助力邹韵一举拿下新闻类金奖。开头结论先行：我要转型，这是演讲的明线。与此同时，演讲的场合是竞赛，于是还有一条暗线：我能行的原因。两条线索完美交融。

纵向上，职业转型按照过去、现在、未来的时间顺序展开，分别讲述了她三次身份转变，有关底气、摇摆、展望的三段故事让人仿佛目睹了她的成长，让人不由自主地相信，她的底气足以让她穿越摇摆走向光明的未来。

横向关系也很漂亮。底气——采访的数量、质量，为补充关系；摇摆——

信念动摇、信念坚定、主动迎战，为递进关系；展望——为了自己、为了国家，这是个体与集体的关系，丝滑自然地升华了演讲的意义。

整个演讲稿结构清晰，语言娓娓道来，情感真挚动人，堪称佳作。

【多元视角】

演讲时演讲者难免紧张。为缓解这种压力，不妨把功夫做在前。写作演讲稿时要特别设计演讲的结构，通过层层分类、环环相扣，将思路梳理得有序、有理、有物。带着扎实准备的自信登台演讲，脑中线索清楚就能很大程度上避免因思路不明而导致的卡壳和跑题。

（三）结尾的写作

对听众来说最容易记住的部分是演讲的结尾。演讲者通过总结概括、再次强调、升华意义等方式，呼应开头的观点和主体的论述，使演讲稿形成完整的结构，为演讲活动画上句号。

【例证】

浙江大学心理与行为科学系教授高在峰《反人类设计背后的心理学》演讲（结尾，文稿整理自一席）①

……

了解这样一个理念至少有两个好处。

第一，对于设计师而言，他要清楚，他应该在设计的时候，考虑到人的内部心理加工规律。

第二，对于我们这些平常大众，知道它之后，可以用一种更加宽容的心态来看待自己或者别人犯的错误。当你老婆犯错的时候，忘记取银行卡的时候，你可以说，老婆，这不是你的错，是设计的错。

① 高在峰．反人类设计背后的心理学［EB/OL］．（2018-12）．https://yixi.tv/#/speech/detail?id=741.

谢谢。

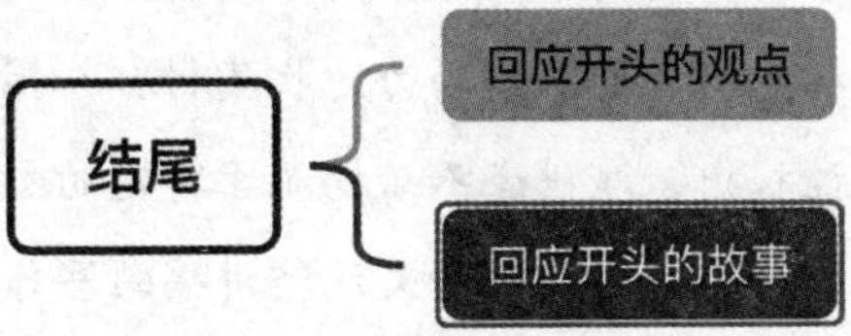

图 2-7　结尾的结构图

演讲者的收尾干脆利落，一个再次强调了开头的论点，另一个回应了开头的故事，还适度升华演讲的价值，鼓励听众建设宽容心态。

【例证】

颜宁院士在广东省高质量发展大会上的演讲（结尾）①

……

我感到非常幸运，在粤港澳大湾区飞速发展的进程中，我不是旁观者，而是一名建设者。过去一年，我感受到了前所未有的创意的快乐，并且时时感受着梦想成真的成就感。所以我现在经常开玩笑说，我跟深圳的 honey moon 已经变成了 honey year，正在向着 honey life 发展。作为已经切身体会到了广东高质量发展的我，借此机会也再一次向海内外的朋友们发出邀请函，join us，be better，让我们一起打造生物医药的东方大湾区，谢谢大家。

演讲结尾，颜宁再次强调了她是大湾区高质量发展的建设者，表达了归属感与成就感。她以自身为例，抒发了自我价值实现的快乐，展现出对当地长期发展的信心。接下来，她呼唤海内友朋的加入，将演讲的意义从个人价值的实现升华至打造东方大湾区的集体价值实现。结尾呼应了整场的演讲主题“高质量发展”，享受高质量发展的成果，延续高质量发展的辉煌。

① 探研究____转生星人．中国科学院院士颜宁梦想在深圳迅速落地生根、萌芽开花［Z/OL］．（2024-02-18）．https://www.bilibili.com/video/BV1FF4m1E7xK/?spm_id_from=333.337.search-card.all.click.

【小结】

演讲稿的写作是演讲活动的第一步，对于演讲活动成败起着至关重要的作用。一篇成功的演讲稿需要我们尽心竭力地收集材料、筛选材料，以形成观点或加强论证。在写作过程中，演讲者不必拘泥于特定的文体格式，只要能够提升演讲效果就值得一试。演讲者应格外关注演讲稿的写作逻辑，并养成绘制结构思维图的习惯。结构清晰可以减少听众在理解演讲逻辑、分析演讲意图等方面的精力消耗，大大提升信息传递的效率和效果。这一训练长而久之，思维和表达都会走向有序。不可忽视的是，演讲的情感调动也很重要，演讲者不要虚构和夸大情绪，应从具体的事件和真实的感受出发去展示情绪。学习者可通过观看成功的演讲视频，感受演讲者情绪的流动和表达技巧。

【练习】

1. 收集或结构清晰、或论证扎实、或触动人心、或启发思考的演讲例子。

2. 自选一篇演讲稿，分析其写作的优点和不足。

3. 写作一篇非抒情类的演讲稿，列出文稿的写作逻辑，与同学探讨结构是否完整合理，如何完善。

第三节　呼吸与语音技巧

【情境导入】

最近，小美接手了企业内训的工作。一开始，她对新工作很有信心，培训内容规划得条理清楚、案例丰富实用，想着很快就会上手。但事情并不如想象中顺利。长时间讲话让她总感觉嗓子疲惫、声音沙哑，即使喝了胖大海、罗汉果仍然不能缓解。她还发现自己的演讲抓不住员工的注意力，于是便主动向同事请教原因。同事们表示，可以感受得到小美对培训内容很熟悉，但是她讲话的声音太小，后排听着困难。也有人反映，小美语速很快，常常上句还没听清，下句就蹦出来了，都来不及消化意思。更有人表示，小美的声音很催眠，听着听着就让人昏昏欲睡了。还有同事居然建议小美锻炼下身体，说她的声音发飘。

【想一想】

1. 除了表达内容充实、有序外，还有哪些因素会影响到演讲的效果？

2. 小美可以从哪些方面改善声音质量？

【解析】

通常人们认为声音是天生的，像主持人那样富有魅力的声音可望而不可求。但主持人之所以给人娓娓道来的美好感觉，不仅因为他们天生就拥有优美的音色，还因为后天接受了专门的训练。普通人因为没有学习过相关知识，意识不到演讲所用的声音与日常说话有别，因此长时间说话时不仅容易累嗓，声音也缺乏吸引力。从演讲的角度来说，好的声音包含音量语速、吐字发音、停顿重音等，通过掌握相关知识和展开有效训练，这些因素都能调整至更理想的状态。例如，听众昏昏欲睡与小美声音过平、语调缺乏起伏有关，而吐句没有停顿和重音，听众有时就注意不到你想要强调的信息。语速过快，不仅导致观众理解跟不上，也意味着演讲者的情绪无法依托徐徐展开的语言而得到释放，当然也就很难打动观众。

演讲的信息既包含语言信息（话语本身），也包含非语言的声音信息。同样一句话，当强调的字不同时，意义也就不同。例如：

我**很**相信你。（表示情绪的强烈程度）

我很相信你。（表示我的情感倾向）

我很相信**你**。（“你”是重点，别人我信不着）

声音是演讲者吸引力的一部分。好的声音能够安抚人心，使观众更愿意凝聚注意力，了解你的思想与情感，甚至被触动，从而发起思考和行动。而好的声音具体指气足、声稳、顿挫和富于变化，本节的知识和训练将围绕以上四点展开。

一、气足：呼吸与换气

气流是人类发音的源动力。无论是日常环境下的沟通，还是特殊场合下的表达，如朗诵、演讲、辩论等，气息的强弱直接影响声音的大小，声音的大小又影响语势的强弱。有的人声如洪钟，给人气宇轩昂之感；有的人气息急促，似是一口气提不上来。

气息也影响到情感的展露。例如，“气呼呼”这个词，很生动地反映出人在生气时气满全胸至喷薄而出的样子；“屏声息气”意为畏惧时抑制呼吸，止住声息；紧张时，换气困难“上气不接下气”；思考时，气息慢而沉，正是“凝神静气”。可见，声音是情绪表达的重要渠道，受到气息的影响。要想使声音有力，长时间说话声音不散不哑，且具备良好的穿透力，就要先进行用气训练。

（一）呼吸

正确的呼吸是气息控制和使用的基础。像演员、主持、教师、导游、电商主播以及辩手、演讲者等长期密集使用口头表达的人群，有必要通过专门的呼吸训练，实现气足而声亮。

1. 胸腹联合式呼吸

常见的呼吸方式有胸式呼吸、腹式呼吸和胸腹联合式呼吸。

胸式呼吸是较浅层的呼吸，吸气时气量较少，气体交换率低，因此身体需加快呼吸节奏弥补呼吸量的不足；腹式呼吸，吸气时腹部凸出，吐气时腹部内收，吸气深、节奏慢，进气量不大。二者的区别在于腹式呼吸时腹部起伏，气充满腹腔；胸式呼吸时胸部起伏，气充满胸腔。

而胸腹联合式呼吸，则是运用胸腔、横膈膜和腹部肌肉共同控制气息。它可使各个呼吸器官协同配合，使吸气饱满、呼气均匀而有节制。这种呼吸方式不仅气量足，而且肌肉控制力强，往外推音时更能精准地调控声音的高低、强弱，以适应各种发声需求。它还减轻了声带和喉头的压力，从根源上防止用嗓过度和疲劳，是演讲时理想的呼吸方法。

2. 胸腹联合式呼吸练习

（1）无声练习

尽量选择空气新鲜、空间开阔的地方展开练习。练习时，头摆正，肩放松，含胸拔背，两手垂于体侧。将舌尖轻抵上腭，以鼻缓慢吸气，感觉两肋微微张开、略有上提。注意不要耸肩挺胸。与此同时略收小腹，横膈膜收缩下降，肋骨与腰部有徐徐扩张之感，使胸腔与肺尽可能多地纳气，直到不能吸入为止。吸气较满时，利用腹肌和横膈膜将气从口或鼻均匀地呼出，直到呼完，感觉两肋和胸腔逐渐松弛。呼气时，还可以拿一片纸对着口腔，在气徐徐吐出时检验呼气是否均匀。

（2）有声练习

①练发气泡音

气泡音是指让气流微微冲击声带，均匀释放近似“a”的音色。发气泡音时，要使气流均匀地、轻轻地抚摸声带。这种方法适合在早上练声前使用，既可以练习气息的控力、检查呼气是否均匀，又可以轻柔地唤醒半睡眠状态的声带，避免突然高声练声损伤声带。相当于体育运动前的暖身运动。

②练习丹田气

吸气方法与无声练习相同，只是呼气时，要发“啊”或“思”音。可先低声练，再高声练。练习时保持舌头和下腭的放松，可将舌头在口腔中来回转动以松弛肌肉。发声时两手轻抚两肋，如有两肋发胀感觉，则说明用上丹田气了。

如果你不确定何为丹田气，可以寻找气势宏阔的歌曲，感受歌唱者的发音。将这类歌曲的歌词改为朗诵材料，代入歌唱家角色，寻找以丹田气托住声音的感觉。例如“你从远古走来，巨浪荡涤着尘埃。你向未来奔去，涛声回荡在天外。你用纯洁的清流，灌溉花的国土。你用磅礴的力量，推动新的时代。”

③练蓄气控气

a. 数数

吸足一口气，然后数数，直至气息完结前不换气，在吐清字音的前提下，尽可能多数数字。

b. 吹烛

点燃一支蜡烛，深吸一口气，站在适当的位置上，收拢嘴唇，对着蜡烛缓缓呼气，感受气形成了一条线。注意不要将火苗吹灭。之后可逐渐缩短人与蜡烛的距离，继续这组练习。

【多元视角】

南京金箔“口风”技术

南京金箔锻制技艺是南京地方传统手工技艺、国家级非物质文化遗产。它在生产中运用到“口风”技术，这项技术需要极好的蓄气控气能力。所谓“口风”即用嘴巴吹气，在取箔、切箔、装箔过程中都至为关键。金箔的厚度只有0.11微米，极其易碎，是真正的“吹弹可破”。取箔时吹口风的目的在于让金箔翻起，挂在鹅毛上；切箔时吹口风的目的在于吹走边角多余的碎箔；装箔时吹口风的目的在于让金箔变得更加平整。每一位上岗的师父都要经过半年左右的口风训练才能参与测试。以前测试时是吹蜡烛，三根点燃的蜡烛，间隔二三厘米，师父需要将中间的一根蜡烛吹灭，其他两根蜡烛不灭。现在是将三个直径约一二毫米的纸团间隔二三厘米放在一起，吹动中间的纸团，另外两个纸团不动，就算通过测试。口风的关键在于气息细细一条线，不能断也不能太猛，日常普通人也进行口风练习，以加强气息的控制力。

（资料整理自网络）

c. 说绕口令

绕口令既练气息又练吐字。说绕口令时，先确保每个字的字音发清，再一口气说完绕口令。

【练一练】

绕口令

六十六岁刘老六，修了六十六座走马楼。楼上摆了六十六瓶苏合油，门前栽了六十六棵垂杨柳，柳上拴了六十六个大马猴。忽然一阵狂风起，吹倒了六十六座走马楼，打翻了六十六瓶苏合油，压倒了六十六棵垂杨柳，吓跑了六十六个大马猴，气死了六十六岁刘老六。

无论是无声练习还是有声练习，吸气、呼气都要保持自然，不要憋气，也不要鼓气。小腹的收缩、胸腰的扩张要有条不紊。练习吸气的目的在于把气吸足、吸深。刚刚开始练习时，感觉不自然和不适应是正常的，保持松弛的心理，练习多了自然就会有感觉，之后再根据动作要点逐一修正，可使呼吸越来越深长、气量越来越充足。

蓄气、控气练习的目的在于节约用气，即需要多少就呼出多少。若是放气很快很冲，那后面的话就会由于“气竭”而出现吐字虚弱、声音小、传送不远等问题，这就是底气不足。底气不足，声音就缺乏力量感和自信感，对观众的说服力和感染力就差。

因此，蓄气以足、控气以缓、留有余气，才有“语断意连”之感。

（二）换气

当一句话较长时，很难用一口气说完，这时就需要换气。用合适的方法、在合适的位置换气，可使语言节奏舒徐从容。

1. 换气方式

换气一般有只吸不呼和少呼多吸两种方式。

只吸不呼换气，又称偷气、小气口换气，意思是用鼻或口急速吸进一小口气，或在吐完前一个字时不露痕迹地带回一点气。少呼多吸换气，又称大气口换气，指的是气先出后进，即先轻轻吐出一点气，紧接着吸进一口气，吸气时要吸足。

停顿与换气有密切关联。换气一般发生在句子的顿歇处，及时换气能够防止气竭，使语音流畅、语意延续。

2. 换气练习

①常规练习

根据括号中的提示，试读下面句子：

实行义务教育，|ˇ（小气口，带进一点气）是我国教育史上的|（停顿极短，不换气）一件大事，‖ˇ（停顿，大气口）对提高|（停顿极短，不换气）整个中华民族的|ˇ（小气口，带进一点气）科学文化素质|ˇ（小气口，带进一点气）具有极其重大|（停顿极短，不换气）和深远的|（不换气）意义。

②贯口练习

贯口即一口气贯下来、一气呵成。所谓一气呵成，并不是说只能吸一口气，而是要安排了无痕迹的气口，以使字断气不断、意连气也连，似繁星坠落、飞瀑直下。相声演员通常要练习贯口功夫，一般演讲者也可仿效练习。试读下列语段，注意安排气口。

钧瓷入窑一色，出窑千彩。‖ˇ有海棠红、鸡血红、胭脂红、朱砂红、火焰红、玫瑰紫、茄皮紫，雨过天晴，月白风清……|ˇ那真是琳琅满目、光彩绝伦。

上例中画双竖线处可根据表达的需要换气，画单竖线处应该连贯紧凑，不能换气。

二、声稳：吐字与共鸣

（一）吐字归音

【知识链接】

吐字归音

吐字归音是中国戏曲表演艺术的一种发音方法。它根据汉字的语音特点，将汉字发音分为出字、立字、归音三个阶段。出字要叼住弹出，立字要挺住立起，归音要求发音器官到位放松弱收。通过精准控制汉字的发音达到"出字千斤重，听者自动容"的艺术效果。现今，吐字归音逐渐从戏曲表演拓展到声乐、话剧、演讲等语言表演艺术。

所谓"欲辨真音，先学口法。口法真则其字无不真矣"，道出了吐字发声的关键所在。

吐字归音要咬准字头（声母）、吐清字腹（韵腹）和收住字尾（韵尾）。例如，发"fān"（翻）音时，先找准"f"的发音部位，即咬住字头；其后，在一股较强气流的推动下，清晰吐出韵腹"ɑ"；紧接着舌尖轻轻回抵上牙床，这是"n"的发音部位，收住字尾。整个发音过程好像"枣核"一样，中间大而两头小。中间大是说韵腹发声响亮，两头小是指字头和字尾控制口形。

1. 吐咬清晰

避免吐字含混模糊和吞音现象。咬字头准确，吐字腹清晰、收字尾干脆。

①喷崩法

喷崩是在咬字时，吸足气流后，将双唇紧闭，然后将字音喷、崩出来，仿若冲破阻力。适用于 b、p 等声母字。试练习：

八百标兵奔北坡，炮兵并排北边跑；炮兵怕把标兵碰，标兵怕碰炮兵炮。

②弹舌法

弹舌利用舌头的弹力将字音弹吐出来，如“弹”字之意快捷轻盈。适用于d、t等声母的字。试练习：

调到大岛打大盗，大盗太刁投短刀；推打叮当短刀掉，踏盗得刀盗打倒。

③开喉法

开喉法是在吐字时，尽量使口腔后部打开，蓄满气流，吐送有力。适用于g、k、h等声母的字。试练习：

桥西走来一条狗，桥东跑来一只猴。走到桥心两碰头，狗望望猴，猴瞧瞧狗。狗跺跺脚向桥西跑，猴挠挠耳向桥东走。谁也不过桥，不知是狗怕猴，还是猴怕狗。

④震牙法

使用震牙法时气流强烈冲击牙齿，有气震之感，发音响亮有力。适用于j、r等声母字。试练习：

急剧　竞技　容忍　仁人　仍然　柔软　积极　艰巨

2. 归音到位

归音也叫归韵。归音到位是指发音时要收准韵尾，渐弱渐止，圆满清楚。对于没有韵尾的音节，不需要归音，但要保持口形，直到声音渐止后，再恢复自然状态。日常交流时韵尾的读音一般比较模糊，但在朗诵、演讲时，则要交代清楚，否则给人口齿不清之感。

①展唇

凡ai、ei、uai、ui韵母的字归音时，应微展嘴角，唇形扁平，收i音。可以用唱的方式来练归因，用洪深先生的话说即“唱时发音，较说时更须着力，所以，从事说、念、诵的人，练习唱歌，实有裨益。”试练习：

祖国是一座花园，北方就是园中的腊梅；小兴安岭是一朵花，森林就是花中的蕊。

②聚唇

凡ao、iao、ou、iu韵母的字归音时，应聚敛双唇收u音。试练习：

高高山上有座庙，庙里住着俩老道。一个年纪老，一个年纪少。庙里长着许多草，老少老道采草药。

③抵舌

凡是收前鼻音的音节，如 an、en、in、ian、un 等字尾收音时，做抵舌动作，即舌尖稍回抵上牙床位置发出前鼻音，迅速轻快。试练习：

我生在一个小山村，那里有我的父老乡亲。

④穿鼻

凡是收后鼻音“ng”的音节，气息要灌满鼻腔，穿鼻而出收“ng”音。试练习周恩来的《大江歌罢掉头东》：

大江歌罢掉头东，邃密群科济世穷。面壁十年图破壁，难酬蹈海亦英雄。

吐字归音是为了美化音色，使字音清晰响亮，富有穿透力。咬字吐词既不能过紧，紧则僵硬死板；也不可过松，松则虚飘含混。练习吐字归音，传统将其称为练“喷口”，“唇有喷闭收缩力，舌有舒卷顶弹力，气有张弛控制力，腮有开展鼓动力，牙齿有抖摆力。”足可见力的多元灵活。

（二）共鸣训练

很多人都有这样的经验，发现自己的声音不够大时，企图通过喉咙用力将音量放大，坚持不一会儿就会声音干涩、喉咙沙哑甚至声带充血。吼不能提升声音的穿透力，掐着嗓子说话也无法让音色优美。但共鸣腔训练可以有效改善上述问题，打造洪亮、圆润、刚柔适度的好声音。

根据人体共鸣腔所处位置，自上而下分为头腔共鸣区、口腔共鸣区、胸腔共鸣区。高音区主要靠头腔共鸣，中音区主要靠口腔共鸣，低音区主要靠胸腔共鸣。“主要”二字意味着三个共鸣腔常常互相调节以发挥作用。

（1）找对音区

未经训练的人，在使用声音时一般只用到口腔共鸣，也就是中音区，典型表现是唱歌时高声上不去，声音劈，低声下不来，声音憋。口腔共鸣很常见，因此找对音区主要是找到高、低音区的通道。

①刻意使用高音调和低音调说话，体会不同音调对应的音区。

②借用哼曲和唱歌的方法，摸索共鸣发音的位置。

③念“咪、嘛、喵、呜、衣”等不带鼻音尾音的字。

找头腔共鸣，打开鼻腔，气往上冲击颅腔，头腔有轻微颤感，发出响亮音色。找胸腔共鸣，打开胸腔，气往下冲击胸腔，胸腔有震颤感，发出深沉之声。

（2）共鸣练习

平常使用最多的是口腔共鸣。练习口腔共鸣要前音稍后，后音稍前，开音稍闭，闭音稍开。例如“大海”的“海”共鸣点应稍靠后，“很好”的“好”稍靠前，这样发出的声音更厚重响亮。

有些人不太会使用鼻腔共鸣。简单的办法是发“嗯↗”和“嗯↘”音，感受鼻腔共鸣。也可以找有鼻尾音的字词进行练习。例如“英雄”“长江”“太阳升”等。

在以上练习的基础上，可练习朗诵句段。朗诵时，注意将主要元音发声清晰、饱满。试练习：

怒发冲冠，凭栏处、潇潇雨歇。抬望眼、仰天长啸，壮怀激烈。三十功名尘与土，八千里路云和月，莫等闲、白了少年头，空悲切。靖康耻，犹未雪，臣子恨，何时灭。驾长车，踏破贺兰山缺。壮志饥餐胡虏肉，笑谈渴饮匈奴血。待从头、收拾旧山河，朝天阙。

练习共鸣时要控制好气息。中音区共鸣最节省气流，高音区和低音区共鸣相对费气流。不管在哪个区域发生共鸣，呼气都要均匀，以减少气流对声带的强烈冲击。平时可经常练习气泡音活动声带，声带结实就能扛住气流压力。

三、顿挫：停顿、重音、句调

无论是演讲的内容还是演讲的声音，过度的平铺直叙都让观众感觉乏味无趣。而抑扬顿挫可使表达有顿有续、音强有重有轻、语调有高有低，在变化中展现出声音的表达力。

（一）停顿

话语塑造一个人的气质。如果一个人说话像连珠炮一样，很少停顿，难免给人留下慌张、着急的印象，受到这种情绪感染，听者也很难专注于话语所传递的信息。停顿就是语音间歇，它是对话语节奏的一种调剂，也是表情达意的重要手段。一般来说，停顿可分为语法停顿和强调停顿两类。

1. 语法停顿

反映词语间的语法关系、显示语法结构的停顿就是语法停顿。不同的停顿表达不同的意思。

【讨论】

请比较以下几句话，加上停顿符号后，意义有什么不同？

①亲爱的爸爸妈妈：| 欢迎您！

亲爱的爸爸：| 妈妈欢迎您。

亲爱的：| 爸爸妈妈欢迎您。

②小明喊了一声：| “小红跑了！”

小明喊了一声小红，| 跑了。

标点符号和语组用于表示词语间的语法关系，它们是停顿的提示。

（1）按标点停顿

书面文字的标点符号反映在口头语言上就是停顿。停顿时间的长短，一般由标点的类型决定。常用标点符号的停顿时间由长到短是：问号、感叹号＞分号、冒号＞逗号＞顿号。省略号和破折号要依据上下文来定。

虽然标点符号是典型的停顿标志，但口头表达时并不可生搬硬套，还要结合语气、表意、语感做出适当处理。例如：

大猴子听见了，| 跑过来一看，| 也跟着叫起来：| “糟啦，糟啦！月亮掉在井里啦！”

上例中，冒号的停顿时间不宜过长，它与前面的两个逗号停时相仿，而第三个逗号和叹号也不宜停久，否则就表现不出猴子吃惊、着急的感觉了。

（2）按语组停顿

按语组停顿是指在没有标点符号的地方，根据词语间语法关系所做的停顿。一般主谓之间、动宾之间、修饰语与中心语之间等都可停顿。例如：

始终微笑的 | 和蔼的 | 刘和珍君 ‖ 确是死掉了，这是真的，有她自己的尸骸 | 为证。

语组停顿比标点停顿的时间稍短些，有时极短甚至不易被察觉，但它确然发挥着作用，给句子带来了微妙的节奏感。可以将优秀主持人当作模仿对象，体会和学习他们的停顿技巧。

2. 强调停顿

为了强调某一事物或情感所作的停顿叫强调停顿。表达特别强烈感情的强调停顿，又叫感情停顿。停顿的位置和时长取决于传递何种内容或情感。

强调停顿是演讲活动中很常用的一种停顿方式。善用之有以下效果。首先，替代口头禅。有些演讲者在紧张时会无意识地使用“嗯”“啊”“是吧”“这个”等口头禅，显得语言不够干净利索，可用停顿替代之。其次，与观众互动。有经验的演讲者往往很会利用停顿，以观察、等待观众的反应，再适时地对内容和节奏做出调整。这是一种潜在的互动方式。再次，为思考留白。给观众一点时间去思考、理解你的内容。最后，用停顿暗示一段内容的结束，新内容的开始。

在演讲过程中常用三种停顿方式，可对照练习。

（1）感知型停顿

当一句话或一个要点结束时，可以使用这种停顿方式。研究证明，一次性处理三句以上紧密出现的信息，就会加重大脑的理解负担，当达到认知极限值，听众就很难再保持注意力集中了。演讲者通过设置这种极短的停顿，像任务分解一样，把长时间专注这件很困难的事，分解为一次次小的注意力唤醒，从而使观众在大部分时间里能跟上演讲。

（2）强调型停顿

强调型停顿是为了使某个观点被充分注意，通常伴随着重音的出现，它可以用于观点前或后。此类停顿就像是行进中的点刹，使听众注意到当下的内容有所不同，从而留下更深的印象。

（3）互动型停顿

有经验的演讲者能够预判观众的一些反应，在观众可能会互动的话语或话题时，以停顿来邀请观众的参与。例如，当你说“出淤泥而不染”后，就可微微停顿，听众多半会自动接上“濯清涟而不妖”。此时，观众通过明确的语言信息与演讲者“接头”。在使用恰当时有心照不宣之感，受到鼓励的观众会更想参与其中，在后续演讲中给到你更多信号，配合甚至启发你的演讲。一般，听众说完后半句话以后，演讲者最好再重复一遍，将想法表达完整。

【资源推荐】

普通话教材和普通话考试

如果你想学习更多、更专业的语法和发音知识，可以阅读《普通话水平测试应试指导》。该书是面向全国普通话水平测试考生的复习备考用书，由国家语委普通话与文字应用培训测试中心组编。它根据最新修订的《普通话水平测试实施纲要》编写，包括普通话水平测试介绍、普通话语音分析、普通话水平测试分项指导、计算机辅助普通话水平测试指南和普通话水平测试真题五部分，是一本具有针对性和实用性的普通话指导用书。

全国普通话等级考试的具体安排要看当地测试站的政策。一般来说，省级测试站一年组织多次测试；市级测试站一年两次；另外还有高校测试站，高校测试站一般一年两次。各地考试时间不统一，通常上半年约 3 月份报名，约 5 月份考试。下半年约 9 月份报名，约年底考试；在校学生以公共教学部门发布的报名信息为准。

（二）重音

重音包含有深、浅两层内涵。一是指说得重或读得重的音节，这是从增加音强的角度来说，是浅层认识。从深层认识来看，重音是着重强调的词和词组。播音学泰斗张颂教授解释，文章由一段段传情或达意的语句组成，这些语句中的词或词组并不在同等重要的地位上，重要词或词组需要被强调，这样其背后的思想和感情才会被突出。

一句话中当重音位置不同时，会表达出不同的语意，例如：

"王老师明天坐动车去上海。"（表达王老师去，不是别人去。）

"王老师明天坐动车去上海。"（表达明天，不是其他时间。）

"王老师明天坐动车去上海。"（表达出行工具是动车。）

"王老师明天坐动车去上海。"（表达目的地是上海，不是别处。）

重音一般可分为语法重音和强调重音两类。

1. 语法重音

根据句子的语法关系，说得或读得重些的音节叫语法重音。语法重音的位置通常比较固定。

（1）谓语或主谓词组的动词读音稍重，试读：

风停了，雨住了，太阳出来了。

他说他做。

风吹雨打

（2）宾语读音稍重，试读：

小红，把花瓶拿来。

小张把桌凳修好后，又去修门窗了。

上班　打球　制造轮船

（3）定语、状语、补语比中心语稍重，试读：

我们肩负着光荣的使命。

他愉快地走了。

（4）疑问代词和指示代词稍重，试读：

他什么都知道。

谁在喊？

2. 强调重音

强调重音指能够强调某一思想或感情的词或词组。强调重音可以使话语潜在的语意和情感表达得更突出和充分。强调重音没有固定的位置，语句目的不同、潜在的意义不同、说话人的心理不同，强调重音就不同。

强调重音有以下作用：

（1）突出话语重点

《报告》显示，截至2023年6月，我国网民规模达10.79亿人，较2022年12月增长1109万人。

重音为数字，强调数量之高，增幅之多。

我们必须更多站到受害者的立场上去思考和行动，对霸凌者施以有力的惩处，特别有必要通过对标志性事件的案例剖析和正确处理形成示范和震慑效应。

重音词组强调立场和站位，突出要弄清事件的发生和解决的办法，通过它们才能达到示范和威慑的目的。

（2）表示肯定或否定

骆驼很高，羊很矮。骆驼说："长得高多好啊！"羊说："不对，长得矮才好呢。"

表达两种动物对于自身特点的自满。

有的人活着，他已经死了；有的人死了，他还活着。

通过对比活和死，强调虽死犹生的意义。

（3）表达强烈的感情

你这个人好糊涂啊！

通过强调"好"表示情绪之强。

最是那一低头的温柔，像一朵水莲花不胜凉风的娇羞。

表示印象之深刻、难忘。

通常强调重音比语法重音读得更重。如果有必要，一句话中可以标注多个重音节点，形成重音群，增加语言的气势。

3. 重音练习

一般来说重音需要读重一些，但某些强调重音并不一定非要重读。

（1）加大音量

通过加强音节、加大音量，增强音势。

（2）拖长音节

通过拖腔将重音音节拖长一些，适用于号召性、鼓动性的话语，拖腔长短根据具体内容或感情而定。

（3）重音轻吐

有时在表达复杂细腻的感情时，降低音高，反而加强音势，如表达怀念、相思、后悔、五味杂陈等。

重音与停顿常常伴随出现，停顿前或停顿后的音节往往是重音，而有重音的地方往往也需要停顿。

（三）语气与句调

升降是指句调抑扬升降的变化，有表达不同语气的作用，反映出说话人喜、怒、哀、乐等情绪状态。例如，一个人打电话说：

啊！（降）知道了（降）。（表示肯定）

啊？（升）你说谁？（升）（表示发问或惊奇）

啊！（降）怎么会是他？（升）（先降后升，表示惊奇或疑惑）

啊！（升）原来是这样啊！（降）（先升后降，表示恍然大悟）

句调的抑扬升降概括为以下四种类型。

1. 高升调

高升句调一般由低到高，句尾语势上升。通常用来表达号召、鼓动、呼唤、设问、反问等语气。试读：

难道我们班就甘心停步不前吗？（表反问）

你喜欢打球吗？我觉得你应该是喜欢的。（表设问）

张老师！张老师！（表呼唤）

2. 降抑调

降抑句调大多由高向低，句尾语势渐降。降抑调一般为半降调，加重语气时必须用全降调。表示肯定、坚信、赞叹、祝愿等语气。试读：

同志们，我将加入你们的队伍。（表坚决，半降稍抑。）

东风来了，春天的脚步近了。（表肯定，半降稍抑。）

李木匠可真是一把好手啊！（表赞叹语气，全降。）

预祝你取得更大的进步！（表祝愿，半降稍抑。）

3. 平直调

平直句调语气平直舒缓，多用在叙述或说明句。平直调并不是绝对水平，只是起伏不大，末尾音节的升降不太明显。一般用来表示平淡、庄重、严肃等语气。试读：

这是汽车发动机上的一个零件。（表说明）

我家的后面有一个很大的花园，相传叫百草园。（表叙述、说明）

4. 曲折调

曲折句调一般先降后升再降（降—升—降），或先升后降再升（升—降—升），语势有抑扬升降的波浪形变化。多用来表示讽刺、诙谐、双关、踌躇、狡猾等复杂的语气感情。试读：

哟！还真是你啊？怎么不吱声了！（降—升—降，表讽刺）

你说呀！你倒是说话呀！（升—降—升，表催促、着急）

啊？会有这种事？（升—降—升，表惊讶）

句调升降抑扬的“信号灯”是标点符号，它是句子语气的主要标志。例如：

大家都出去了。（陈述句，平直调）

大家都出去吗？（疑问句，高升调）

大家都出去吧！（祈使句，降抑调）

大家都出去啦！（感叹句，降抑调）

此外，还要注意字调跟句调升降抑扬的关系。不管字调是升是降，表示陈述语气，尾音都要下降；表示疑问语气，句尾都得上升。即字调服从句调。

上述分类是对语调基本情况的概括性描述，日常交流时的语调变化更丰富、复杂。只是生活中的语调起伏比较平缓，而舞台上的语调，如话语、朗诵等起伏更夸张。而演讲的语调介于两者之间，有明显的、自然的起伏。语调与重音、停顿、语速等相互配合，构成了语句的情感表现和语意表达。

四、变化

（一）语速变化

语速是语调变化快慢的速度，给语句带来节奏感和韵律感。一般来说，语速的快慢取决于语句的内容表意。快速表达急迫、紧张；慢速表达和缓、平静。根据一分钟内所能表达的字数，语速可分为快、中、慢三类。

1. 快速

快速语速每分钟可达到240个音节以上。情绪表现多为急促、紧张、激动、兴奋、惊惧、愤恨等。试读：

快点！出租车等好半天了。（表着急、催促）

你还是不是个人？（表质问、斥责）

你要坚强、要奋进、要敢于打破自我！（表激励）

天呢！我居然是一等奖第一名！（表惊讶、兴奋）

2. 中速

中速语速适中，大约每分钟达到180个音节。情绪表现平和、客观等。

（1）一般性说明

试读：牡丹是我国特有的木本名贵花卉，素有“国色天香”“花中之王”

的美称，长期以来被人们当做富贵吉祥、繁荣兴旺的象征。

（2）一般性叙述

试读：翠绿色的螳螂一大早就开始磨牙，毛毛虫毛上还带着昨夜的露水，蜘蛛网上布满了小露珠，一根根蛛丝因为水的重量而向下弯，让人担心蛛丝会不会断。

3. 慢速

慢速语速很慢，大约每分钟120个音节。情绪表现为沉重、沮丧、悲痛、失望等。

（1）抒情性或者议论性的文字

试读：那年夏天，我再没看过你的身影，似乎冥冥之中，我知道，这里的一切都知道，你并不属于这里。再回到这里，我轻轻闭上眼睛，期待一睁眼你就出现，但重见光明的那一刻，什么都没有。

（2）平静或者庄重的叙述性文字

试读：今天，我们怀着沉重的心情，来到这里深切悼念张三同志。

在演讲实践中，语速的快慢变化要适宜。"快而不乱，慢而不拖，快慢有致，语速快慢变化适宜"是实践宗旨。如果演讲者日常语速适中，但演讲时语速飞快，有可能是焦虑所致。这时需适当调整心态，将语速下降，以防关键信息被遗漏，或者观众跟不上。如果演讲语速很慢，相应的语调也会被拉平，缺乏速度变化和升降调起伏的语言，容易让观众感到焦躁或困倦。

（二）多变的声音

演讲者应学习打造多变的声音，以增强演讲的效果。在声音因素中，除了停顿、重音、句调外，音量和语速的不同组合给人的感觉也很多样。

请观察下页的四象限图，它显示出音量与语速组合的效果。纵轴为音量，横轴为语速。当音量大语速慢时，声音具有权威感；当音量小语速慢时，声音平静；当音量大语速快时，声音激昂；当音量小语速快时，声音制造悬念。

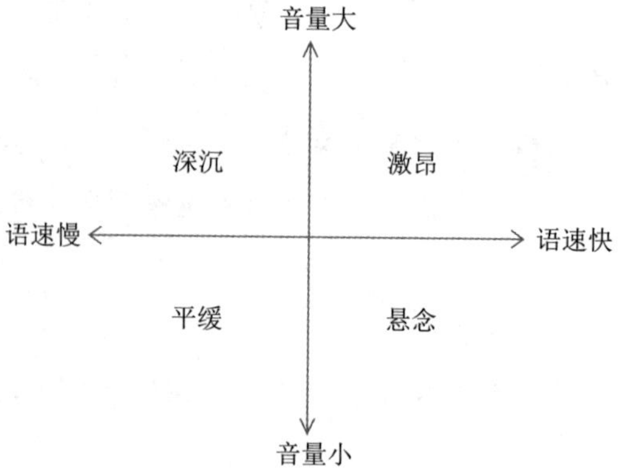

图 2–8　音量和语速的组合效果图

演讲时，讲者可基于对内容的表达需要，使用习惯的语速和声音表达，也可变化语速或声音，制造记忆点和情绪点。例如，如果演讲者在自然状态下说话轻柔缓慢，那么在强调信息时，可以变换到右上象限，即音量大、语速快，为演讲带来激情；而如果演讲者在自然状态下声音就兴奋跳跃，讲到重要信息时，反而可以降低音量，以较慢语速叙述，观众会从变化中察觉到演讲者的强调意图。

四个象限不存在谁好谁坏，关键在于演讲时尽量避免在某一个象限停留太久。即使激昂的声音很能振奋精神，但一直很亢奋则会让人感觉狂躁。一般来说，大多数人的常态声音比较偏向于平静，演讲时就需要刻意地改变一下声音，以免平铺直叙给人沉闷感。因此，变化才是关键。

此外，音调也是打造多变声音的一个角度。音调随着不同的词和据高低变化。演讲者逐渐增加音调，在句子结尾形成上扬声调，能够传递好奇感，而在句尾渐次降低音调，则会显示果断镇定。

【小结】

演讲的 3V 要素包括内容要素（Verbal）、声音要素（Vocal）和视觉要素（Visual），本章讲授的即是声音要素。好声音是指气足、声稳、顿挫和富于变化，它能够有效辅助演讲者聚集观众的注意力，可以通过后天训练得到提升和美化。气足是声稳、顿挫和富于变化的基础，可从呼吸和换气开展练习。声稳包含两个方面，首先是吐咬清晰、归音到位，其次是找对音区、共鸣发音。而顿挫主要由停顿、重音、句调构成，可以跟随教材的典型案例练习，也可以参考《普通话水平测试应试指导》中的系统性讲解进行对照练习。富于变化是在前三个基础能力上的进阶，它构成了语言的声韵美和节奏美。目前，网络上不乏知名声音教练开设的公益音视频短课，学习者可根据学习要求展开针对性训练。

【练习】

1. 练声之前先练耳，请自行收听全国校园节庆日诵读活动、中华经典诵读活动等，以提升对声音的敏感度。

2. 请从大众媒体，如综艺节目、电视剧、广播剧等中，寻找几段你喜欢的声音材料，进行跟读和模仿练习。

第四节　视觉呈现

【情境导入】

小美很重视今天的方案汇报，她为 10 分钟的演讲准备了 40 页 PPT，还穿插了一段 4 分钟的视频。开会时小美来晚了，这让她有点紧张，站在台上她忽然感觉双手没处放，只得像小学生一样背起手来，将身体转向 LED 屏幕，一字一句地将 PPT 上的文字念出来，再没有与同事眼神交流。PPT 上文字满满当当，幻灯片底色是桃红色，文字是白色，这让她有点看不清。更恼火的是，明明电脑上已经排版整齐了，可放映出来却是乱的。她听到下面的同事小声议论不知道她正在讲哪个部分，想要通过播放视频救场，却不想即使将音量调到最大，视频的声音仍然很小。最糟糕的是，剩下的时间不多了，还有 20 多页

PPT没讲，她焦虑得来回走动。

【想一想】

1. 演讲中的PPT主要起到什么作用？

2. 为什么很多新手在演讲时都会把身体背向观众？这会导致什么问题？

3. 可以直接将演讲稿打在PPT上吗？

【解析】

小美作为职场新手几乎一步一踩雷。她并不理解PPT是给听众看的，而是把PPT当成了提词器，导致了大量文字罗列和错误的背身动作，听众看不清字、看不见人，又一时也听不出演讲的层次，当然就会走神。视频的确有丰富视听的作用，但一般只有当它力证观点时才被使用，且播放时间不宜过长。其实，图表、图示、文字都能佐证说明观点，但它们的呈现形式要简洁、直观。PPT的页数多并不能说明内容丰富、准备充实。页数应服务于内容，受演讲时间的约束。页数太多会让每页悬停的时间短暂，听众来不及看；页数太少画面一直不动，PPT就起不到视觉化文字的作用，仅靠听力捕捉，观众很快就疲惫了。

俗话说“先敬罗衣后敬人”，演讲的内容是“人”，而演讲者的身体语言和PPT就是“罗衣”。当舒展大方的身体语言和美观务实的PPT给到观众的第一印象是好的时，观众才有耐心将注意力放在内容上，认可演讲者的价值。我们把身体语言和PPT统称为演讲中的视觉呈现。

一、配合演讲的身体语言

（一）身体语言的含义和作用

1. 身体语言的含义

身体语言指的是不通过语言，而借助体态或动作等途径表达的信息。演讲者的身体语言，既在表达他的内在情绪，也在影响观众的情绪。如演讲者体态舒展、手势自然、眼神凝聚有力，表达出他很自信，对演讲的控制游刃有余，观众被沉稳自如的感觉吸引，不由得沉浸其中。如果演讲者面露不屑、摇头晃脑、双手插兜，观众读出轻狂傲慢，心生厌恶抵触，连带后面的演讲也不想听了。

演讲中常见的身体语言包括进场、站位、站姿、表情、眼神、脚的摆放和手部动作，甚至着装也构成了身体语言的一部分。演讲场合下的身体语言，有别于日常沟通中无意流露出的身体语言，也与舞台上高度控制的身体表达不同。它讲究松紧有度，意思是既不松垮随意，又不做作夸张。它是一种有意的身体表达，可以通过后天训练，形成肌肉记忆。

2. 身体语言的作用

（1）传情达意

有声语言在传递信息时具有局限性。想象一下，机器语音读“我真是太兴奋了”这句话，你多半感受不到它的兴奋，更不会被它感染。情绪主要通过声音和身体传递。身体语言能提供超越词句之外的信息，使人准确理解一句话的意涵。演讲时自然流露的身体语言，是情绪和情感的直观表现，有如放大器加强了观点、思想的影响力。

需要注意的是，演讲者身体语言的意涵要与口头表达的意涵一致，否则当观众接收到两种截然不同的信息时，轻则迷茫，重则会判断你在作假，削弱演讲者的可信度。

（2）塑造形象和关系

演讲时，身体体态比有声语言先一步展示给观众，它是第一印象，观众基于你的起落行止、一颦一笑，了解到演讲者的气质、风度和人格，并预判后续演讲者的表现，调整自己的期待和投入。从登台开始，身体语言就在塑造着演讲者的形象。

身体语言还反映出你想与听众保持怎样的关系。例如，有的人演讲时笑意盈盈、眼神流露出关注、轻点头部示意回应，这些动作传达出他想要建立积极、互动的关系。如果演讲者拧眉皱目、全程低头避免眼神接触、脚反复拍打地面，说明他既对当下的演讲不耐烦，也不愿建立关系。

（二）身体语言训练

1. 身姿

（1）入场与站位

①入场

如果是大型舞台，入场口一般是提前指定的。可在上场之前，站在角落里，适应一下灯光。通过活动下颌骨将面部肌肉放松，挺胸抬头、中等步速走上舞台。观众看到演讲者的一瞬间，演讲就开始了。

职场环境中的演讲，一般没有固定舞台，通常显示屏附近区域就是舞台。演讲开始前，将附近杂物移走，以免上场磕碰影响心态稳定。

②站位

站位要考虑桌位摆放、观众席位和显示屏位置。

如果现场摆有演讲台、座位，且配备了话筒和电脑，通常走向确定位置即可。但如果是空旷台面，则要先观察观众是分布于全场还是集中在一个区域。如果全场都有，站在舞台的正中即可。如果观众集中在一个区域，找到舞台的控场点位。控场点离听众较近，在此位置可以保证外围的听众在你的视线之内，即第一排最边上的人也在视线范围内。

站位也要考虑到显示屏的位置，通常演讲者要站在离显示屏较近的侧方位区域，距离最好在两步之内，前进指示屏幕，后退让出屏幕，避免长时间以身体遮挡屏幕，或站得太远而需要来回移动。

（2）站姿

适度的心理紧张，让人更专注。而适度的身体紧张，让人有意地含胸拔背、脊柱延伸、气息下沉，身体更挺拔，声音和下盘更稳。

如果日常已经习惯于弯腰驼背，脖子前伸，一开始会找不到正直站立的感觉，或者强迫身体打直，但不一会儿体态就塌下来，尝试做下面的动作将身体回正。两脚打开与肩同宽，脊柱中正，后背挺直，胸部略微挺高，两臂伸展，在体侧抬起，手臂与地面平行，摆出“大”字动作，两手掌立起，掌根尽量外推，掌根带动两臂朝前画小圆30次，再朝后画30次。总共做三到四组，做完后不仅感觉胸腔打开，提振精神，身体可保持几个小时挺拔不塌。

演讲的标准站姿包括前进式、稍息式、自然式，此外还有立定式、丁字式等用于特定场合和身份。

①前进式

前进式是最推荐的演讲站姿，其优点在于重心不固定，可随上半身动作的移动随时变化重心，重心前倾配合手部动作表达亲近、强调，重心后撤拉开距离。动作要点顾名思义好像在朝前走。左右脚一前一后，无所谓谁在前，舒适习惯即可。前脚脚尖指向前方或侧前方，两脚延长线的夹45°角，两脚脚跟距离不宜过宽，保持将近一足的距离为佳。上身前移时可微抬后脚脚跟。这种姿势灵活、挺拔。

②稍息式

稍息式顾名思义像立正后的稍息动作，一脚自然站立，一脚向前朝同侧迈出半步，重心落在后脚。这种动作伴随胯部微微顶起，一般用于短暂的休息或调整姿势，此时身体状态十分松弛，因此不适合长时间保持，以免给人随意、自傲的感觉。

③自然式

自然式两脚齐平，腿部自然分开，与肩同宽。这种站姿常见于男士，女士如果穿着高跟鞋长时间保持这一站姿，会有双足前冲的情况，导致疲劳和站立不稳。

立立式和丁字式身体紧张感更强，较少用于演讲的站立。

【多元视角】

如何自然地站直

想要不费力地站直站正，需要两种力，一是骨骼排列正常具有的杠杆力，二是肌肉持续收缩的张力。一旦骨骼变形或错位，会使身体的支撑力减弱，光靠肌肉持续收缩用力摆正身体，不一会儿就疲劳了。这就是为什么你可以站直时觉得特别累。因此，避免错误体态和外力导致的骨骼变形，对塑造体态和健康都非常重要。

一般人都知道跷二郎腿、葛优躺和把身体凹出S形，对骨骼有害。但挺胸收腹这个从小学到大的动作也是错误的，你知道吗？刻意地挺胸收腹不仅不好看，给人很僵直的感觉，还会造成肋骨外翻，并伴随气短气狭，由于后背没有强健的肌肉支撑，脖子也容易前倾。

站直的要点是脊柱中轴延伸，含胸拔背，感觉上背部好像有一根绳子向上牵引。含胸不是驼背，它是人在自然状态下的体态，微微扣肩和胸部内含。因此，想要站直不能靠凹造型、使强力，日常保持好的体态，不使骨骼变形，加上肌肉训练，才能站得直而松弛。

演讲时还要关注身体的朝向，大部分时间要正面面对观众，偶尔侧身指示、查看PPT，切忌背向观众、从头到尾侧身，切忌左摇右晃、抖动身体。

（3）坐姿

坐姿适用于现场设有指定坐席或演讲时间较长。坐姿常见的忌讳有：摇头晃脑、跷二郎腿、抖腿、两手抱胸、两手托腮、靠在椅背上等。起、落座从容和缓，动作轻而稳，站稳之后再移动，不要给人慌张之感。

（4）走动

演讲中的走动要适度。适度的意思是，可以走动，但不要长时间来回走动。一般观众的眼神会跟随演讲者，适度走动就像是呼吸中的换气，每换一下气，就调整一下演讲的节奏。如果长时间来回走动，前排观众很快就会感到眩晕。

演讲中有连接语和着陆语，前者是恰当的走动时机。连接语起承上启下的作用，通常无关内容主旨，如“我们都知道”“那么到底应该怎么办呢”“让我们一起看看这幅图片”等，用于引出后面的叙述。在说连接语时，我们可以走动起来，把观众的注意力带入下面的内容。

而着陆语指的是演讲中的关键句，这类句子直接输出观点、表明态度，在这个时候并不适宜走动，反而应该站定，使用前进式站姿身体前倾地说，强调内容的重要性。

如果舞台较大，可将舞台分出三个区域：左侧、中间、右侧。一般登台时站定在中间区域，站立一段时间后可移到左区或右区，在某一区域停留一段时间，加强与这一区域观众的互动。由于中间区通常是控场点位，可以照顾到大面积的观众，因此站在中间的时间最多。至于两侧，根据现场的反应灵活分配。演讲快要结束时，回归中央区域准备谢场。

2. 面部表情

（1）表情情绪

演讲时不必设计面部表情。情绪“闪现”在面部的时间通常不超过 5 秒，假装和做作的表情很容易被观众辨认出来。当你的情绪是真实的、流动的，脸上会自然而然地流露出表情，它本身就具备感染力。包括微笑也是不需要设计的，一方面当讲到专业、严肃、负面的话题时微笑反而坏事，另一方面，演讲时大脑处于高运转的负荷状态，再调取脑力专门设计表情，你根本无法专注。

最佳的面部表情是自然松弛，最差的面部表情是僵硬呆滞，它们都与情绪压力有关。前者压力小，后者压力大。可以从两个方面练习改善。

①心态建设

情绪的背后是需求。愤怒是为了自我保护而攻击别人，压抑是为了获得安全而拒绝冲突，抱怨是为了被倾听、理解和关注，而紧张是为了得到认可和展现价值。研究表明，适度的心理紧张会让人头脑更机警和兴奋，它是展现价值的开幕式。

【复习与练习】

请回忆第一章第二节情绪要素，本章讲到了处理负面情绪的四个动作：觉察—命名—述情—调节。如果你感觉很紧张，尝试按照将你的感受用语言描述出来，避免使用否定词否定情绪，如“我不紧张”。

②行动建设

a. 充分准备

熟悉内容：内容是演讲的核心，认真准备好内容，熟悉文稿与 PPT 的对应关系。

熟悉场地：提前踩场，试验设备、试放 PPT 和视频。

做好准备：掌控感会让你有沉稳的表情。

b. 勤加练习

对镜练习、录像练习、对着家人练习、对着朋友练习，对着同事练习。有意识地反复练习，接收意见的同时逐渐适应被关注的压力。

（2）眼神

研究表明，眼神交流具有吸引和催眠的特性，直接跟观众眼神交流的演讲者释放出积极态度，比逃避眼神的演讲者更能唤起观众的跟随兴趣。例如，有经验的教师善用各种眼神传达各种态度和要求，有时在交流、有时在引导、有时表示关注，有时用眼神压倒学生，学生在露出“我知道了”的表情后，垂下眼神表示服从。

演讲者可通过以下三种方式调整视点。

①环视

环视指的是用眼神扫过全场，可以左右扫，也可以前后扫，目光像弧形一样散射。目的是控场，通过大面积扫视与观众目光接应，尤其在场地较大时，以此建立联系感。

②点视

点视指的是用眼神单独接触个别听众，目的是释放关注、提醒注意、制止约束等。演讲者很少会在个别观众持续私语时，中断演讲专门指出，一方面容易挑起对立情绪，另一方面会打断思路。这时只需盯住他几秒，对方接到信号一般会中止不恰当行为。

③前视虚拟点

如果你是新手，不敢迎上观众的目光，可以将视角落在你前方的点上，一般它比观众的头顶部位高一些，注意不要把下巴抬得太高。把这个点当作你的观众，对着它专注地讲，不仅可缓解紧张情绪，还会给观众一种错觉，演讲者正在看向我们。此外看向朋友不是最佳选择，容易笑场。

【资源推荐】

中央广播电视总台主持人大赛

主持人大赛于1988年起开始举办。选拔出程前、鞠萍、撒贝宁、邹韵等知名主持人。它是中国主持界最高规格、竞争最激烈的大赛。赛制严谨、能力考察全面，话题选择兼重理性表达、情感表现和思维逻辑。参赛者拥有丰富的身体语言控制经验，从身姿、表情、手势到服装，既符合职场要求，又深具个人风采。欣赏之余，可作为模仿材料练习。

3. 手势

手势是重要的非语言沟通。手势动作大而明显，比身姿、表情更能直接表达情感。聚焦情感抒发的演讲多用到各种手势传情，而职场中手势的使用比较克制，一般是说明、强调时的自发动作。

演讲常用到三种手势。

①指示模拟手势

这种手势一般伴随语言出现。例如，边说明论点边引导观众关注PPT上的论据。讲到圆形，画出一个圆。想让听众发言，演讲者举起自己的手来暗示听众行动。

②传递情绪手势

这种手势主要用于加强情感、带动气氛。如向外展开的手势，表示剖白和解释；向下重压的手势，表示强调、肯定、切断；小幅度振臂、握拳，用于鼓励和提振；等等。

③自发调节手势

这种手势一般不是为了服务于演讲，而是对环境做出的无意识回应。如紧张时下意识地按下胸口，焦虑时搓手、把手背在体后等。缺乏演讲经验的人，常会有手足无措感，这时可以手持稿子或卡片抬手至体侧，给手固定个位置，还能提示接下来的演讲内容。

【知识链接】

手势活动的区域和禁忌

肩部以上区域，多用来传达积极情绪，如展望、想象、昂扬、喜悦等。肩部到腰部区域，一般用于达意，如说明、指示、解释，职场中这一区域的手势活动最多。打手势要果断大方、运动区域大小适中，高度在腰部以上。似打不打、小幅度运动给人感觉小气，幅度太大有失分寸。腰部以下区域，多用来传达消极情绪，如表达失望、遗憾、评价负面事务等。

演讲不要太执着于设计手势，而要尽量避开不恰当手势，通常这些手势带有负面情绪，反映出拒绝、自卑、轻佻的心理，如两臂交叉、双手叉腰、双手背后、双手插进口袋、抠指甲、摸耳朵、卷头发等。

二、配合演讲的 PPT 制作①

PPT 是演讲者思维水平和表达水平最直观的展示。PPT 的制作逻辑要服从效率要求，通过将观点思想、文字数字、思考逻辑等视觉化，补偿口头表达造成的理解困难、记忆困难、容易误读的缺憾。

（一）PPT 的作用

1. 展示关键信息

PPT 上的信息是从挤满文字的文档、挤满数据的表格中遴选和梳理过的关

① 本章所讲的 PPT 指具有实在内容的演讲，如具体事务、观点、任务、主题或问题等。

键信息，这些信息全部用于呈现、说明、论证你的主题。通过将文字高亮、加粗、条目化陈列，与图表、图形、图片、音视频组合，使内容一目了然。

2. 降低理解难度

PPT 可以自由地组合文字和图片，这种形式比口头文字更直观、简便，能够减轻观众理解的负担，更准确地把握住演讲的主旨和思考的逻辑。

（1）使时间排列转化为空间排列

语言的表达遵循时间顺序，话要一句一句说。而 PPT 的内容呈现遵循空间顺序，它能够把时间中先后出现的话语信息，放在同一空间版面上呈现出来。更好地展现出内容之间的逻辑，也很好地避免了听了后面忘前面的问题，增强观众的理解和记忆。

（2）内容视觉化和具体化

把部分语言、文字、计算等抽象信息转换为图片、图表、视频等可视的具象信息，使听众能够从视觉通道和语言通道的两个通道共同理解信息，提升理解效率。例如下图：

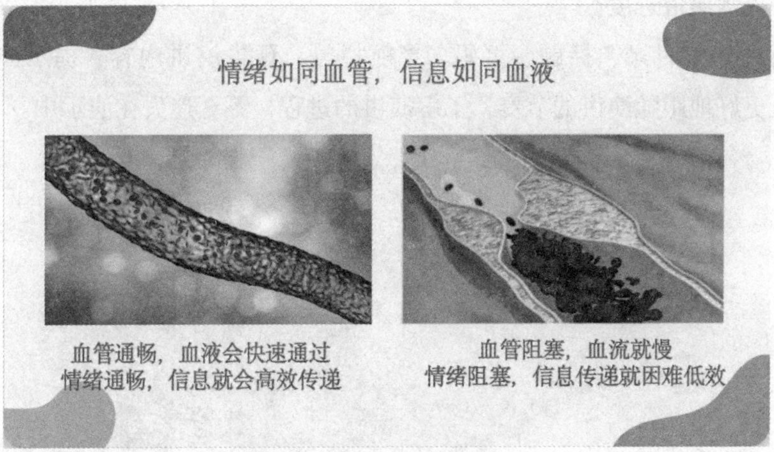

图 2–9　PPT 中使用的图示例

（3）内容立体化和结构化

听众很容易迷失在扁平、琐碎的语言信息里，PPT 将演讲者“隐形”的思考过程、复杂理论、问题解决以逻辑关系图、组织结构图等方式“显”示。如下图“情绪觉察量表”：

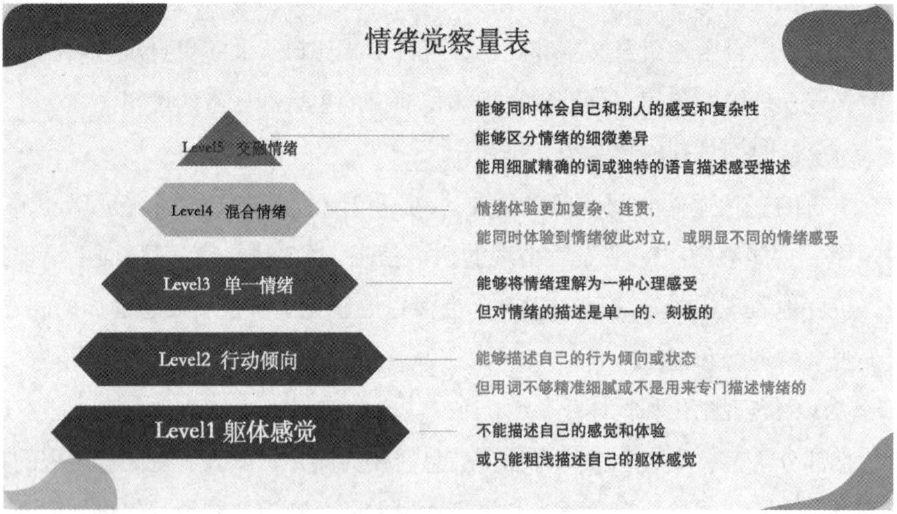

图 2–10 PPT 中使用的结构图

3. 提示演讲进度

通过 PPT 目录、标题、页码、导航栏等，预告演讲内容、提示演讲度，使观众更好地跟随演讲的节奏，了解演讲的进程，不至迷失在演示中。

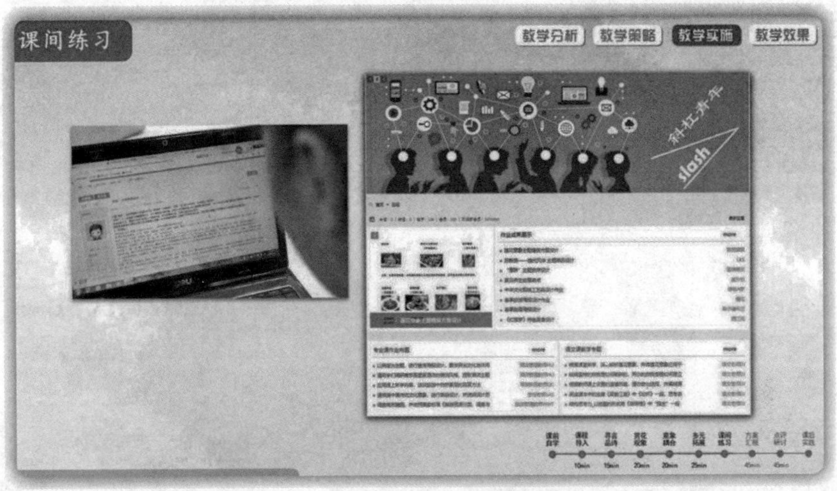

图 2–11　PPT 中使用的目录、导航栏示例

4. 丰富感官体验

多媒体的运用拓展了信息输入的渠道，刺激不同的感官，有调节现场气氛、缓解听力压力、唤起和留住观众的注意力的效果。

（二）原则性错误

1. 把 PPT 当讲稿

这是新手最常犯的原则性错误，会引发后续一系列问题。如不良身体语言，眼睛盯着 PPT、侧身面对观众；版面混乱拥挤，大量文字堆叠，看不出重点、层次、字号小；增加理解负担，此时口头语言和书面文字同时出现，演讲者读的速度与观众看的速度不一致，听觉和视觉两种信息互相干扰。使用 PPT 是为了向观众更好地展示信息，而不是为了给演讲者当提词器用。

2. 无主线无组织

配有 PPT 的演讲，使观众在听以外，还能通过看来获得信息。倘若 PPT 上的信息混乱无序，看不仅没有分担听的压力，反而让理解变得更困难了。制作 PPT 时最重要的是挖掘信息之间的关联，用一条主线将信息组织起来，体现出条理性和逻辑性。下图即是典型的无组织无结构案例。

图 2-12　无序 PPT 案例图

【讨论】

图 2-12 来自学生的 PPT 制作练习，请试着找出 PPT 的主题和主线。

3. 形式大于内容

通过变化线条、图片、颜色、版式等美化 PPT，可增加演讲的趣味性和观赏性。但太过密集、华丽的修饰，则会分散观众注意力。有时新手会套用现成的精美模板，为了将模板填满甚至会对内容进行不必要的增删。内容和逻辑是核心，形式只是载体，不要本末倒置。

（三）制作规则及实践

PPT 的主题和内容千变万化，但它的制作逻辑和规则是通用的。

1. 筛选信息

并非所有的信息都适合出现在 PPT 上，要谨慎地选用紧扣目的和主题的信息，可以从相关性、有效性和完整性三个角度确认信息是否可用。

（1）相关性

凡 PPT 上出现的信息都应与主题高度相关，偏题信息、过细信息都可能干扰到主线。

（2）有效性

相关信息中应包含普遍的、典型的和针对性的信息，它们能强有力地支持观点。如瑞典知名家具品牌宜家（IKEA）的销售主题 Don’t worry，you can afford it. 其图片信息直击痛点。

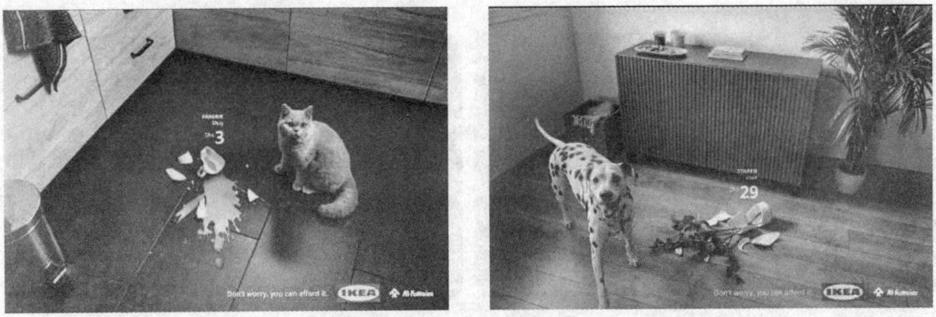

图 2–13　宜家宣传图例

（3）完整性

一个完整的 PPT 要有头有身有尾，即有开头，如是什么、为什么、怎么办，信息言简意赅；有正文，如逐层深入的内容、阶段性的简要总结；有结尾，如总结、升华。

2. 呈现信息

信息的呈现要清晰，包含结构清晰、版面清爽、文字清楚、视图简明四个原则。

（1）结构清晰

无论是沟通、演讲还是写作首先要理清内容的逻辑，具体到幻灯片也是同理，只有当内在的制作逻辑和内容的编排很清晰时，观众才能调动视觉、听觉双通道，最大化吸收信息，否则视觉反而会干扰听觉，为理解制造更多阻碍。一般来说，常见两类编排逻辑——线性编排和框架编排。

①线性编排

线性编排指的是按照线性流程，如空间顺序、时间顺序、重要性顺序或事物发展规律、解决问题的思路等编排，常见呈现形式有 6W2H、2W1H、SCQA 等，可用于概念、产品、任务、方案或复杂问题等的呈现。

如使用 PPT 介绍网络软文案例，没有按照一页概念、一页类型、一页特点的方式呈现，而是按照6W2H（Who-Whom-What-Why-When-Where-How-How much）编排 PPT，使观众在一张 PPT 内了解全局，再通过后续 PPT 逐一理解。

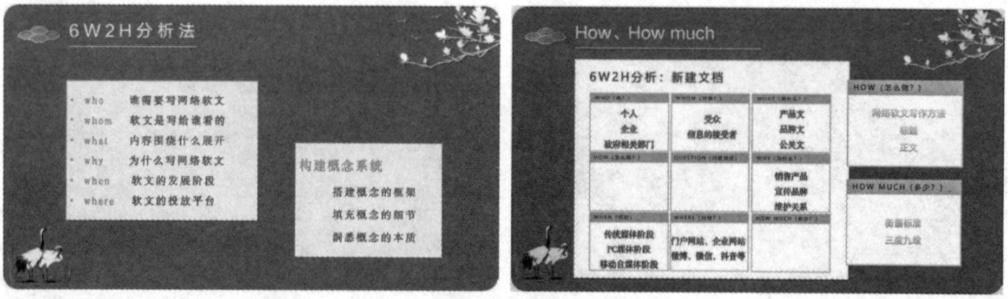

图 2-14　6W2H 形式示例图

类似 6W2H 的形式还有 5W2H、2W1H 等，制作者可根据主题需要选择某几个元素编排内容。

再如 SCQA（Situation 情境—Complication 冲突—Question 问题—Answer

答案），经典案例是亮甲广告。情境“得了灰指甲”，冲突“一个传染俩”，问题“问我怎么办”答案“马上用亮甲”。这种结构有利于观众快速了解前因后果，理解你为什么做、为什么这样做。

时间顺序编排也很常用。以烹饪专业学生的方案汇报 PPT 为例，学生计划将莲花的文学意象融入婚宴的菜单设计。

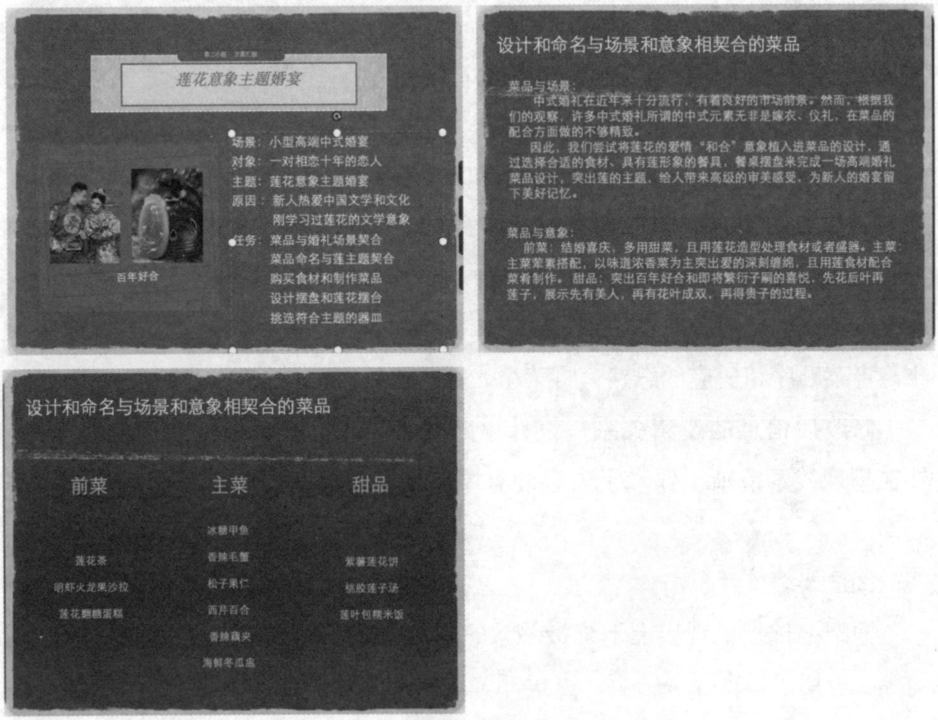

图 2–15　菜单设计 PPT（修改前）

【点评】第一张 PPT 使用 5W2H 结构介绍了即将要做的方案。第二张 PPT 问题较大，用大量文字表达了一件事，我们要设计和命名菜单，设计将融合莲花意象，突出婚礼场景。第三张问题最大，没有看到现有方案体现出设计理念，菜品的呈现无结构。此外，还有信息筛选不准确的问题，出现了江浙婚宴的忌讳菜。

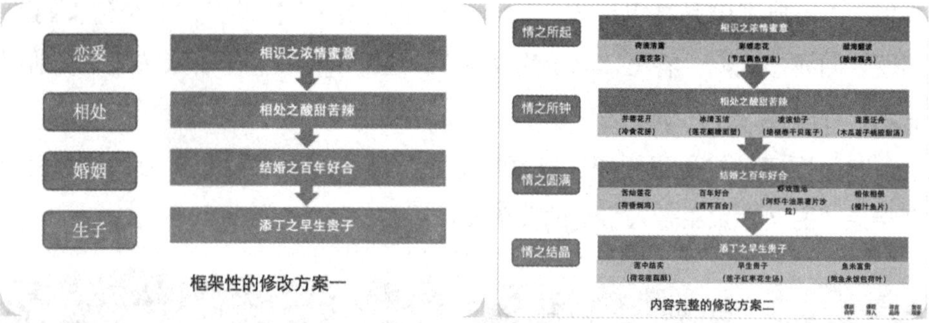

图 2–16　菜单设计 PPT（修改后）①

时间线有两条，明线是恋爱、相处、结婚、生子的爱情线，暗线是前菜、主菜、甜点的走菜线。梳理爱情线的特点，如恋爱时“浓情蜜意”、相处时“酸甜苦辣”。线索有回忆有展望，为婚礼增添情趣。以莲花意象命名菜品，为宴席植入文化想象。框架确定后，根据菜品风味与爱情特点相符合、菜品风味与走菜顺序相适应的思路，将菜填入适合位置。

修改后信息的逻辑关系、设计思路更突出了。可见内在制作逻辑清晰、外在呈现线索清晰，保障了内容的有序传播，提高演讲表达效率和观众理解效率。

②框架编排

框架编排指呈现出上下统摄关系的编排形式，例如金字塔结构、PREP 结构等，可用于呈现任务分解、方案部署、问题解决等，具有逐级展开、层层纵深的优势。

【复习】

有关金字塔结构的发现和应用，请回顾第一章第三节言辞要素。

金字塔结构常被用于梳理 PPT 内容的逻辑，通过绘制金字塔草图，理清

① 案例来自教师获奖作品，未经授权不得转载。

PPT 展示的框架结构，再按照框架制作 PPT，可使观众看到清晰的演示思路。

以“原则性错误”第二段“无主线无组织”部分的案例为例，学生制作题为《如何健康“享”瘦》的 PPT。通过梳理 PPT 的内容，明确演讲主题为健康瘦身，关键词有减脂、体重、增肌、饮食、体能、运动、蔬菜、肉等。按照金字塔结构，先论点，再分论点，再小论点或论据的结构，梳理出内在的逻辑如下图，制作 PPT 当以它为指导。也可单独做成一张 PPT，用于向观众预告接下来要展示的内容和流程。

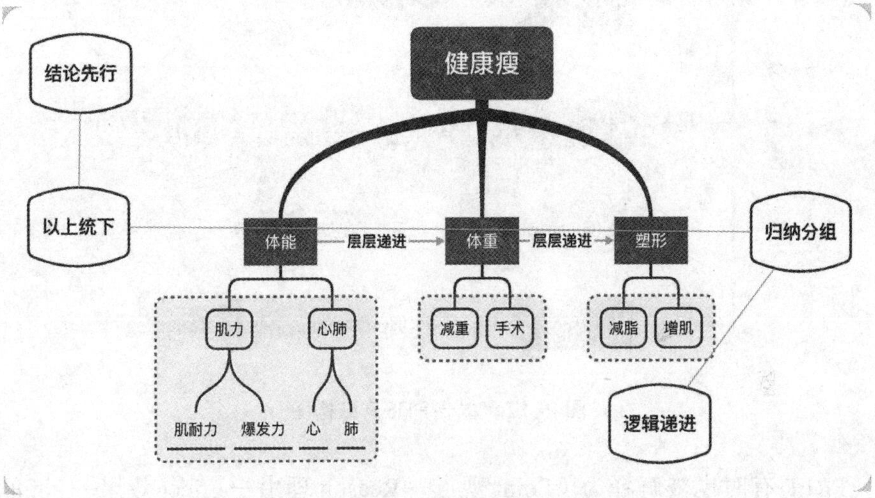

图 2–16　用金字塔结构理清 PPT 制作的思路

还可继续用结构图表梳理、归纳健康瘦的解决办法，使后续的 PPT 制作拥有主线。以下表为例：

表 2–1　健康瘦身途径表

健康瘦的方法	减重	增肌	心肺
饮食	控油控糖控盐	优质蛋白 碳水化合物 优质脂肪 矿物质	地中海饮食 替代性饮食
运动	无氧 + 有氧	无氧运动	有氧运动

再如PREP（Point观点—Reason理由—Example案例—Point二次强调观点）结构，适用于竞标、头脑风暴、商赛、汇报、演讲等场景。例如，本节“结构清晰”的编写就遵循了PREP结构。

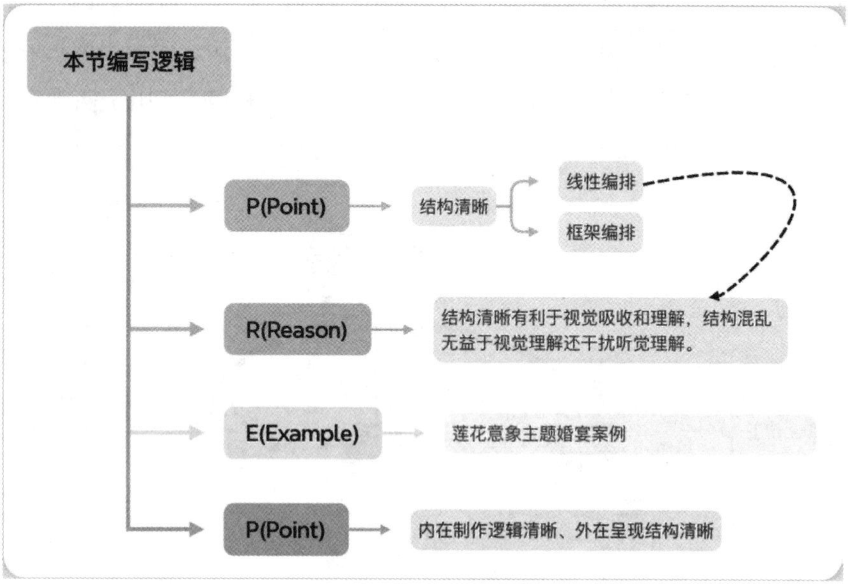

图2–17　本节PREP结构图

PREP有时也被解释为（Point观点—Reason理由—Effect效果—Point二次强调观点），可根据主题按需使用。

（2）版面清爽

版面清爽的原则包括模板统一、风格适配和配色协调，目的在于突显内容和保持美观。

①模板保持统一

【错误示范】学生PPT作业

选择模板是制作中最简单的工作，如果模板都无法确保统一，观众会怀疑你的认真度和专业度。花花绿绿的模板不仅不美观，还可能分散观众的注意力。

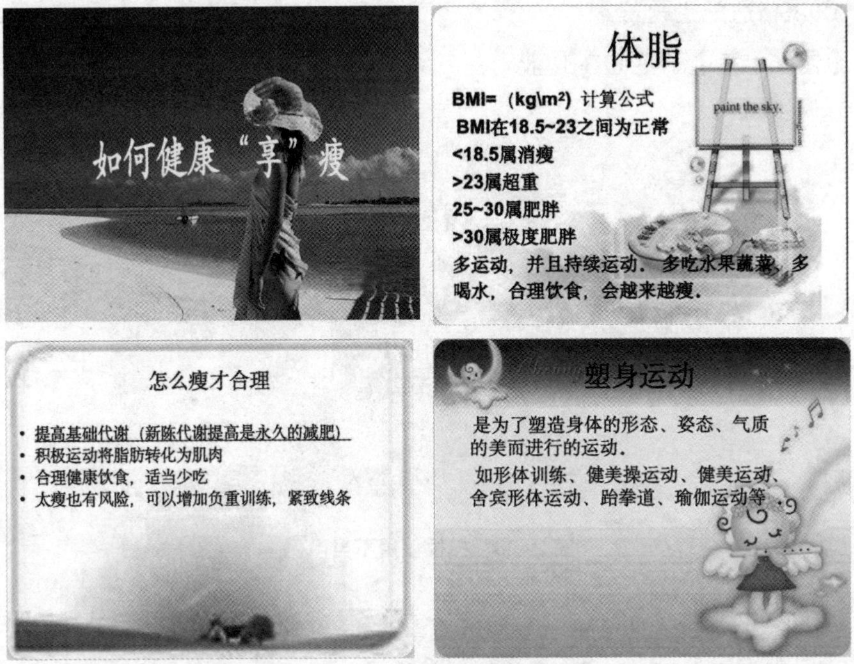

图 2–18　模板混乱示例

现今网络上模板资源众多，可根据展示内容和风格颜色等需要选用。在正式的、学术的场合，自己制作模板也不错。可以使用罗兰贝格式模板，加上校徽、公司标牌即可，纯白色模板给人的干净爽利的视觉效果。

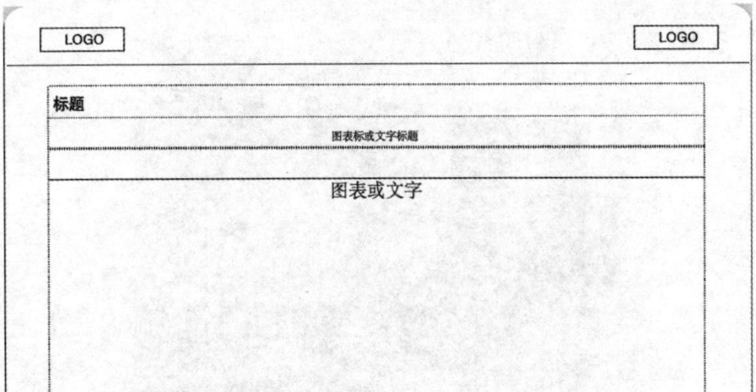

图 2–19　罗兰贝格式模板

②风格适配主题

【错误示范】学生 PPT 作业

图 2–20 模板使用不当示例

问题：图片可爱而幼稚，与演讲的主题和场合不适配。

PPT 的模板风格要与演讲的主题和使用的场合适配。一般职场或严肃场合、严肃话题的演讲，PPT 风格要职业、庄重，避免使用可爱、幼稚、浪漫的模板或图案装饰。

③配色美观协调

【错误示范】学生 PPT 制作作业

图 2–21 配色不当示例

PPT 配色要简单协调。这就好像人的着装法则，颜色不过三，配色要和谐。背景、图案、文字颜色都属配色协调的范围。可以观察大公司、学术机构、PPT 专业制作公司的配色方案，把握“协调”的内涵。

【正确示范】

图 2–22　正确配色示例

（3）文字清楚

【错误示范】学生的 PPT 作业

图 2–23　PPT 使用文字过多示例

在 PPT 上放置太多文字是原则性错误。除了引发不良体态和干扰观众理解外，大量文字的堆叠导致了字号和行间距很小，观众很难看清楚上面的文字。整体视觉感受拥挤促狭。PPT 上放置的文字要概括、简略，让观众一下就看明白，避免信息琐碎、没有重点，而细节性的文字可以通过口头表达补充。PPT 上文字的使用要克制，输入文字前可借助缩句技巧提炼句子主干。

文字的排列常见有以下三种方式。一张一行文字、一张多行文字、文字块排列。

优点：文字简练、突出

图 2–24　一张一行字示例

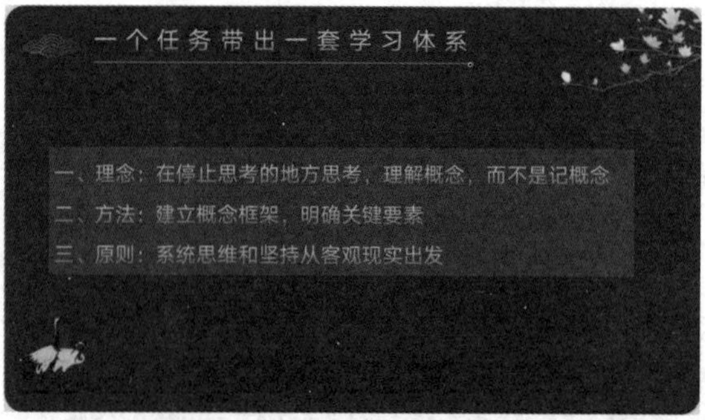

优点：文字精简，排序清楚，还可通过阴影、高亮等效果突出正在讲解的区域

图 2–25　一张多行字示例

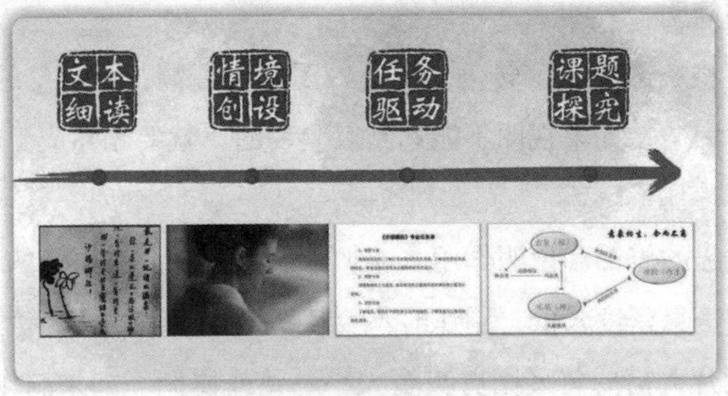

优点：条理清楚，关键信息突出

图 2–26　文字精简有序示例

优点：模块展示，清晰易读

图 2–27　模块排列示例

如果想要突出文字，可通过重点文字加粗、加下划线、变色等方式强调。也可将标题或结论放到页面的左上方，根据 Google 眼动试验的结论，人在观看时眼球运动呈 F 形，更多关注到页面上方的信息。以上方法都可使观众快速看到有助理解的关键字句。

如果 PPT 不是白版黑字，则要考虑模板与文字颜色的对比度。一般来说，文字颜色不宜太浅，如白字蓝版配合星钻效果，在电脑上也许图文清晰，但通过 LED 屏或投影仪播放，观众未必看得清了。无论版面还是文字都不应增加观众的视觉负担。

（4）视图简明

PPT 能够将一部分文字转化为图片、图表和视频，使信息的传达更直观、具体和便捷。因此，如果视图不能达到以上目的，就要删除或更改。

①图片

图片有很强的修饰和说明作用，能加深、加速观众对内容的理解。但相对于文字，图片信息密度较低，制作时不要从头到尾只使用图片。如果一页 PPT 使用了多张图片，需要将多图剪裁至大小一致或协调。如果制作全图式 PPT，高像素的图片更清楚。当画面复杂时，可以为文字添加阴影、边框、填充背景色，使其不要淹没在图片中。

②图表

图表是重要的可视化工具，它能够直观地呈现数据以及数据间的关联。它不仅容易被观察，还能激发更深的思考，如发现问题的发展趋势、主要矛盾和解决办法。常见图表包括饼图、柱状图、折线图、条形图等。除非演讲者对数据进行详尽分析，否则观众很少会一直盯着数据，他们更关心数据说明了什么问题。因此图表要尽量简化明了，表现出数字趋势，使观众一目了然问题所在。

【错误示范】学生 PPT 作业

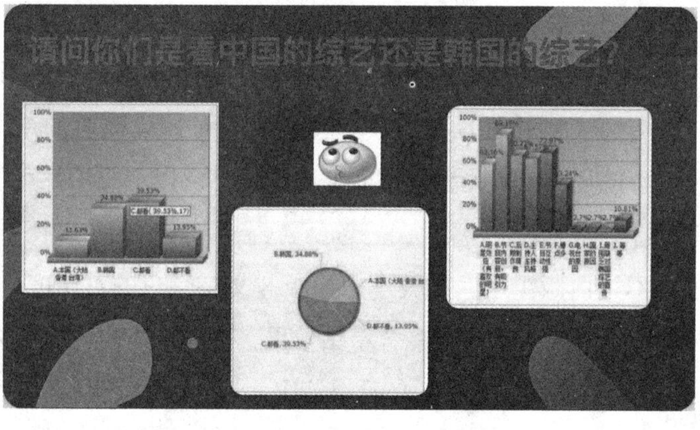

图 2–28　图表使用不当示例

【问题及修改意见】

第一，背景图花哨，出现了七八种颜色。方案：放弃色彩鲜艳的背景，选择更干净的底图。

第二，表情图片既不美观，又与内容无关。方案：将其删除。

第三，一个版面中出现多图，且图片很小，数据看不清楚。方案：一页一图，或者将图放大。

第四，细看左边的柱状图与中间的饼图其实是一个数据，只是图形不一样。方案：删除一个。

第五，右侧图的数据与标题的提问完全无关。方案：删除或挪到下一个页面。

第六，右侧图横轴文字排列拥挤，很难识别。方案：简化坐标轴文字，将文字纵向排列，或者将数据纵向排列改为横向排列。

第七，标题应为图表数据的结论。

③视频

视频使内容的呈现更动态丰富，很能吸引观众的眼球。在使用视频时有以下注意事项。首先，视频的内容要与演讲主题一致，当它的展示效果明显好过图片、图表和文字时，它的使用才有价值；其次，视频的播放时间要严格控制，如果太长就要重选或剪辑，以免喧宾夺主；再次，避免使用粗制滥造的视频，确保视频的来源优质、不侵权；最后，如果PPT中插有视频，要做好彩排工作，防止现场无法播放或声音不合适等问题。

【资源推荐】

综艺《令人心动的offer》第三季、第五季

《令人心动的offer》是由腾讯视频制作的职场观察类真人秀节目，广受好评。节目设置了两个展示空间，一个是新人的实习空间，他们既要通力合作完成工作，又要彼此竞争转正名额；另一个空间是演播室，6位职场经验丰富的嘉宾团对实习生的职场表现进行点评。

节目以新人实习职场生活为窗口，呈现出他们在成为合格职业人道路上所经历自我怀疑和自我认同。那些睡不着的夜晚、写不好的方案、汇报前的紧张、不应该犯的错误，不仅让观众感同身受，还能从中获益。第三季聚焦医疗行业，第五季聚焦法律行业，这两季特别多地展示了新人和大佬如何思考问题和汇报工作成果，其中的问题和解决办法非常具有代表性，是即将踏入职场的年轻人可以学习的生动案例。

（四）PPT 与演讲

1. PPT 是演讲的航标

PPT 不可以当作演讲稿用，但它的目录、标题、结构图、关键词等都是很好的内容路标，可以帮助演讲者记忆和表达。因此，保持 PPT 的展示顺序与表达顺序的一致很必要。否则每一次切换 PPT，演讲者的大脑就会卡壳。

正式演讲前，演讲者应该进行模拟练习，确保演讲与 PPT 展示同步，熟知哪些图表、文字需着重描述，并且为模拟演讲计时。

2. PPT 是演讲的辅助

PPT 不能代替演讲者的现场表达，照读 PPT 让人很反感，观众会质疑你的专业能力和工作态度。演讲的主体是演讲者，“演”和“讲”才是核心，才真正具备说服力和感染力。倘若遭遇 PPT 无法播放的情况，演讲者应启动备选方案应对突发。环境最不利时，也应具备没有 PPT 仍能演讲的能力，这要求演讲者对内容非常熟悉。机械式的记稿并不被鼓励，如果演讲的思路很清晰，通常记忆就不会太艰难。

3. 看 PPT 也要看观众

演讲时如果有需要，演讲者可以使用侧身体态看向 PPT。但大多数时间，演讲者应面向观众，与观众保持眼神或语言上的互动。通过观察观众的反应，对内容或表述方法进行调整，以更好地吸引观众。

【小结】

我们的身体在通过各种姿势、动作展示我们的意图和情感，在演讲中适度地控制身体表达，会帮你塑造更积极、可信的形象。良好的身体语言可以通过长期的、科学的训练达成，它能使你更健康、挺拔和舒展。PPT 制作是表达能力的重要组成部分，不仅在职场上构成你的专业能力，在生活中对清晰表述也很有助益。它的制作既要遵循通用原则，即视觉化、具体化内容，以使他人快速、准确地理解，也反映出演讲者独具特色的审美意趣和思维方式。

【练习】

1. 请对照本章的教学评估你制作的 PPT 的问题，并进行修改。

2. 请对镜或录像练习你的演讲，发现你容易出现的错误体态和不良表情，进行针对性的纠正练习。

第三章　写作

第一节　写作入门

【情景导入】[①]

近日，中国青年报社社会调查中心联合问卷网发布的一项有1333名青年参与的调查显示，53.3%的受访青年感觉近几年自己的语言文字表达能力下降；47.1%的受访者感觉词汇量匮乏、表达单一；41.5%的受访青年遇到过词不达意，难以准确表达想法的情况；35.0%的受访青年觉得写作困难；34.9%的受访者感觉自己的表达逻辑比较混乱。

对于语言文字表达能力下降的原因，调查显示，阅读量少、表达能力弱化排在首位，获选率为54.0%，之后是过度依赖网络语言和表情包，缺乏创造力（53.0%），碎片化浏览信息，难以形成系统思维（52.1%），获选率均超过了半数。

重庆大学新闻学院教授郭小安认为，语言背后体现的是思维和认知，过去的文字表达需要调动个人的知识积累进行遣词造句。但现在不少年轻人迷恋短视频，习惯了用浅白的网络语言进行表达。在离开网络环境、需要进行规范化表达时，一些年轻人只剩下了干瘪的文字和磕绊的语言。

① 王志伟. 这些年轻人为何“词穷”[N]. 中国青年报，2024-02-27（007）.

【想一想】

1. 报道中提到的语言文字表达能力下降的问题，你也在经历吗？最困扰你的是哪方面的问题？

2. 你会在哪些场合使用到规范化表达？

3. 调查显示受访青年经常使用网络用语（31.1%），过于依赖表情包（22.8%），那么年轻人如此熟悉网络，是不是就意味着能写好新媒体文案？

【解析】

以上调查受访者中，“00 后”占 14.1%，“95 后”占 21.0%，“90 后”占 40.7%，“85 后”占 14.9%，“80 后”占 9.3%。学历为初中及以下的占 1.3%，高中 / 中职的占 8.8%，大专 / 高职的占 25.7%。

从数据看，“00 后”占比似乎不大，但从许多教师的切身体验来看，“00 后”表达能力下降的问题同样很严重，仅就事务文书来说，不少学生连基本的格式都未掌握。至于在何种场合、因何需要、就何主题、做何表达的写作能力就更欠缺了。而“90 后”和“95 后”步入职场已有一段时间，对规范性表达的需求更多，从数字上看，工作压力之下的焦虑感喷薄而出。

高等教育阶段的写作不同于基础教育阶段，如北京大学张静教授所言：“我们的中学语文教育，主要是一种文学欣赏和评析的模式，但是缺乏证明性写作的训练……大学的专业性写作重点不在个性、情节和人物特征的表达，而是以实证或阐释的方式，去认识人类活动显现的关系、行为、制度、过程和问题。”

结合学生未来的工作场景，从实用、广用、多用三个角度出发，证明性写作主要指两种写作：一个是事务文书写作，学生应掌握事务文书的基本格式和行文逻辑，以备一般的职业场景写作需要；另一个是新媒体平台的创意写作，它既服从通用的写作逻辑，也需适应当下新媒体时代的传播规律。二者对于提高自身职业竞争力具有重要价值。

一、什么是写作

写作是一项人类创造知识信息、建构自我生命意义的精神生产活动。

广义的写作是指这一精神生产行为，不仅包括以文字为载体的书面文章写作，还包括口头言语创作，如演讲、口头即兴创作诗文等，甚至包含音乐、美术、电影等创作。

狭义的写作是书面文章写作，指以文字符号为载体，表达一定信息或达成某一功能的书写行为。它既包括语言艺术形式作品，如诗歌、散文、小说、戏剧等文学写作，也包括交际往来的、具有现实功能的书面语言制品，如应用文写作。随着时代的发展，书面写作的版图还在扩展，囊括了新媒体写作等新形态。

总之，书面写作是作者运用书面语言符号将信息进行有序搭配或排列，形成一定的篇章结构的精神性劳动，篇章结构化是它的显著面貌。

【多元视角】

修辞三要素对写作的启发

古希腊哲学家亚里士多德在其著作《修辞学》中，提出影响说服力的三个基本要素——道德、情感、逻辑，这些要素被称为修辞学的“三一律”。

道德（Ethos）主要指信服力，情感（Pathos）主要指情感上的影响力，逻辑（Logos）主要指推理说服。

道德、情感和逻辑三个元素，不仅适用于口头表达和演讲，对写作同样有重要启发。合理分析并利用这三个元素可以构建有逻辑性、连贯性和说服力的文章，具体方法如下：

1. 建立作者可信度：在逻辑写作中，作者需要建立自己的专业性和可信度，可以通过引用专家意见、提供相关经验或背景信息等方式实现。

2. 引用权威来源：在文章中引用可靠的来源可以增加文章的可信度，例如研究报告、专业期刊、专家观点等。

3. 激发读者兴趣：可以在逻辑写作中使用生动的语言、引人入胜的案例或具体的故事，激发读者的兴趣。

4. 引发情感共鸣：在写作时适度加入情感元素可以增强读者对文章的情感投入。作者可以使用情感化的语言来引发读者的同情、愤怒、喜悦等情感反应，从而使读者更容易接受自己的观点。

5. 提供清晰的论证：写作的关键是提供清晰、有力的逻辑论证。作者需要确保文章中的论点有明确的结构、合理的论据和紧密的逻辑推理。

总的来说，道德、情感和逻辑这三个元素的平衡搭配，可以使文章更具说服力和吸引力。适度运用这些元素可以帮助作者与读者建立联系、引发情感共鸣，同时确保文章具有强大的逻辑基础。

二、写作的特征

写作与口语是人类语言交际的两种方式，相较于口语交际，写作具有以下突出特征。

1. 留有痕迹性

这是写作相对口语的最大优势。文章是以书面文字符号写成的作品，具有记载信息与思想的重要作用，尤其是这种记载下来的痕迹可以跨越时空，对人类精神文明的传承具有重大意义。它使得先辈的精神成果得以流传，为后人继承发扬，进一步创造新的文明成果。痕迹流传也让写作者即使在生物生命结束后，他的思想生命仍能不朽。

【多元视角】

创造一个文字的世界①

今天，人们逐渐抛弃了书写的习惯，它的地位已经被其他的传播媒体所取代。电话、录音机、电脑与传真机，在传送消息上都更有效率。如果书写的唯

① ［美］米哈里·契克森米哈赖.心流：最优体验心理学［M］.北京：中信出版社，2017：234-235.

一目标就是传递咨询，那么它就已注定了被时间淘汰的命运；但书写的主要功能乃是创造资讯，传递反倒在其次。过去，有学问的人用日记和私人信件把感受诉诸文字，给自己一个反省一天生活的机会。维多利亚时代的人有大量内容翔实的书信作品，可视为从纷乱的事务中厘清秩序的范例。我们写在日记或信件中的材料，在写下来以前都不存在。若非通过书写时思想缓慢而有机的成长过程，观念根本不可能出现。

……为写作而写作，不能说是浪费时间，最重要的是，它提供给心灵一种表达途径，让一个人用方便记忆的方式，记录事件与感受，以便在日后重温。它也是一种分析与了解体验的方法，一种建立体验秩序的自我沟通。

2. 间接创造性

写作用语言文字作为材料来构筑文章。写作者使用语言材料不仅是“写”，即记录信息，更重要的是“作”，也就是创作撰述出新的精神产品。声音、画面或者其他可感知的材料直接作用于人的感官，而语言文字媒介主要作用于人的心理与思维。只有当人对语言文字的词义、语法、修辞等具有一定的修养，才能够识别和理解写作者所要表达的意义。写作是一种间接作用于人的创造性活动。

3. 修辞策略性

写作在特定的时空环境下，针对特定的读者而写。为了达到表达思想和与读者交流对话的目的，写作的表达需有一定的策略性。语言媒介具有抽象符号性，为了增强所写文章的表达效果，便于读者理解或者留下深刻印象，写作必须使用修辞。写作作为一种创作活动，从某种意义上来说就是如何修饰言辞，使间接的语言符号更加形象鲜明，具有文采。好的文章在表情达意的同时还能文采斐然，产生审美效果。

三、写作行为的展开

写作是精神生产活动。无论是文学创意写作，还是职业应用写作，都必须对语言符号的基本面，即字、词、句、段、篇及其意义进行一系列的操作与控制。这一系列行为包括立意与定体、材料收集与整理、定调与行文、检查与修改。

1. 立意与定体

立意，就是在写作前要明确想要表达什么内容、传递什么观点、达到什么目的等。立意要鲜明、健康，符合社会发展的主流思潮和规律，顺应文章的中心思想。

定体是根据立意选定合适的体式来表达作者的意图。文学创作可自由选择文体，而职业应用文写作的文体一般由工作需要决定。写作者应遵循某一文体的格式规范，着重思考如何行文能达成目的。

2. 材料收集与整理

确定立意与文体后，写作者将围绕主题进行材料的收集、选择与整理。丰富多彩的现实世界是取之不竭、用之不尽的材料宝库。写作者可通过观察、采访、阅读以及网络等多种途径收集材料，虚构类作品对这些材料进行想象改编，非虚构类作品与应用文则根据需要进行材料的择取和整理。

3. 定调与行文

前期材料准备好后，写作者为整篇文章定下基调，尤其是文学写作，叙述上是客观现实的，还是主观浪漫的；情感上是快乐的，还是感伤的，思想上是鲜明直白的，还是含蓄深沉的，等等。应用文写作一般根据体式要求，基调是客观平实、简洁明确的，但在行文过程中也可根据实际需要适当修饰言辞。

行文是写作的实际过程。许多写作者也将这一行为过程戏称“码字”——通过对字词调度、选择、安放来建造文章大厦。写作者通过遣词造句，连句成段，谋篇布局，生成具有强大表现力的文章。这些词句段落在写作者的安排下形成一定语境，使得字词在基本意义的基础上传达出更丰富的扩展意义。

行文展开是对开头意义的不断延伸，之后的内容应建立在开头意义的基础上，沿着逻辑关系、事物发展顺序徐徐展开。以下是常见的行文展开方式：

（1）原因分析

在抛出开头的观点后，后面一般跟随着原因分析。说明性文章有时整篇都在剖析事物的原理，如《花儿为什么这样红？》，文章写作需要剖析花红的原因。

（2）背景阐述

背景阐述同样可以运用在段落写作的展开和整篇文章写作的展开上。如鉴赏某件艺术品或经典诗词时，为了让读者深度理解作品的意义，可以介绍作品创作者的人物和时代背景。

（3）功能解析

功能解析即对人物的历史意义、社会贡献作解释分析，对某事物的功能作用进行逐条展开说明。例如，在表达人工智能对人类社会的影响时，展开解析人工智能的各方面功能作用及对人类社会各个方面的影响。

（4）逐项列举

这一展开方式常常使用在应用文写作中，特别在提出建议、对策后，会逐条列举措施。例如，在调查报告中，针对调研发现的问题，接着提出改正措施。再如拟写计划、总结，给出计划或总结的要点后，将一条条列举事项步骤等。

（5）发展叙述

这一方式是对事物的生长发展过程进行展开叙述。可以按照一定的时空顺序来叙述人物的成长、故事情节的推进、事物的不断发展变化等。

（6）综合展开

对上述各种展开方法进行综合运用，以达成最好的表达效果。一般来说，应用文写作、文学创作的单段落、短篇作品多采用一种展开方式。而长篇大论或者文学虚构作品，一般采用综合展开的方式。

此外，还可以吸收联想、类比、比喻等，采用相似性、铺排性、类型化、形象化等方式展开对事物的描写。

4. 检查与修改

所谓“好文不厌百回改”，初稿完成后，写作者需要进行检查修改，包括字词是否准确、句子是否通顺、语序是否合乎逻辑等，如有必要还要调整和润色。修改往往要反复多次，有时是小修小补，有时则要大幅改动，甚至推倒重写。

检查修改对于文章写作至关重要。以应用文为例，反复检查修正，能够使得文章更加简洁明确。尤其是公务事务文书，具有公开性、正规性和指导性，更加容不得错漏。而文学创作，不断地检查修改能够使文章表达更加完善，在修辞上更加贴切，提升作品质量。

四、结构化写作

美国作家罗伯特·班德尔说："怎样思考在一定程度上决定了怎样写作。"写作行为从表层上看，是对文字符号的一系列操作和组合，但从深层看，则是人思维能力外显的结果。篇章结构化是书面佳作的显著面貌。中国古代文章有"起承转合"的说法，其本质也是运用结构技巧指导艺术创作。

（一）结构化写作的定义

世界上万事万物都有结构，服从部分组成整体的规律。所谓结构即是事物各个组成部分之间的有序搭配或排列。结构化写作中的"结构化"是一个形容词，强调各个组成部分之间的搭配和排列应是有序的。因此，结构化写作就是作者运用书面文字符号将信息进行有序搭配和排列，从而创作文章的一种精神劳动。

（二）结构化写作的特点与价值

结构化写作，不仅有利于作者的创作，也有利于读者的记忆和理解。读者阅读文章中的每一句话，寻找话与话之间的联系，以了解作者的观点。如果文章结构散乱，读者就要前前后后地找关系、反反复复地怀疑和思考。即便如此辛苦，也未必能准确领会作者的意图。倘若作者遵循结构化思维进行写作，文章就会呈现出较规整的结构，读者就可以沿着现成的结构路径来阅读和思考，轻松无碍地将文章读通读懂。读者读得通顺畅达、读得击节赞叹，就是对作者写作能力和思维能力最大的认可。

结构化写作的特点与价值体现在以下三个方面。

1. 有利于整体把握全局的逻辑结构

结构写作要求文章遵循先总后分、先框架后细节、先重要后次要、先结果后原因、先论点后论据的逻辑顺序。

例如，李斯的《谏逐客书》。首先，开门见山地表明观点："臣闻吏议逐客，窃以为过矣。"接着，从秦国的先君讲起，列举先君通过纳客使国家富强，与当今秦国逐客进行对比。接下来，秦王在生活方面，重视色乐珠玉，不计较产地，但对待人才，却坚持"非秦者去"，得出当今秦国用人、用物双重标准，以及重物轻人的结论。最后，从事理层面论证五帝三王之所以无敌，是因为"地无四方，民无异国"。结尾与开头相呼应，进一步论证只有纳客才能实现称霸的目的，逐客则将削弱自己，增强敌国，将秦国置于危险境地。

鲁迅在《汉文学史纲要》中评价李斯的《谏逐客书》为"秦之文章，李斯一人而已"。如此高的评价与此文高超的劝谏技巧、严谨的逻辑结构密不可分。下图以结构化思维中最重要的工具金字塔原理，呈现文章的组织结构。

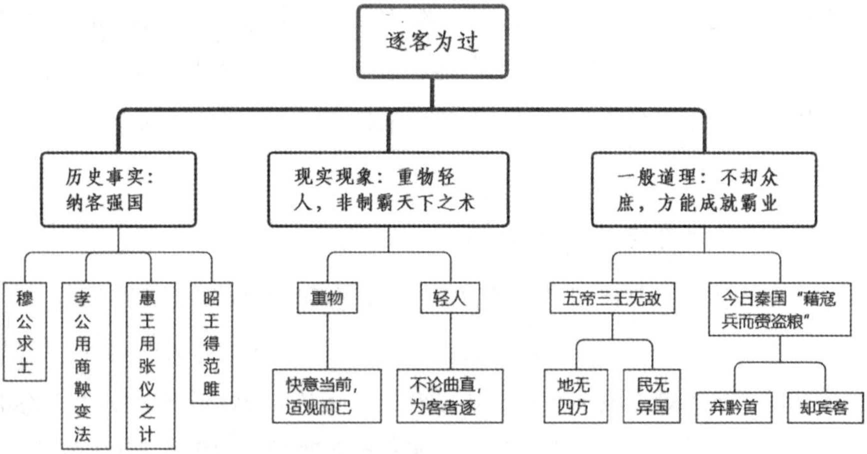

图 3-1 《谏逐客书》结构图

从上述例子可以看出，按照金字塔原理组织的文章，观点鲜明，结构完整，层次清楚，各要素排列有序。结构写作从整体上把握全局的逻辑结构，提升了写作者的表达效率。

2. 有利于判断信息是否统一和全面

结构化写作包含很多工具，其中金字塔结构是最常用、最具代表性的工具。以金字塔结构为例，思想以三种方式构建关系——向上、向下和横向。

向上和向下又称纵向关系，表现为文章中任一层次的思想必须是下一层次思想的概括，下一层次的思想是上一层次思想的分解。

横向关系，表现为每组中的思想必须属于同一逻辑范畴，并以某种逻辑顺序进行排列。这句话的意思是，如果某组思想中的第一个思想是做某件事的一个原因，那么该组中的其他思想则必须是做这件事的其他原因；如果某组中的第一个思想是某项过程的第一个步骤，那么该组中的其他思想则必须是同一过程中的其他步骤；如果某组中的第一个思想是某公司面临的一个问题，那么该组中的其他思想则必须是与之相关的其他问题。依此类推。

上文解析的《谏逐客书》一文，主体部分从横向关系来看，主要从历史、现实、事理三个方面展开论证，这三个方面彼此独立，且三点完整概括了“逐客为过”的核心思想，再无第四点的存在。这就被称为金字塔结构的 MECE 原则，即相互独立和完全穷尽。

写作者对历史、现实、事理中的任何一个进行逐级分析，可判断上下级观点是否统一，下级观点是否有效地证明了上级观点，以此检查文章是否有理有据。对所有元素进行横向分析，可判断观点是否归纳有误、是否还有其他观点可以补充，以此检查各个要素是否排布有序，判断文章内容是否全面。

3. 有利于提高理解和记忆的效率

结构写作还原了思想表达的层次性特征。金字塔结构中信息彼此关联的纵向联系和横向联系就是这一事实的体现。

通过纵向联系，文章形成一种疑问—回答式的对话，读者根据问—答的思路逐级理解作者给出的信息。具体来说，当读者读到某一观点时，自然而然地会产生“是什么”“为什么”“怎么做”等疑问。以“是什么”为例，如果作者采用结构化写作，文章将以“是什么”为上级疑问，那么下级就会对上级疑问做出回答，而这个回答作为新信息，可能又会使读者产生新的疑问，于是作者在下下级回答读者的新疑问，直到作者认为读者不会再对新的信息提出任何疑问为止。以此类推“为什么”和“怎么做”。

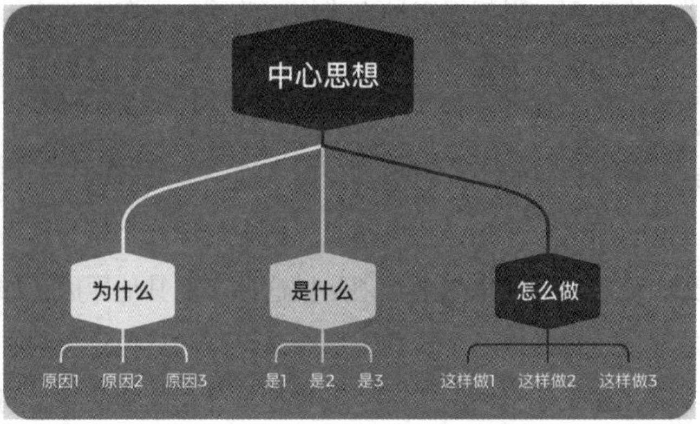

图 3-2 “疑问—回答”式结构图

不难看出，这样的疑问—回答式的纵向结构能够很好地引领读者的思路，减轻理解的负担，帮助读者更好地记忆和理解文章的内容。

【讨论】

你能列举体现结构化思维的文章实例吗？你所列举的文章体现了怎样的结构化特征？有人说结构化写作给人机械呆板的印象，你同意这样的观点吗？

（三）结构化写作的其他工具

1. 5W2H

5W2H 是 What-Why-When-Where-Who-How-How much 的首字母的简写。它是结构化写作的常用工具之一，以它为表达工具，能够较全面地囊括关键信息，可用于介绍概念、讲述事件、回溯案情和解决问题等多种场景。

以金字塔原理的概念为例。“金字塔原理是一种思考与表达的结构框架，它形似塔状结构，塔尖为总论点，塔身为分论点，塔基为分论点的论据，整个塔状结构的纵向呈统摄关系，横向呈逻辑递进关系。20 世纪 60 年代，芭芭拉·明托出版同名书籍推广这一概念，将其应用于组织思想、有序表达和解决问题，至今仍被奉为黄金法则。以金字塔原理组织思想和言辞，能够梳理乱序的信息，使信息呈现得逻辑清晰，条理分明，从而提高表达效率和理解效率。”金字塔原理的运用包含四个步骤。

表 3-1　“金字塔原理”概念的解析表

概念元素	概念描述
What 是什么	是结构框架，形似塔状结构……
When 何时	20 个世纪 60 年代……至今
Who 何人	芭芭拉·明托
Where 用在哪儿	用于组织思想、有序表达和解决问题
Why 为何用	能够梳理乱序的信息，将信息呈现得逻辑清晰，条理分明……
How 怎么用	运用包含四个步骤……

假设对学习者来说，这是一个未知概念。可以从表 3-1 中类似的 5W1H 入手，通过找到概念的关键要素，将其有序排列，再进行逐一阐述，搭建起概念“骨架”。学习者马上就会对概念产生整体认知，后续学习拆解每一要素，可得到更具体的知识。

5W2H 中的元素可以根据不同的场景和需要，进行删减，从而变化出 What-Why-How 从外向内思考模式、Why-How-What 从内向外思考模式，又称黄金圈法则等。例如，下图文本的内在结构就是 What-Why-How，通过这一结构由现状到症结再到方法，进行有条理、有针对性的论述，是典型的解决问题的思路。

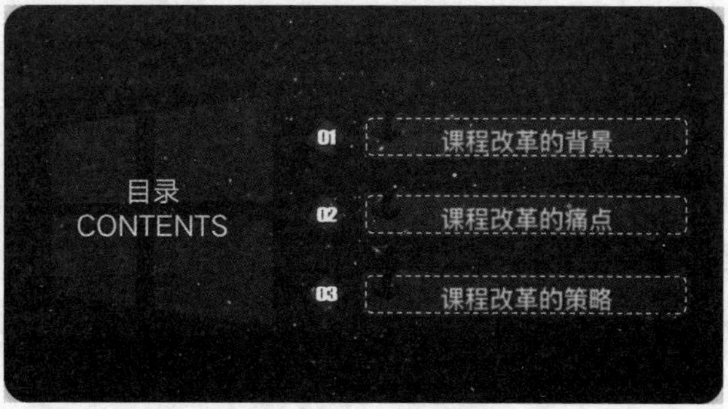

图 3-3　What-Why-How 结构示例图

2. SCQA

SCQA 是 Situation（情境）、Complication（冲突）、Question（疑问）、Answer（回答）的英文单词的首字母的组合，由《金字塔原理》的作者麦肯锡咨询顾问芭芭拉·明托提出。它是结构化写作的常用工具之一，以它为表达工具，能够基于场景、矛盾进行针对性的问答式写作，可用于讲述故事、概括现状、解决问题、提供方案等多种场景。它最常被用于序言部分的写作。

【例文】

一则广告文案[①]

在一座普通的居民楼，一位新住进来的小伙子一边哼着小曲，一边飞快地下楼。突然，楼梯的灯光灭了，因为是在晚上，楼道里顿时一片漆黑。小伙子不小心撞了什么东西，摔了一跤。

就在这时，他听到楼道里有开门的声音，由于什么也看不见，便问道："哪位？请问你有打火机或者手电筒吗？"对方回答说："没有"。当然，对方也看不见小伙子，就问道，你是不是要下楼？小伙子回答说是的。对方很友好地说："跟我走，小心点。"黑暗中，小伙子跟着对方，一步一步走到了楼下。打开楼门，外面的灯光照了进来。小伙子一边掸着身上的泥土，一边向对方致谢道："谢谢你。真是一分钟看不见都不行呀。"直到此刻，小伙子才发现对方竟然是个盲人，他瞬间呆住……广告语出现："学会看见。"

这是一则"印度盲人协会"的公益电视广告，它的故事完整，情节转折，情感动人。广告的文本篇幅比较短小，采用了 SCQA 结构的变体 CSA 式。C 是冲突，故事的一开始，因为停电，小伙子突然摔了一跤。S 是情境，故事的主体部分，邻居帮助小伙子一步步走出楼门。A 是答案，故事的结尾，小伙子借助灯光，发现助人者原来是一位盲人。故事结尾亮出观点：学会看见。文

① 孔繁任．故事化营销［M］．成都：四川人民出版社，2019：170.

本根据广告的情感起伏需要，将关键元素重排，创作了一个情节反转的动人故事。可见，结构化思维并不会使思维僵化，相反它能改善思维混乱、散漫的问题，运用恰当可生成多种多样的文本。

3. 结构图表

结构图表也是结构化写作的常用工具之一，以它为表达工具，能够梳理零散的信息，透过现象发现问题，透过问题发现规律，透过规律有效分析和表达。

【例文】

题目	发布平台	内容	形式	目标	价值	发文单位
花是自己，大地也是自己	微信公众号	女性的力量	文案	促销雪花秀	娱乐八卦、情感支持	企业
奶粉和牛奶，到底谁更好？	微信公众号	科普成分和营养	文案、图片	促销益生元奶粉	科普知识、养生干活	丁香医生 企业
问道成都	新浪看点	寻找师傅的故事	二次元、游戏闯关	宣传成都旅游、文化	动漫、蜀地文化	成都市文化广电旅游局
褚时健的坎坷一生	抖音	褚时健	视频	记录人物	讲故事、情感	个人
Strong	企业网站	奥运母亲	视频	品牌认同	情感支持、公益	宝洁
金箔：锻金为片，贵气无减	网站	金箔制造工艺	新闻	介绍、宣传品牌	工艺介绍	今日头条
丁真的世界	优酷	丁真和他的生活	视频	宣传理塘旅游	娱乐爱豆	甘孜文旅局
画眉大法！简单百搭	小红书	美妆教程	文案、图片	美妆教学	化妆知识	程十安个人
段誉比慕容复到底好在哪里	微信公众号	金庸小说	文案、图片	荣耀Magic5 Pro手机	文学评论、带货	个人
防水手机能够带来什么好处	新闻网	数码设备	新闻	销售产品	讲故事、带货	?
沙县小吃“过节”啦，这样的沙县你见过吗？	微博官媒	沙县小吃	新闻	宣传地方旅游、文化	娱乐历史	福建三明市文旅厅
黑色素原地解散！美白红黑榜	微信公众号	成分分析	文案、图片	成分评价	美肤科普、带货	美容大王和化学家　个人
南京金箔	抖音	金箔制造工艺	视频	金箔品牌带货	干货	个人
董宇辉直播	抖音	卖农产品	直播	卖玉米	情感、知识	东方甄选 企业

图 3–4　结构化图表示例

上图是工作和生活中最常见的结构化图表，可以用于收集、整理、择选写作材料，也可以用于归纳和总结写作者的观点、结论。上图以题目、平台、内容、形式、目标、价值、单位为区分要素，对众多新媒体文案进行收集和分析，得出一张特征明显、高度概括的图表，便于写作者了解全局。之后写作者，可对结构表进行二次整理，可以按照平台、形式、单位等高区分度要素，进行信息的重新排列，以得出相应的结论或规律。例如，以单位排列，可知新媒体主要的发文单位是个人、企业和政府机关。

除以上常用工具外，结构化写作还有其他工具，有待学习者在生活、学习和工作中发现。

【小结】

狭义的写作是人类通过对语言文字符号的操作组合，结构文章，表情达意，建构自身生命意义的精神性生产活动。写作可以分为文学艺术创作、工作实务写作和新媒体写作等类型。

与口头传达相比，写作具有留痕性、间接性、修辞策略性等特征，写作首先要立意定体，接着收集整理相关材料，然后定调行文，最后反复检查修改，直至定稿。

写作是结构化思维的呈现，学习者可以利用结构写作的常用工具，对所要探讨的问题进行界定，并利用纵向和横向的关联方法，对问题进行回答，并从不同维度展开论证。结构化思维不仅能用于写作，还可用于沟通和演讲，它能帮助使用者提升思考和表达的质量，从奔逸走向有序。

【练习】

1. 找一篇自己感兴趣的文章或影片，尝试用金字塔原理分析其结构，阐述内容是如何展开的。

2. 选择一个近期自己面临的问题，如考试、竞赛、求职、恋爱、旅游、健身等，尝试用金字塔结构呈现问题、成因及对策，绘制结构图。

第二节　工作实务写作

【情景导入】

小王是公司市场部的专员，最近他面临着一系列文书工作的挑战，简直觉得头都要炸开了。同事小陈注意到了小王的不安，便走过来询问。

小王叹了口气，回答道："最近要写作好几个文书，竟然每种文书的写法都不一样，我都不知道从哪儿下笔。简历好像还好写点儿，下载个模板套着写呗。但调研报告可太难了吧，光是数据就不知道从哪儿来，就不要说总结了，那么多事怎么放一块说啊？还有计划，计划不就是两句话的事吗？有必要写出来啊？对了，邀请函难道不是打印店制作的吗？"

小陈笑了笑说："你还真是不知道实务写作啊。首先，我得跟你说明白，网上的格式不见得对，也不见得好用。邀请函打印店可以打，但措辞要我们自己来写。其次，看起来这些工作用到的文种都不一样，但其实它们有共同的写作规律。不管写什么，你都要先明确写作的目的和受众。"

小王疑惑地问："然后呢？"

小陈继续解释："然后，要根据各种文书的特点和格式进行写作。比如，邀请函要正式而不失热情，工作计划要详细而逻辑清晰，总结要高度概括且突出重点，调研报告要基于数据和事实，简历则要突出你专长和经验……"

小王佩服道："哇，你真是经验丰富啊！"

小陈鼓励道："写作是个技术活，多看多学多写自然就有经验了。但最重要的还是思维和内容要清晰，这可是个长久功夫。"

【想一想】

1. 工作中有哪些常用文书？小王在写作时遇到了哪些困难？

2. 小陈给小王的写作建议，你都知道吗？能够用于实践吗？

3. 小陈为什么强调目的明确和受众分析的重要性？

【解析】

小王的遭遇凸显出实务写作技能在职场中的必要性。面对一系列文书工作，他不仅需要掌握通用的写作思维，还要知晓每一种文书的写作格式和特点。文书写作不仅体现个人的写作能力和思维水平，还影响到组织的信息传递和沟通效率。

小陈的建议来自日常工作的积累和特意的学习。他提到的明确写作目的、了解受众、思维和内容要清晰等写作原则，具有大方向上的指导性。而基于格式和特点进行写作，则需要学习者展开更加具体、针对性学习。当然仅仅通过学习理论和观看范文还不够，学习者必须亲自实践，在写作中不断地发现问题、纠正问题。由于实务写作一般基于具体而繁复的事项、安排等，写作者可有意识地将结构写作的技巧，如结论先行、逻辑呈现等用于其中，以使实务制文条理清楚，准确易读。

一、工作实务写作的特点和评价标准

工作实务文书是学生在学期间和未来职场工作所需的书面表达，它们常用、实用，是各个专业和工作领域通用的证明型文书。它既是各个岗位基本的工作内容，也是职场的表达工具。

工作实务文书既不同于一般的证明型写作，又与创作型写作有明显区别。通常，它有明确的、直接服务于某工作事项的写作主题，遵循一定的写作格式和规律，文字一般具有说明性和证明性。

言之有物、言之有序、言之有理是实务文书写作的三个评价标准。言之有物指主题明确、开门见山，主题为某工作事项或为达到某工作目的；言之有序指遵循相对固定的写作格式或约定俗成的写作惯例，注重内容间的逻辑关系、文字简练精确；言之有理指语言具有一定的说明性和证明性，主体部分是对开头主题的展开说明或渐次论证；言之有情一般不作为评价标准，但行文也要暗合道理、情理。总地来说，工作实务写作考验的是职场人的理性思维表达能力。

二、工作实务写作的常用类型和作用

工作实务写作一般包含行政公文、事务文书和个人事务文书。行政公文指

《国家行政机关公文处理办法》中所规定的文种，一般多在行政机关使用。事务文书为企事业单位、机关团体或者个人在处理工作时常用的而又不在法定公文范围内的实用文体。个人事务文书指服务于日常生活、学习、求职等的文种类型。

鉴于未来学生多以企、事业单位和社会团体就业为主，应突出事务文书写作，主要包括计划、总结、调研报告和邀请函。行政公文中的通知、个人事务文书中的简历因应用较多，也在学习之列。

通知是行政公文中使用最多的公文，用于发布和传达要求有关单位和部门周知的事项。

邀请函是企事业单位邀请有关单位和人员出席重要活动时所用的礼仪信函。

计划文书可以提高工作的自觉性和规划性，通过设定明确的目标和具体的行动分工、工作步骤，确保时间管理和资源分配的有效性。

总结文书用于回顾、分析和评估工作的表现与经验教训，以更好地指导后续工作的开展。

调研报告是依托现象调查，通过对所得信息进行分析、研究和总结而写成的报告性文书，可为行业发展、企业决策、职业规划等提供数据支持和经验参考。

简历是从学生身份向职业人身份转换过程中的“敲门”文书，它向潜在雇主展示自己的各种学业、实践经历和资格，能够体现求职者的能力、个性、成绩等个人基本情况，是以应聘和求职为目的的文书。

以上几类文书实用和常用，基本满足了学生在学和新人入职的写作需要。

三、通知的写作

（一）通知的概念

通知是党政机关、企事业单位使用最多的一种公文，主要用于向下级、平级或有关单位传达需要周知或执行的事项，包括但不限于规章制度、行政决策、活动安排、操作指南、紧急通讯或人事变动等。

（二）通知的特点

1. 广泛性

通知适用于多种场合和层级，是组织沟通中常用的文书类型。通知的使用范围广泛，既可由上级向下级传达，也可在平级部门之间使用。通知的文书内容广泛，从重大事件到具体工作，皆可以通知形式发布。

2. 告知性

无论发文方向向下还是递送平级，通知中都包含明确的需要周知或执行的页。如果是上级向下级发送，通常会要求接收者遵守或执行。这时的通知还有指导作用。如果向平级部门发送，通知一般起到告知作用。

3. 时效性

通知通常涉及即将发生的事件，或需要立即响应和执行的事项，发送和接收都不应拖延。有的通知，只在一定时间内有效，行文发文要及时。

（三）通知的分类

在公务文书的范畴内，通知作为一种常见的文种，根据其应用场景和内容特点，可被划分为多种类型，以满足不同行政管理和沟通的需求。以下是常见的通知类型。

1. 告知性通知

告知性通知即告知有关单位和个人某些应知事项的通知，可以是平行文，也可以是下行文。例如机构搬迁、撤销、业务变更、培训、放假等，起到广而告之的功能。

2. 指导性通知

指导性通知一般是上级向下级单位发送的公文，就某一工作事项做出具体的指示和布置，要求相关单位落实和执行，其内容虽不宜以命令行文，但带有较明显的指令性，行文要严肃庄重。

三、评估结果

评估结果将作为年度奖金分配、职位晋升及培训机会分配的重要依据。请积极参与并认真对待。

四、注意事项

1. 请各部门确保评估工作的公正性和透明度。

2. 如对评估流程有疑问，请及时与人力资源部联系。

3. 联系人：人力资源部李甜云

联系电话：010-12345678

邮箱：hr@company.com

附件:《员工绩效评估表》

人力资源部

2024 年 11 月 1 日

表 3-3 《关于 2024 年度员工绩效评估通知》结构性评析表

评价维度	评析内容
信息完整性	通知详尽地包含了绩效评估的关键信息，如时间、流程和意义，确保员工对评估有完整的理解
结构逻辑	清晰的结构和逻辑顺序使得通知内容条理化，便于员工跟踪和遵循评估流程
语言风格	用语正式，简明扼要
操作指导	正文含有明确的行动号召和具体的操作指南，使员工清楚知晓如何参与评估
附加信息	提供附件提示和详细的联系方式，方便员工获取更多信息，在有疑问时及时咨询

【练习】

假设你是校学生会主席。近期，学生会计划组织一次面向全校学生的“校园环保意识提升”活动。请你根据下述提示撰写一份通知，具体时间、地点、注意事项等请自拟。

内容包括：

1. 活动的目的和意义。

2. 活动的时间和地点。

3. 活动的主要流程，包括开幕式、主题讲座、环保作品展示和互动问答环节。

4. 鼓励全校学生积极参与，并说明参与方式。

5. 提供学生会的联系方式，以便学生咨询活动详情。

四、邀请函与请柬的写作

（一）邀请函与请柬的概念

邀请函、请柬用于向有关单位或人员提出参加会议、庆典、活动等邀约请求，是一种礼仪信函或信柬。邀请函的信息量比请柬大，适用范围更广。请柬比邀请函更典雅，上书装饰性元素，通常有精美的设计和印刷，多用于私人活动，如婚礼、晚宴和周年庆典等。

（二）邀请函与请柬的特点

1. 正式性

邀请函和请柬比口头邀约更正式，体现出邀请方的诚意和对受邀者的重视。

2. 礼仪性

邀请函和请柬的措辞较文雅别致，多使用谦辞和敬语，以表达尊敬和联络感情，具有礼仪性。

（三）邀请函与请柬的分类

1. 个人邀请函与请柬

通常用于邀请朋友、熟人参加非正式活动，如参加宴席、出席典礼等。

2. 事务邀请函与请柬

这类邀请函多用于事务场合，如邀请参会、学术活动、纪念会、座谈会等。措辞正式有礼，通常由事务举办方撰写并发出。

3. 商务活动邀请函与请柬

针对商务活动，如行业峰会、开业庆典、奠基仪式等。

（四）邀请函与请柬的基本结构和写作模板

1. 基本结构

邀请函和请柬的版式分为横式、直式两种，可根据书写内容、装饰元素进行选择。一般包括以下四个部分。

（1）标题

标题一般为“邀请函”“请柬”，位置在页面顶端，居中排列，标题字体通常与正文有所区别。也可根据活动内容定制标题，如“关于 ××××××× 活动的邀请函”。

（2）称谓

顶格写出被邀请对象的全称。如果是事务、公务邀请，受邀人姓名之后需跟随职务、职称。

（3）正文

①开场语（可选）：简短问候或引入语；

②活动介绍：如活动目的、意义、名称、性质等；

③活动细节：如内容、时间、地点等；

④必要的敬语：表达邀请的恳切和感谢，如“恭请出席”等。

（4）落款

落款写明邀请单位全称或邀请人的姓名、日期。如有必要，可提供联系人信息，以便被邀请者回复或咨询。

2. 写作模板

表 3–4　邀请函写作模板

结构框图	文字模板
标题 ↓ 称谓 ↓ 正文 1. 问候语、引入语 2. 活动介绍及细节 3. 邀请意图 ↓ 结语 ↓ 落款	**关于 ××××× 活动的邀请函** 尊敬的 ××× 女士 / 先生（受邀人称谓）： 　　×××××××××××，特诚邀您出席 ××××××××××× 庆祝活动，××××××××××××××××××××。（问候语、引入语） 　　一、活动主题 　　×××××××××××，××××××××××××××。（主题和内容） 　　二、活动时间及地点 　　时间：×××× 年 ×× 月 ×× 日（星期 ×）17：30–19：30。 　　地点：××××××××××××. 　　恭候光临！ 　　联系人：××× 　　联系电话：×××××××× 　　邮箱：××××××××××××× ××× 公司 ×××× 年 ×× 月 ×× 日

（五）邀请函与请柬的写作注意事项

1. 措辞恰当

语言措辞应与活动风格相适应，注意不要混淆谦辞、敬辞。

2. 信息准确

邀请函、请柬一经发出，很难撤回，要确保信息的完整和准确。

【知识链接】

常用谦辞与敬辞

1. 谦辞类

如鄙人、敝司、鄙见、愚见、敝校、拙作、舍下、小儿、薄礼、敢请、敢烦等。

2.敬辞类

如拜贺、奉赠、惠临、惠顾、惠允、高论、敬候、敬请、屈驾、雅正、呈请、光临、光顾、莅临等。

【例文辨析】

××公司2024年度产品发布会活动邀请函

尊敬的李莹女士：

我们诚挚地邀请您参加我公司即将举办的“2024年度产品发布会”。

本次发布会将于2024年5月25日（星期六）下午14：30在长河路国际会议中心隆重举行。届时将展出一系列创新产品，并分享行业最新的发展趋势。诚邀您拔冗出席。

活动流程如下：

14：00—14：30嘉宾签到及交流

14：30—14：45公司领导致辞

14：45—15：45产品展示与体验

15：45—17：00行业发展趋势分享会

请柬背面附参会回执，敬请您于5月20日前确认出席意向，感谢您通过电话或电子邮件与我们联系。

衷心期待着您的光临！

××××公司

2024年4月30日

*********** 参会回执 *********

姓名：

职位：

公司/机构：

联系电话：

电子邮件：

是否出席：是□　否□

请于 5 月 20 日前通过以下方式确认：

联系人：张经理

电话：010–12345678

邮箱：contact@company.com

表 3–5　《××公司 2024 年度产品发布会活动邀请函》结构性评析表

评价维度	评析内容
内容完整性	邀请函包含了必要信息，如活动名称、时间、地点、议程、联系方式和回执，确保受邀者能够全面获得决策信息
格式与结构	邀请函格式清楚，包括称谓、正文、结尾敬语、落款和回执，信息排列有序，便于阅读
语言与风格	措辞正式、礼貌，体现出对受邀者的尊重。正文表达简洁明了，无冗长句、复杂句，易于理解

【练习】

下面是刚入职的实习生李雷代表公司写作的一封请柬，请从结构、格式、内容、语言、礼仪等方面，评改这封请柬。

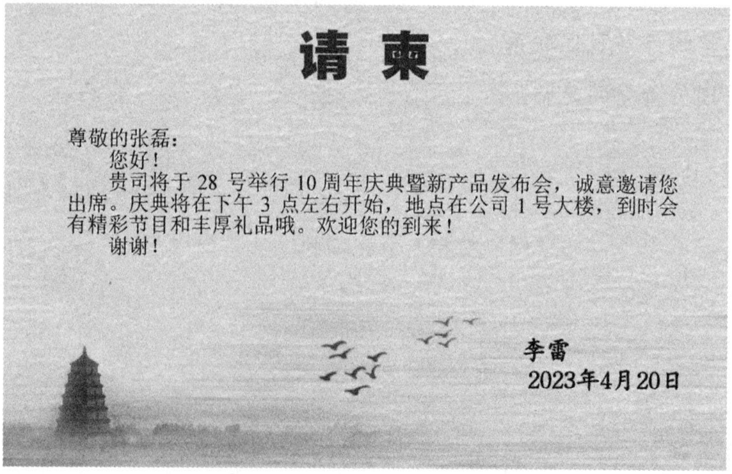
请柬

尊敬的张磊：

您好！

贵司将于 28 号举行 10 周年庆典暨新产品发布会，诚意邀请您出席。庆典将在下午 3 点左右开始，地点在公司 1 号大楼，到时会有精彩节目和丰厚礼品哦。欢迎您的到来！

谢谢！

李雷

2023年4月20日

图 3–5　请柬示例图

【讨论】

随着信息技术的飞速发展，传统的邀请函和请柬的形式正在发生变化。电子请柬、短信邀请、社交媒体邀请等新形式兴起。请思考并讨论以下问题：

1. 电子邀请函、请柬与传统样式相比，在哪些方面发生了变化？这些变化对邀请者和受邀者有何影响？

2. 电子请柬和传统请柬在写作、功能、场景及用户体验上，各有哪些优势与不足？

五、计划的写作

（一）计划的概念

计划是指围绕某一活动或事项写作的带有预测性和可执行性的文书，包含工作或学习目标、时间进度、资源分配、任务分解等关键要素。计划旨在为项目、企业、团队或个人提供清晰的行动指南，以确保工作有方向、有步骤地开展，使任务如期如规完成。计划是组织和管理工作的关键步骤，能够提高学习或工作的可控性和可行性。

（二）计划的特点

1. 预测性

计划是对未来的工作或实践做出的设想和安排，具有一定的预测性。

2. 指导性

计划的目标对未来工作和实践具有指导性，因此定位要合理，太高难以实现指导价值，太低又不具备指导高度。

3. 可执行性

计划有助于明确工作的目标和期望结果，实现计划目标需要制定具体的事项和可执行的措施。要明确和细化各项任务的起讫时间、具体内容、步骤、要求等，以便执行时对照落实、督查有据。

（三）计划的种类

在实际工作中，针对不同的事项和场景，有不同的计划类型。每种计划都有其特点和适用范围，以下是计划的几种常见分类。

1. 以时间范围为依据

计划可以根据时间范围分为不同类型，包括年度计划、季度计划、月度计划、周计划和日计划等。这些计划以不同的时间段为划分依据，用于规划和管理各种某一时间段内的活动。

2. 以事务领域为依据

不同领域和部门可能需要特定类型的计划。例如，市场营销计划、销售计划、财务计划、生产计划、学习计划等，都是根据特定行业或特定领域的需求而制订的计划。

3. 以事项目标或目的为导向

计划可以根据其目标和目的进行分类，包括项目计划、个人发展计划、紧急应急计划、创业计划等。每种计划类型都有特定的目标和关注点。

4. 以工作性质为依据

计划也可以根据工作性质进行分类，如研究计划、培训计划、发展计划、生产计划等。这些计划适用于不同种类的工作任务和活动。

5. 以管理级别为依据

在组织或团体中，不同层次的管理者可能需要不同类型的计划。高级管理层可能制订战略计划，中层管理者制定项目计划和团队计划，员工需要制订个人计划。

6. 以特定事件为依据

有些计划是为应对特定事件或情况而制订的，如灾难恢复计划、紧急应急计划等，旨在应对紧急和突发状况。

（四）计划的基本结构和模板

计划一般由标题、正文和落款三个主要部分构成。

1. 基本结构

（1）标题

计划的标题拟定是写作的第一步，选择何种标题取决于计划的内容、性质和受众。标题应凝练清晰，能够传达计划的核心内容。一般计划的标题有三种写法。

①描述性标题

这种标题直接说明计划的内容、时间和发布部分。例如，“2023 年华东区市场营销计划”“2024 年第三季度党课学习计划”“旅游管理学院 2023—2024 学年第 2 学期教学计划”。信息直观凝练，受众一眼可知计划的大概内容。

②目标性标题

这种标题强调计划的目标和期望的结果。例如，“提高客户满意度计划”“降低员工流失率的计划”“期末评优评先计划”，突出计划的目标。

③创意性标题

此种标题常常采用引人注目的方式创意地概括计划。例如，“突破天际线：旅游市场扩张计划”“生产的魔法：效率提升计划”“学海无涯：专转本备考计划”等，此类标题不仅包括计划的内容，还带有明显的激励意愿。

需要注意的是，如果计划中的有关事宜尚未确定，标题中应括注“待议稿”“讨论稿”“征求意见稿”等字样，避免在传阅和传达过程中造成误解。

（2）正文

计划的正文是计划写作的主体内容。一般包含目标任务、措施和步骤。如某一阶段内的工作任务、工作办法、负责人、具体事项、几个步骤、实施进度等。这些内容较琐碎，也容易遗漏。写作时可运用结构化思维工具中的 5W1H 或 5W2H，将琐碎信息整理为有序，使阅读者更容易理解和记忆。

What（是什么），即项目或活动目标，放在正文的开头。之后一般是 Why

为什么，即制订计划的原因或价值阐述。How（怎么做），即措施，一般还会细分为具体的内容、方法或实施步骤。之后是 Who（参与者或负责人），通常要与具体的内容、方法或步骤关联起来。When（时间阶段或节点），可以单独列出，或者与具体的内容或步骤关联。Where（地点），可以单独列出或与具体的内容关联。有时还会出现 How much（做到什么程度、花费），如预期的成本和资源需求。

写作时，既可遵循以上顺序，也可根据需要对顺序进行调整。

5W2H（What—Why—When—Where—Who—How—How much）工具确保关键信息无遗漏、有秩序、可执行地组织和传达。总结如下：

①明确目标（做什么？ What）：需要明确阐述计划的主要目标和目的，确保读者清楚计划的意图。

②价值阐述（为什么？ Why）：多使用“本计划用于”“旨在”“目的是”“其意义在于”等措辞。有时并不单独出现，可能被涵盖进目标或目的里。

③时间安排（何时做、时间节点？ When）：明确写出时间线和起讫日期，以确保任务按时推进和完成。

④地点安排（在哪、何种场合？ Where）：明确写出实施地点、所需空间或开展场合。

⑤人员安排（谁来做、谁负责、对象是谁？ Who）：明确写出参与人、负责人或实施对象，确保计划的落实到人。

⑥详细任务或措施（怎么做？ How）：这是计划写作的重点环节，应尽可能细化具体任务、活动、方案或实施办法、步骤等。有时还包含风险管控，如潜在风险和解决方案等。

⑦实施程度、预算（程度、资源、指标？ How much）：如预算分配、资源需求、评估指标等。

一般目标、时间、措施是计划的必备要素，其他为可选要素。计划的写作既要清晰可落地，又要避免冗长。行文使用简单扼要的语言，便于读者理解。关键信息的排序需遵循规范制式和逻辑顺序。计划应划分清晰的段落，也可以安排小标题，以帮助读者快速浏览和定位所需信息。

（3）结尾

计划的结尾可以说明计划的执行要求。有的计划没有专门的结语。计划一般有落款，位置在正文结束后右下方，包括日期和签名。

2. 写作模板

表 3–6　计划写作模板

结构框图	文字模板
标题 ↓	×××（活动 / 项目 / 公司名称）×× 年度（时间） ××（内容或目标）计划
目标 ↓	×××××××××，××××××××××××××××××××××××××。为此，特制订工作计划如下。（What、Why） 一、工作目标（What 的分解） 1. ×××××××××××××××××××××。 2. ×××××××××××××××××××××。 3. ×××××××××××××××××××××。
措施 ↓	二、工作措施（How 的分解、How much） 1. ×××××××××××××××××××××。 2. ×××××××××××××××××××××。 3. ×××××××××××××××××××××。
步骤 ↓	三、工作步骤和落实（When、Where、Who） 1. ×××××××××××××××××××××。 2. ×××××××××××××××××××××。 3. ×××××××××××××××××××××。
落款	××× 部门 / 公司 ×××× 年 ×× 月 ×× 日

（五）计划写作的注意事项

1. 目标与实施要关联

计划一般指向某一任务或事项，通过将其分解为更小的、可管理的子任务或活动，有助于更好地梳理工作内容、组织工作开展，并确保每个工作环节都能得到合理的关注。

2. 关键要素清楚明确

如目标、子任务、实施步骤、时间地点人物等，只要出现在计划中，都要确保明确不含糊。

3. 要有问题解决意识

有时，计划还要考虑所需的资源，如人力、资金、设备和材料等，以及可能出现的问题和挑战。写作时，需要体现出对资源分配、问题解决的思考，或者提供方案。

【多元视角】

结构化思维工具 SMART

计划的目标定位要合理，而合理性可以根据 SMART 工具进行检查和评估。

S 是 specific 首字母，表示具体，检查目标和任务是否具体、明确。

M 是 measurable 首字母，表示可衡量，检查任务、指标或评价标准是否量化。

A 是 achievable 的首字母，表示可执行、可实现的，检查目标或任务是否可实现。

R 是 relevant 的首字母，表示相关性，检查任务与目标是否相关、匹配。

T 是 time-based 的首字母，表示时限，检查起止时间是否清楚。

【资源推荐】

Xmind App

下面的 SMART 图来自 Xmind App，这是它设计的模板，可以用于工作、生活和学习计划，该表分区明确、要素齐全、有总结、有改进，非常实用。Xmind 这个 App 功能强大、模板资源丰富、更新速度快，不仅实用而且很美观。善用各种表格可对自我进行结构化管理，从而提高工作和学习效率。其基本功能免费、高级功能收费。学习者可以根据需要选择性地使用。

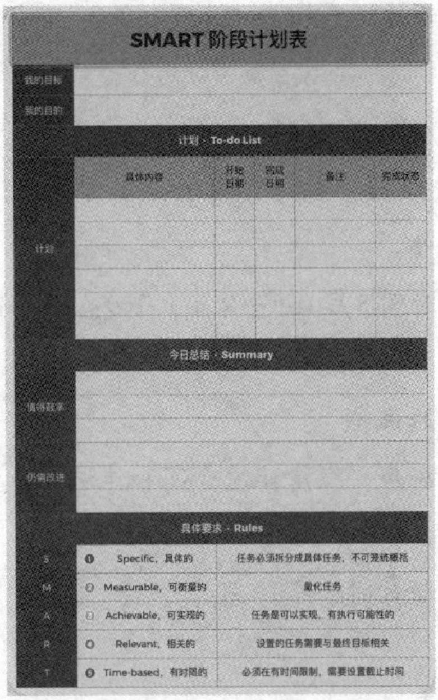

图 3–6　Xmind App 中的 smart 计划表截图

【例文辨析】

市博物馆 2023 年“非遗进校园”活动计划

一、活动名称：非遗进校园 匠心巧传承

二、活动目的：通过将非物质文化遗产项目引入学校课堂，让学生近距离感受和了解传统文化，并通过切身实践，深入体会工匠精神，增强文化自信和传承意识。

三、活动时间：2023 年 5 月 15 日至 5 月 20 日

四、活动地点：市第一中学

五、活动对象：市第一中学全体学生及教师

六、活动内容

1. 举办非遗项目展览

在学校图书馆设立非遗展览区，展出各类非遗项目图片和实物。

负责人张晓丽，活动时间5月15—17日上午9：30—11：30、下午14：00—15：30。

2. 开设流动非遗工作坊

邀请非遗传承人进校园，在体育馆举办工作坊，让学生亲手体验非遗技艺，如编织、剪纸、面塑。

负责人陈晨，活动时间5月16—18日上午9：30—11：30，下午14：00—15：30。

3. 举办非遗文化主题讲座

在报告厅举办系列讲座，邀请非遗专家和传承人分享非遗的历史、意义及保护工作。

负责人王小红，活动时间5月19日上午10：00—11：30，下午14：00—15：30。

4. 设立校园非遗主题日

设立非遗主题日，活动包括传统服饰体验、传统游戏体验、非遗美食体验，感受非遗文化的魅力，活动地点在体育馆。

负责人张妮兰，活动时间5月20日上午9：30—11：30，下午14：00—16：30。

七、资源需求

1. 非遗展品和资料；

2. 非遗传承人及专家；

3. 工作坊材料、学生用工具包；

4. 宣传材料制作与分发。

八、预期效果

1. 增强学生对非遗文化的认识和兴趣；

2. 提升学生参与文化传承的主动性和能力；

3. 形成校园内外对非遗保护的共识和行动。

九、活动评估

活动结束后，通过问卷调查、学生作品展示和教师反馈，评估活动效果，总结经验，为未来类似活动提供参考。

市博物馆非遗部

2023 年 3 月 1 日

表 3–7　《市博物馆 2023 年“非遗进校园”活动计划》结构分析表

评价维度	评析内容
标题	采用描述性标题，时间、地点、活动内容明确
活动名称	名称写作具有一定创意和吸引力，准确传达了活动的核心内容和目标，融入了“匠心巧传承”的元素，体现了活动的教育意义
活动目的	目的明确，既强调了文化传承的重要性，也突出了培养学生文化自信和实践能力的意图
活动时间	时间段明确列出，在具体活动内容中也列出了每一活动的具体开展时间
活动地点	活动的大地点市第一中学和具体地点均明确列出
活动对象	写明活动对象，确保活动的针对性
活动内容	活动内容的写作具有条理性，分为展览、工作坊、讲座和主题日，每一内容下还有具体事项和安排。每一活动写明了负责人，以便随时联络或处理突发情况
资源需求	资源需求写作简明扼要，有助于活动筹备和执行
预期效果	预期效果是计划实施想要达到的高度，写作包含了知识层面的提升，也包括行动层面的改变
活动评估	为了评估预期效果是否达到，并为今后改进提供依据，写作了活动评估的方法，以全面了解活动效果

这是一份活动计划写作，有标题、有正文、无结尾、有落款。标题准确概括了计划的内容。正文包含了活动目标、意义、地点与场所，工作内容包含了具体事项、责任人、具体地点。由于是活动计划，它还列出了资源保障，以使工作人员在推进活动中注意资源到位。写作不仅遵守了计划的一般格式，包含了关键要素，还结合此次计划的类型和目的，灵活地增加了预期效果和活动评估。计划不仅能成为此次活动的指导，也为后续活动开展打下基础。

此外，活动项目从各个角度开展，完全体现出活动的主题“非遗进校园”，每一项目下还有子项目，组织结构清楚、归纳分组合理。

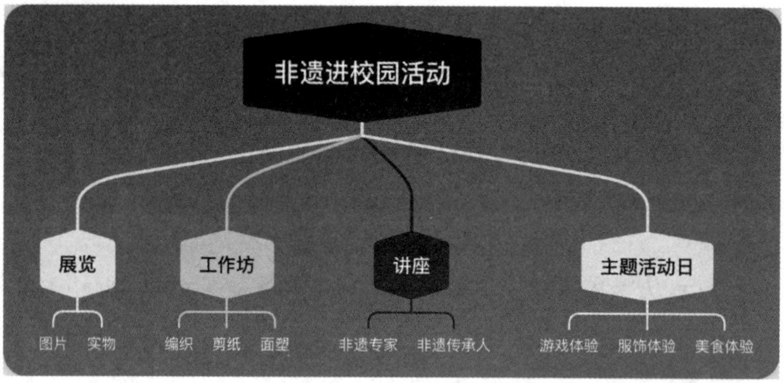

图 3–7 《市博物馆 2023 年“非遗进校园”活动计划》金字塔结构图

【练习】

具体步骤和内容安排是计划写作的重点。如果这一部分条理分明，计划就能更好地被理解、记忆和落实。请以减肥为计划目标，具体方案的关键词已经给出，按照上图的结构，将关键词填充进分支主题和子主题中。使用金字塔结构让你写作思路更清晰。

待填充关键词：糖、运动、有氧、蛋白质、拉伸、恢复、消耗卡路里、碳水、脂肪。

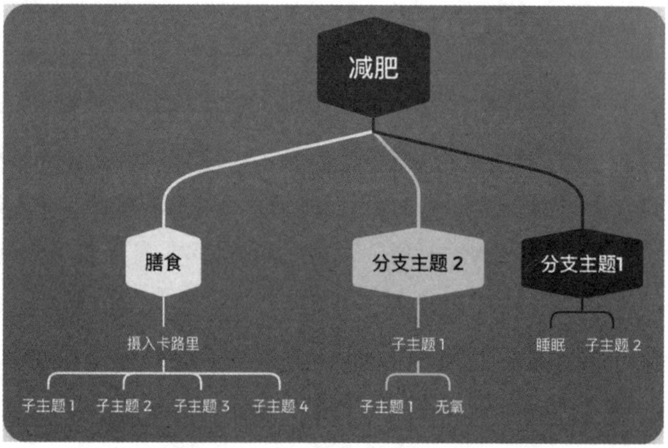

图 3–8 减肥计划金字塔结构图

六、总结的写作

（一）总结的概念

总结文书是个人或组织就某段时间内的工作或学习进行的文字性回顾和分析，通过梳理得失，以得出经验、教训和改进建议等。总结有助于个人或组织客观冷静地分析和评价过去，为未来的决策和行动提供参考，提高个人或组织的效能。

（二）总结的特点

1. 客观性

总结是对过去一段时间工作、实践的记录和评析，这些工作是真实存在的，事件是切实发生的，不应有弄虚作假的成分，偏颇、错误的基础无法得出有效的结论。

2. 典型性

在实践基础上的总结具有一定的理论高度和启发意义，它通过对过去事件、数字、现象等进行梳理，使之归纳为类、有序排列，从零散走向系统，能够从中得出突出的、本质的、规律性的认识，可以为未来的工作开展提供经验。

3. 证明性

总结是典型的证明型写作，需要用真实、典型的实践或活动证明它在每段开头提出的小结论，这些小结论又在证明着总结论。内部材料的组织逻辑应该是以上同下、以下论上的关系。

【复习】

请复习沟通章的言辞要素、演讲章的演讲稿写作、PPT 制作等节的金字塔原理。

（三）总结的种类

1. 根据内容和目的分类

有工作总结、信息总结、项目总结、学习总结、述职总结、科研总结等。例如，信息总结是对文本、文章或报告等信息内容的简明概括，通常用于提供重要事实、数据或观点的快速浏览。再如，项目总结是对项目的目标、进展、成果和教训进行总结，通常用于项目汇报和评估。

2. 根据时间范围分类

有年度总结、季度、月度、周、日总结以及阶段性总结。例如，企业年度总结是对一整年的活动、成就和发展进行的总结。再如，季度运动总结是对一个季度的运动情况进行梳理和总结，记录、分析运动项目和时长，评估身体各项指标和数据，以规划下一阶段的运动。

3. 根据受众分类

有内部总结和外部总结。内部总结是为组织内部人员编写的总结，通常关注工作、项目和内部流程。外部总结是为了针对外部受众，如客户、合作伙伴、投资者或公众而写作的总结，通常关注产品、服务或市场。

4. 根据性质分类

包括全面总结和专题总结。全面总结是对一定时间内，组织或部门的各方面工作进行的综合性分析和总结，它展现出工作的全貌，内容包含基本情况、实施过程、成果、不足、经验和教训等方面。如《××学院2023年工作总结》，通常这类总结文字量较大，内容全面，重点突出，具有概括性高度。而专题总结是就某一方面的工作进行的总结，内容集中，针对性强，如××社区禁止电瓶车入户集中治理工作的总结。

5. 按照专业领域分类

如商业总结、科学总结、教育总结等，具体举例如，商业总结用于总结企业活动、市场分析、财务状况和战略计划，以支持业务决策。

再如，教育总结用于学生的学术作业或教育报告，总结学习成果和教育经验。

除上述常见的分类依据外，还有根据内容复杂性分类为简要总结和详细总结；根据语言分类为技术性总结和通用性总结；根据形式分类为图形总结和文字总结；等等。不同的分类标准可以帮助确定何种类型的总结最适合某一情境。

（四）总结的基本结构和模板

1. 基本结构

（1）标题

简要概括总结的主题或内容，以引起读者的兴趣。

（2）引言（可选）

简要介绍总结的主题，提供背景信息并点明总结的目的和重要性。引言应作为过渡，自然引导读者进入总结的正文部分。

（3）正文

正文部分应列出主要要点、关键信息或重要观点。这些要点应按照时间顺序、空间顺序、重要性顺序或事物发展顺序的逻辑进行排列。

（4）支撑信息或细节（可选）

在需要进一步解释或支持主要要点时，可以提供相关的细节、数据、例子等，确保这些信息能够直接支持并丰富主要要点。

（5）结论或总结

一般位于总结靠后的位置，应对前面的要点和关键信息进行汇总，给出总结或结论。

（6）建议或展望（可选）

如有必要，可以提出合理的改进措施或建议，便于后续工作的开展。

（7）结束语（可选）

一般位于最后，可用一句或一段话作为结束语，以强调总结的重要性或发起鼓励、号召。

（8）附录或参考资料（可选）

如果需要提供数据来源、引用或支持材料，可以在文档末尾以附录或参考资料的形式呈现。

（9）落款

总结的落款应包括总结者姓名与日期。落款一般在文末右下角，也可以放在标题下面。

在总结写作的实践中，可以根据目标和受众，适当调整总结的格式和内容，以满足特定需求。

2. 写作模板

表 3–8　总结写作模板

结构框图	文字模板
标题	×××（个人 / 部门 / 公司名称）×× 年（时间）工作总结
↓ 引言	×××× 年是本人 ×××××××××× 等各项工作取得明显收获的一年。在过去的一年中，我围绕 ××××××××，做出了努力和探索，在 ××××××××××××××××，×××××××××× 方面有了经验和体会。 （概述一年的工作整体情况和大致表现）
↓ 正文 ↓	一、×××××××××× 1. ×××××××××××××××××××××。 2. ×××××××××××××××××××××。 3. ×××××××××××××××××××××。 （基本做法，要点汇总） 二、×××××××××× 1. ×××××××××××××××××××××。 2. ×××××××××××××××××××××。 3. ×××××××××××××××××××××。 （基本做法，主要成绩） 三、×××××××××× 1. ×××××××××××××××××××××。 2. ×××××××××××××××××××××。 3. ×××××××××××××××××××××。 （基本做法，问题反思或改进措施）
结论 ↓	四、×××××××××××××（总结和结论） 五、×××××××××××××（努力方向）
落款	××× ×××× 年 ×× 月 ×× 日

（五）总结写作的注意事项

1. 内容精练

写总结时，应确保突出显示最重要的观点、事实和数据，让读者一目了然，避免在总结中重复表达相同的信息或观点，保持信息紧凑。行文上要点面结合，详略得当，有叙有议。

2. 结构清晰

总结的可选内容较多，但基本内容应该包括标题、引言、正文和结论。总结中的要点应按照逻辑关系进行有序排列，以确保论述的条理清晰。

3. 准确客观

总结是对过去实践的一种回顾和高度概括，要保持实事求是的态度，不可夸大成绩或遮掩问题，所用的信息和数据应真实和准确。

【例文辨析】

××学院2023年度工作总结

根据××大学××学院第二届二次教职工大会的议程要求，现将××学院2023年度工作情况从六个方面进行总结。

一、课程开设规范有序

××院牢固树立××课建设是学院第一要务的导向，按照国家确定的最新课程方案，开齐开足四课“××××”“××××”“××××”“××××”。四门××课均按照国家文件要求落实到专业人才培养方案，并统一使用最新版的教材。

此外，在课程开设上还重视三项工作。

1. 加强课程的标准和规范建设

“××××”“××××”“××××”等课程的课程标准、教学说明都已修订完善。课程的规范性得到有效提升。

2. 开好讲好“××××”课程

有效落实××院委【2022】44号文《关于印发〈××××课程开设推进方案〉的通知》，将该课程的开设作为课程建设首要任务，将该课程的学习和集体备课作为重点工作。成立××××教研室，制定课程标准，本学期高质量完成首轮开课工作。

3. 逐步完善课程群

××院对人才培养方案中的××课程架构进行调整，“4+N”课程群架构日趋完善。除已经开设的四门必修课程外，还开设“××××”等公选课，并积极筹备文旅特色课程的开设工作，以限选课形式在研学旅行和导游专业开设。从而形成必修课、限选课、公选课兼具的较为完善的×××课程体系。

二、课堂教学扎实开展

1. 开展“334”模式的集体备课

按照“六个要”“八个相统一”要求，将推进××课改革创新作为重要抓手，把集体备课作为提高课堂教学质量的首要环节。采取“分散与集中”的原则，即各教研室集体备课与学院集体备课相结合。采取“334”备课模式，聚焦“三课”，即聚焦说课、评课、磨课；健全“三讲”，即新教师试讲、备课教师说课、骨干教师讲课；强化“四备”，即备教材、备教法、备学生、备设计。坚持每周集体备课，集中研讨、发挥集体智慧创新教学方法、研究教学策略。通过集体备课，提升了教师对教学规律的认识和把握，教学水平有了显著提升，1名××课教师被教育厅推荐参加第三届全国高校××课教学展示。

2. 坚持教学教法创新

……

3. 加强听课评课

……

三、实践教学特色初显

实践教学是××课的必要组成、重要环节和有效延伸。××院立足××

课程特点，设计出体现课程教学内容、体现价值导向的实践教学项目，落实实践教学学分。依托××××等实践教育基地，积极推进文旅特色“行走课堂”实践教学活动，探索“一体四翼”的实践教学模式，“一体”即将××小课堂和社会大课堂融为一体，“四翼”则是从知、情、意、行四个角度出发开展的四种实践教学形式。

1.“现场沉浸式教学”

……

2.“社区嵌入式调查”

……

3.“校企互动式教研”

……

4.“过程体验式展示”

……

四、资源建设持续推进

优秀的教学资源有利于推动课程的建设，有利于落实立德树人根本任务。××院围绕“打造、开发、共建”的建设思路，持续推进××课程教学资源建设。

1. 打造资源平台，夯实资源基础

持续完善课程资源库的建设工作，各门课程均建设有文本类、视频类教学资源。在搜集整理网络优秀资源的同时，积极打造原创资源。如微课资源方面，本年度完成“××××”微课程、“××××”微课，及“××××”实录微课建设。值得一提的是在资源建设中，教师指导学生团队结合文旅行业实际拍摄制作“××××”等授课视频，获教育部大学生讲××课比赛二等奖。目前，资源库包括微课资源65个，其他各类教学资源150个。

2. 开发红旅课程，助力资源融合

……

3. 推动“三联共建”，促进资源互通

一是加强校内联动，促进 ×× 资源和 ×× 资源的双向流动……

二是加强校际联动，推动 ×× 资源和 ×× 资源的纵向贯通……

三是加强校企联动，实现 ×× 资源和 ×× 资源的横向融通……

五、教师培训注重实效

×× 院每学期开展 1 次教师培训，培训注重“三能”。

1. 重视业务技能

……

2. 重视行业知能

……

3. 重视教师德能

……

六、不足

过去的一年，在完成各项工作的同时，也存在不足：

首先，创新意识有待加强……

其次，内涵建设亟待提升……

再次，管理水平仍需提高……

总之，即将过去的 2023 年有突破……，也有不足……，×× 学院将继往开来……

×× 学院

2023 年 ×× 月 ×× 日

【评析】

这篇年终工作总结有五个突出优点：结构完整、逻辑清晰、细节扎实、成果突出、言简意明。

结构完整：包含总结应具备的基本要素，标题、引言、正文（成果与不足）、结束语（总结与展望）、落款。

逻辑清晰：作为说明性和证明性文书，这篇总结的行文逻辑清晰，“一、

二、三、”为一级论点，从各角度对全年工作高度概括；“1.2.3.”为二级论点，是一级论点的具体举措；“一是、二是、三是、”是三级论点，对二级论点继续深入阐述和论证；横向上，各个观点分明、归纳有序；纵向上，层层展开，论证深入。文书结构规整漂亮。阅读者能跟随叙述的徐徐展开，充分而深入地了解过去一年该部门的工作内容、工作重点、工作方法和工作成果。

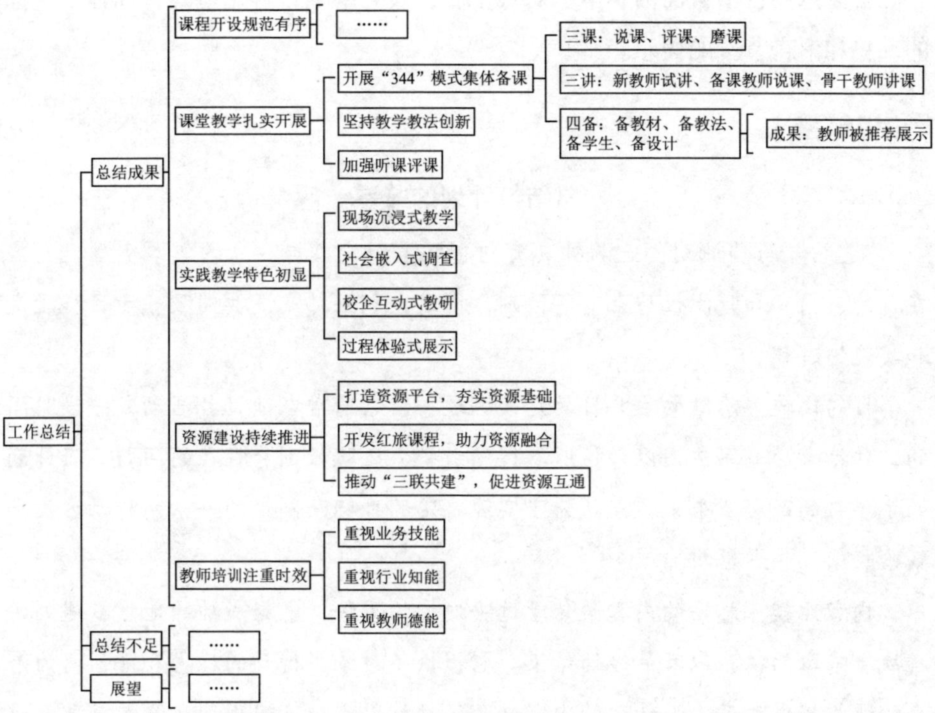

图 3–9 《× × 学院 2023 年度工作总结》结构分解图

细节扎实：总结用到了较多概括性的大词，但并无内容泛泛、描述泛泛的问题。原因在于充分给出了解释和例证。各三级论点下有具体的方法、扎实的数据、真实的例子，作为论据以说明上级论点。例如：如微课资源方面，本年度完成“××××”微课程、“××××”微课，及“××××”实录微课建设。值得一提的是在资源建设中，教师指导学生团队结合文旅行业实际拍摄制作“××××”等授课视频，获教育部大学生讲××课比赛二等奖。目前，资源库包括微课资源 65 个，其他各类教学资源 150 个。

成果突出：成果梳理是年终总结的重要部分。这篇总结的成果梳理没有单独列出，而是融合进工作步骤和方法中，它以论证材料的形式出现，很好地支撑了上级结论，将成果与做法相关联，也有利于经验的总结。

言简意明：语言简洁利落、对称整齐，表意准确，善用短句，加强了论证的气势和语言节奏的美感。

【知识链接】

总结与计划的关系

“总结”与“计划”是两种具有内在联系但又各自独立的文本类型，它们在目的、内容和时间性质上有所区别，同时也相互补充，共同服务于目标设定和实现的过程。

目的比较：总结的主要目的是回顾过去，它通常在项目、活动或一段时间的工作结束后编写，用以评估所取得的成果、经验教训和存在的问题。而计划的主要目的是展望未来，它是为了实现特定的目标而制定的一系列行动方案和策略。

内容比较：总结的内容聚焦于过去发生的事件，包括成功的地方、遇到的挑战、采取的措施以及最终的结果。它提供了对过去行动的反思和评估，为未来的决策提供参考。而计划的内容包含了目标设定、策略规划、资源分配、时间安排和风险评估等。它详细说明了为达成目标所需采取的步骤和方法，以及如何有效地利用资源和应对可能的挑战。

时间性质比较：总结是回顾性的，它关注的是已经发生的事情，是对过去经验的整理和概括。而计划是前瞻性的，它关注的是将要发生的事情，是基于当前情况和未来预期的行动指南。

总结与计划之间的关系体现在它们相互补充和衔接的特点上。总结为计划提供了基础，通过对过去的反思和评估，可以识别出强项和弱点，从而在制订计划时做出更明智的决策。同时，计划又是总结的延伸，它将总结中的经验和教训转化为具体的行动计划，以实现改进和提升。

在实践中，总结和计划常常成对出现，例如在年度报告中，总结过去一年的工作成果，紧接着制订下一年度的工作计划。这种相互关联的过程有助于组织和个人不断学习和成长，实现持续的改进和发展。总结提供了历史的视角，而计划则描绘了未来的蓝图，两者结合在一起，为实现目标提供了完整的路径和方法。

七、调研报告的写作

（一）调研报告的概念

调研报告是以某一事物或问题为研究对象，通过深入细致的调查走访，对所得信息进行系统性梳理、综合性分析和深入性研究后写作的报告性文书。

（二）调研报告的特点

1. 真实性

调研报告以系统性的方式搜集和整合相关信息，如数据、事实、背景资料等，其观察结论建立在信息真实、可信的基础上。

2. 系统性

调研报告是说明型和证明型文书，结论的推理过程必不可少，但其支持信息并不需要事无巨细地展现出来，而是要以概括性、本质性的方式框架式样的呈现。

3. 针对性

调研报告要经历前期大量资料的收集、中期细致的研究梳理、后期文字量较大的写作，如此“兴师动众”一般要解决某些重要问题和回应迫切需求，因此具有很强的针对性。写作要有问题导向意识，通过对现象梳理和分析，找出问题的症结，以提出可行对策。

（三）调研报告的分类

在不同的应用领域和情境下，不同种类的调研报告有着各自的适用范围和作用。根据研究的主体内容，调研报告可分为以下几类。

1. 市场调研报告

分析市场的营销情况和经济现象，如市场规模、增长趋势、竞争格局、消费者需求等，帮助企业参与竞争、指导产品开发与推广，如市场需求、竞争对手、市场价格、市场消费行为并形成调查报告，产品调研报告，客户满意度调查报告等。此类报告一般会提出建议。

2. 政策和法规分析报告

解读和研究政府的政策、法规和法律，对企业合规性和风险管理具有重要意义。如“中国企业境外投资法律法规政策汇编及分析”“2023 年中国及 31 省市新能源汽车行业政策汇总及解读”。

3. 科研与学术研究报告

研究报告是描述科学实验、调查或研究成果的书面文书。用于向相关团体或个人展示研究的过程、方法和结果，受众主要是非学术专业人士和决策者。如“2022 中国社会心态研究报告”。注意，研究报告里一般不包括学术论文。

4. 社会问题调查报告

研究社会问题、民意调查等，通常用于政策制定、社会改进和决策参考。此类报告一般基于某个问题进行深入调查，如“产业结构调整和优化调查研究”、“当代社会变迁中消费文化兴起问题调查研究”等。

调研报告还可根据调查目的来分类，如揭示问题型调研报告，就某个问题调查后形成的报告；综合型调研报告，报告具有调查对象众多、调查全面系统的特性；理论研究型调研报告，以科学研究为目的，被学术刊物、论著收录的调研文章；探讨型调研报告，为预测、制定政策等而进行的探讨性调查研究；总结经验型调研报告，目的在于通过研究典型案例或成功经验以推广示范的调研报告。

（四）调研报告的基本结构和模板

1. 基本结构

（1）标题或封面

包括报告标题、作者名称、日期等基本信息，通常具有专业的外观设计。

（2）目录（可选）

列出报告的各个部分和章节的标题及页码，方便读者查找信息。

（3）导言

简明扼要地总结报告的主要内容、调查背景、目的、调查方法和主要发现。

（4）主体

①基本情况

展示归纳后的资料数据，说明调查对象的过去和当前情况。

②分析

呈现对数据、资料的分析过程，如调查资料数据是如何取得、归纳和分析的，为了更好地支撑结论，写作时可使用表格、图像、图标等可视化工具；呈现研究发现的问题，如问题的背景、解释、趋势等。

基本情况和分析也可以放在一起，边介绍情况边开展分析。

③结论、建议或对策

研究得出的结论、结论的应用；针对分析或问题提出的建议和对策。

（5）结尾

总结研究的主要发现，强调研究的重要性和实际意义。

（6）参考文献（可选）

列出引用的文献、数据来源和资料，按照特定引用风格，如 APA、MLA 等格式排列。

（7）附录（可选）

如额外信息、数据、调查问卷或其他支持性文件，通常放在报告的最后。

不同类型的调研报告可以根据其写作的目的、受众和内容调整格式。

2. 写作模板

表 3–9　调研报告写作模板

结构框图	文字模板
标题 ↓ 导言 ↓ 主体 基本情况 ↓ 数据分析 结果 ↓ 对策 建议 ↓ 结尾	×××××× 调研报告 ××××××××××××××××××××××××××××××××。 （导言：简述调研的主题、目的等，给读者一个大概框架。） 一、×××××××××× 1. ××××××××××××××××××××。 2. ××××××××××××××××××××。 3. ××××××××××××××××××××。 （介绍调研对象及基本情况，并指明调研方法） 二、×××××××××× 1. ××××××××××××××××××××。 2. ××××××××××××××××××××。 3. ××××××××××××××××××××。 …… （列出调研相关数据，并指出数据来源或数据的计算方式，在此基础上，分析、归纳数据的结果） 三、×××××××××× 1. ××××××××××××××××××××。 2. ××××××××××××××××××××。 3. ××××××××××××××××××××。 …… （总结调研结果，提出有针对性的对策或措施） 四、×××××××××× ×× （结尾：点明调研主题及调研结果，总结调研反映出的问题、风险等，并概述全文观点。） ××××年××月××日

（五）调研报告写作的注意事项

为确保调研报告的可读性和实用性，使其在有效传达调研结果的基础上能够清晰地抒发见解、给出建议，在写作调研报告时需要特别注意以下事项。

1. 明确目标和受众

在撰写报告之前，要明确报告的目标和受众。了解报告的读者是谁、他们关心什么，从而选择合适的写作格式和行文风格。

2. 清晰的结构

确保报告有清晰的结构，包括导言、内容、数据、方法、分析、结论等部分。可以通过标题和子标题，有逻辑、有组织地呈现信息，以便读者能够快速识别关键要点、关键要点的下级要点和论证举例。

3. 数据可视化

必要时可使用图表、表格和图像来使数据可视化，减轻阅读者的理解负担，提升理解准确度。注意图表标签、标题、数据等互相对照、清晰可见。

【复习】

请复习演讲章的 PPT 制作一节中有关数据、图片等可视化工具的教学内容。

4. 适度引用

如果报告中使用了他人的研究或数据，需标注引用并列出参考文献。

5. 时效与隐私

调研报告在一定程度上具有时效性，写作时要核验报告的信息和数据是最新的调查结果。如果写作周期较长，应注意及时更新数据。如果报告中包含敏感信息，应采取适当的措施保护重要数据和隐私信息。

【例文辨析】

爱尔兰生物医药产业调研报告[①]

20 世纪 60 年代，爱尔兰医药行业初见雏形，经过 60 多年的发展，目前

① 驻爱尔兰大使馆经济商务处.爱尔兰生物医药产业调研报告.中华人民共和国商务部.（2023，Oct 9）. http://ie.mofcom.gov.cn/article/ztdy/202310/20231003444912.shtml.

以基础医药产品及制剂为主的制药产业已成为爱尔兰最大的支柱产业，行业产值占工业生产总值的40%以上。近十年来，爱尔兰成功吸引全球排名前十的跨国制药公司落户，投资超过100亿欧元，形成了大规模的制药产业群，药品成为爱尔兰最大单一出口产品，2020年爱尔兰成为全球第三大药品出口国。

一、爱尔兰生物医药产业概况

根据爱尔兰中央统计局（CSO）数据，2021年，基础医药产品及制剂的产值为581亿欧元，占工业总产值的43.6%，如果加上与制药产业相关的化学品产业（产值151亿欧元），两个产业产值约占当年工业总产值的55%。生物医药行业从业人员约6万人。受新冠疫情期间海外需求拉动，2020、2021两年爱药品出口额均超过600亿欧元，达到创纪录的621亿欧元和626亿欧元，占出口总额近40%，占全球药品出口总额近10%，成为全球第三大药品出口国。欧盟统计局数据显示，2022年，爱尔兰药品出口额为420亿欧元，是欧盟第三大药品出口国。

根据爱尔兰健康产品监管局（HPRA）的数据，爱尔兰目前有139家制药企业，形成都柏林和科克两大产业集群，同时在斯莱戈、沃特福德和梅奥等周边也分布一些小型的产业集群。全球排名前十的制药公司，包括诺华（Novartis）、艾伯维（AbbVie）、杨森（Janssen）、辉瑞（Pfizer）、赛诺菲（Sanofi）、礼来（Lilly）、阿斯利康（AstraZeneca）、默沙东（MSD）、百时美施贵宝（Bristol Myers Squibb）和武田（Takeda）等均在爱尔兰设有生产基地。

爱尔兰政府积极鼓励生物医药产业发展，除创造良好的营商环境，利用税收优惠，大力吸引大型跨国公司在爱尔兰投资医药产业，还大力扶持本地医药企业，鼓励其从事新药研究、开发，为大型企业提供技术支持、配套服务等。爱本地企业一般规模不大，但创新能力较强，跨国公司通过收购本地企业获得新技术，两者互为补充，协同发展。

二、爱尔兰生物医药产业成功的主要原因

爱尔兰能够吸引全球大型跨国制药公司在此设立生产基地，使自身医药产业不断发展壮大，除了其与美国的历史渊源以及作为欧盟成员，使其生产的药品可以无障碍进入美国和欧盟单一市场外，更有赖于爱尔兰政府为生物医药产业创造的良好发展环境，吸引制药行业跨国公司的投资聚集，形成与当地中小企业紧密合作的生态系统。

（一）营商环境方面

爱尔兰将生物医药科技的发展看作未来工业发展的关键，集中各种资源不遗余力发展生物医药产业。为吸引外国投资，爱尔兰政府专门设立了投资发展局（IDA），为引进的外资企业提供选址、融资、研发创新、人才等配套服务。

爱尔兰目前的企业所得税税率为 12.5%，是发达国家中最低的。尽管按照 OECD 全球最低税率协议，爱尔兰拟从明年开始对年营业额超过 7.5 亿欧元的公司按照 15% 税率征收公司税，但税率水平仍是发达国家中较低的；为鼓励企业增加研发投入，爱尔兰政府实施了研发支出的 25% 可抵免公司税的政策；企业在知识产权转让、侵权赔偿、特许使用、专利产品等方面产生的收入可享受 6.25% 的所得税率（即知识发展盒计划），这些税收优惠政策是吸引外来投资的重要因素。

对于生物医药产业，得到全球普遍认可、稳定的监管环境是跨国制药企业选择在爱尔兰投资的重要因素。HPRA 是爱尔兰药品、医疗设备、兽药、化妆品等产品的监管机构，负责向在爱尔兰制造、分销和销售药品的公司颁发许可证，以确保其遵守相关标准和法规。HPRA 与美国食品药品监督管理局（FDA）和欧洲药品管理局（EMA）均有紧密的合作关系，爱尔兰 139 家制药企业中有 50 家获得了 FDA 认证，可以向美国出口药品。爱尔兰企业在 FDA 和 EMA 均有良好的合规记录。

（二）研发创新环境方面

研发创新是生物制药行业生存和发展的基础。爱尔兰政府通过科学基金会（SFI）、投资发展局（IDA）、贸易与科技局（EI）、高等教育局（HEA）等政府机构推动产学研合作，促进制药产业与研究机构建立密切的合作关系，这些政府机构既为一些选定的研究项目直接提供资金，也引导制药企业投资相关研究项目，促进了研究成果的商业化。根据爱尔兰继续教育和高等教育、研究、创新和科学部数据，近十年来，用于研发的公共和私人支出总额大幅增加，从

2011年的26亿欧元增加到2020年的46亿欧元，研究总支出的增加主要是由企业支出增长推动的，从2011年的18亿欧元增长到2020年的34亿欧元。

SFI每年拨出上亿欧元预算，用以资助癌症、自身免疫性疾病和阿尔茨海默病等疾病的基础生物制药研究。IDA对合资格的探索性和可行性研究提供直接的财政支持。爱尔兰政府设立的颠覆性技术创新基金（DTIF）旨在资助在爱尔兰国际企业、爱尔兰本土企业、高等教育机构和研究中心之间合作推进的颠覆性创新。根据2020年SFI年度报告，爱尔兰的全球科学排名为第十二位，在与生物制药相关学科的研究方面均处于全球领先地位，免疫学位列全球第二，药理学和毒理学位列全球第三位，神经科学位列全球第四位。

爱尔兰拥有强大的国家科研生态系统，健康和医疗技术是爱尔兰政府优先研发投资领域之一，全国有多个从事生命科学、生物技术、医疗、材料等领域的研究中心和研究所，科克大学、利默里克大学等均建立了药物研究中心，这些研究机构除获得政府机构提供的资金，许多制药企业也会向其相关项目进行投资。例如，利默里克大学药品制造技术中心为制药行业提供技术解决方案的相关项目除获得EI提供的研究资金，还吸引部分爱尔兰中小企业和跨国制药公司成为其会员企业，并促进这些企业在其研究项目中合作。大量的资金投入和产学研的紧密合作促进了爱尔兰生物医药产业的蓬勃发展。

（三）高素质的人力资源

生物制药业属于先进制造业的范畴，要求从业人员具有较高的教育水平和相对熟练的操作技能。爱尔兰政府致力培养生物制药方面的高素质人才，建立了大批生物技术方面的国际研究机构和大学研究机构，从事生物技术的开发和生产，为制药公司提供了充裕的人才库。2011年，在都柏林大学、圣三一大学、都柏林城市大学和斯莱戈理工学院共同开发的创新型合作项目德基础上，IDA牵头设立了爱尔兰国家生物工艺研究及培训学院（NIBRT），这是一家集生物医药加工培训和研究于一体的世界级机构，致力于携手企业打造先进的国际化生物加工项目，并与高等教育机构合作提供全面的培训计划和研究设备。正是由NIBRT串联的政府、大学、企业联盟，为爱尔兰打造了产学研一体化的“人才闭环”优势，NIBRT 每年为 4000 多人提供相关行业培训，多年来为制药企业输送了大量优质劳动力。

由于爱尔兰是欧盟成员国，在爱尔兰经营的公司有机会利用欧盟超过 2.4 亿人的劳动力资源，爱尔兰政府还为非欧盟居民的技术专家提供便利，协助其获得工作许可和居留权。

三、中爱生物医药合作情况

根据全球贸易观察（GTF）统计数据，2022 年，爱尔兰对中国的药品出口额近 15 亿美元，约占爱尔兰药品出口额的 2%，在爱尔兰主要药品出口目的地中排第 10 位；爱尔兰从中国进口药品 9510 万美元，占爱尔兰药品进口额的 0.8%。尽管爱尔兰从中国进口药品金额较低，但爱尔兰从中国进口的有机化学品金额高达 48 亿美元，占爱尔兰有机化学品进口额的 25.5%，是爱尔兰有机化学品第二大进口来源国。

2018 年，中国民营企业无锡药明生物投资 3.25 亿欧元，在爱尔兰邓多克市建立了该公司第一个海外生产基地，而且是世界上最大的合同制造一次性生物制剂生产设施。一年后，药明生物子公司药明康德又在同一园区投资 2.4 亿美元建设了疫苗生产设施。这家中国制药企业之所以选择爱尔兰，正是基于其优越的地理位置以及当地制药企业聚集的良好生态系统。

疫情期间，特别是今年以来，国内有关医药企业表示有意愿在爱投资，并开展了相关咨询和前期论证，爱尔兰驻华大使馆及 IDA 驻华代表处也已将生物医药作为其重点推动的产业。

这是一份来源于中华人民共和国驻爱尔兰大使馆经济商务处的报告文件，作为一份权威的官方调研报告，这篇调研报告通过全面的数据支持、深入的分析、清晰的结构和扎实的内容，对爱尔兰生物医药产业以及中爱在相关领域的合作做了清晰、透彻的阐述。报告具有以下优点：

1. 数据分析翔实

报告广泛引用了官方数据和权威机构的统计，提供了充分的数据支持，并通过深入分析，揭示了爱尔兰生物医药产业的成功因素和发展趋势。

2. 措施解读到位

报告详细解读了爱尔兰政府在税收优惠、研发支持和人才培养等方面的政策措施，展示了政府如何创造有利的营商环境和创新生态系统，促进产业发展。

3. 国际视角前瞻

报告不仅关注国内产业发展，还强调了国际合作的重要性，特别是中爱之间的合作案例和前景，体现了报告的国际视角和前瞻性。

4. 语言规范、结构清晰

报告使用了规范的学术语言和专业术语，使得报告内容专业且易于同行评审和交流。报告按照逻辑顺序组织内容，分为产业概况、成功原因分析、中爱合作情况等部分，使得读者容易理解和跟进。

【资源推荐】

优质的数据获取平台

（一）权威数据平台

1. 中华人民共和国国家统计局

https://www.stats.gov.cn/

国家统计局官方网站，提供各种社会经济数据，按月度、季度、年度、地区、部门、行业等分类进行数据查询。除了提供数据外，还有数据解读模块可以看到专家学者对特定数据的分析解读。

2. 中华人民共和国商务部

http://www.mofcom.gov.cn/

国家商务部官方网站，提供各种贸易数据，可以快速查询获取进出口的相关数据以及各行业的发展报告。

3. 中国国家调查数据库

http://www.cnsda.org

中国国家调查数据库（缩写为 CNSDA）是受中国国家自然科学基金重点项目资助的、由中国人民大学中国调查与数据中心负责执行的经济与社会数据共享平台。

此外还有中国信通院、国家知识产权局、中国互联网络信息中心等。

（二）咨询公司、研究机构、研究院报告

尼尔森数据（零售研究）、洞见研报（行业研究领域）、镝数聚（垂直行业数据和报告）、199IT（互联网数据中心）、发现报告（行业、公司、宏观报告）、校果研究院（校园大学生、年轻人研究）、奥维云网（消费类电子数据）、收视率排行（综艺、电视剧收视数据）等，阿里研究院、36 氪研究院、腾讯研究院。

以上有收费平台，请谨慎使用。

【知识链接】

调研报告与总结的区别

“调研报告”与“总结”是两种不同的文本类型，它们在目的、内容、结构和使用场合上都有所区别。

调研报告

目的：调研报告通常是为了呈现一项特定研究的结果，这项研究可能是基于某个问题、现象或者项目的需求。

内容：调研报告包含了研究背景、研究方法、数据收集、结果分析以及可能的建议或结论。它通常包括对研究对象的深入描述、对数据的详细解读和对研究结果的严谨论证。

结构：调研报告的结构相对固定，通常包括摘要、导言、研究方法、结果、讨论、结论和建议等部分。这种结构有助于清晰地传达研究发现，并使读者易于理解。

使用场合：调研报告广泛应用于学术研究、市场分析、政策制定和商业决策等领域。它们为决策者提供依据，帮助他们理解复杂问题并制定策略。

总结

目的：总结的目的是简洁地回顾和概括一段时间内的工作、活动或项目的主要成果和经验。它旨在为读者提供一个快速的信息概览，而不是深入的细节。

内容：总结通常包括关键事件、成果、问题和建议的概述。它侧重于提炼核心信息，省略了详细的数据和分析过程。

结构：总结的结构较为灵活，可以根据需要调整。它通常较短，可能只包含几个段落或几个要点，按照时间顺序或重要性排列。

使用场合：总结适用于项目结束、会议、工作报告或任何需要快速传达信息的场合。它们帮助人们快速把握情况，为后续讨论或决策提供基础。

总地来说，调研报告是一种详尽的、结构化的文档，旨在深入探讨和分析一个特定的研究主题，而总结则是一种简洁的、高度概括的文本，用于快速传达主要信息和成果。调研报告更侧重于提供证据和分析，而总结则侧重于提炼和回顾关键点。两者都是有效沟通的重要组成部分，但选择使用哪一种取决于传递信息的需求和目的。

八、求职简历的写作

（一）简历的概念及作用

求职简历，又称履历表。它是求职者为了向潜在雇主介绍学习经历、实践或工作经历、过往成绩业绩等的求职文书。

简历的主要作用是使招聘方能够快速了解求职者的学业、职业背景、潜在价值和优势特长，以评估求职者是否匹配某一工作岗位。简历的核心作用有以下几点。

1. 自我推介

简历是求职者向雇主介绍自己、展示个人能力和职业资质的重要工具。

2. 筛选甄别

对于雇主而言，简历是一种有效的筛选工具，帮助其识别和挑选符合职位要求的候选人。

3. 沟通桥梁

简历搭建了求职者与潜在雇主之间的沟通桥梁，为双方的进一步交流和面试做铺垫。

撰写简历时，应确保内容真实、表述准确其有针对性。排版兼顾职业性与美观性。简历写作的成败在于是否能反映出求职者的核心竞争力，促使雇主采取进一步的招聘行动。

【讨论】

如果你是公司的HR，在筛选求职者的应聘简历时，你会重点审阅简历中的哪些信息？为什么？

（二）求职简历的特点

1. 目的性

简历的写作意图十分明确，就是要匹配工作岗位、获得面试机会，因此内容应突出针对性，重点写作与所申请职位相关的经验和能力。

2. 简洁性

简历文字应当简洁明了，避免冗长和非必要信息，以便雇主能一下抓住重点。

3. 真实性

简历中的所有信息必须客观真实，随意编造、夸大事实、虚假陈述都可能在后续的面试环节或背景调查中被揭露，会给求职者带来信誉危机和难以预料的后果。

（三）求职简历的基本结构和模板

1. 基本结构

（1）标题

标题一般为简历、求职简历或者 ×××（姓名）简历，标题宜简洁明了，不必过多修饰。

（2）正文

①基本信息

包含姓名、性别、出生年月、最后毕业院校、专业、学位、毕业时间、政治面貌、照片等。

②教育背景

包括从高中到最高学历的就读院校、专业、学位、时间，如有必要可以加入主修科目和亮眼成绩，排列顺序一般为倒序排列。

③实践经历

这是简历的重点写作部分。可以分列两块，校内实践和校外实践。校内实践应突出专业、行业实践，或与职业相关的、有一定重量的校园经历；社会实践经历，指在各种实习中承担的工作。经历部分应突出具体的职责和取得的成就，使用时间倒序排列，以便雇主优先看到最近的实践经历。

注意此段的撰写不要随便堆砌，要遴选对求职有帮助的经历，如重要的、有一定难度的、取得了成绩的或者显著提升能力的各种经历。经历不要造假，未来面试时这段很可能会被提问。

④获奖及证书

获奖名称、级别或名次，一般倒序排列。荣誉与奖项多展示学术或职业领域的成绩。必要证书，如英语、计算机等级证书，职业技能证书，如会计师证、导游证、建造师证等。可提供证书复印件作为附件。

⑤特长及兴趣

凡特长、兴趣、性格都应与岗位相关、有助。

⑥求职意向

简要表明对哪些工作内容或岗位有兴趣。

⑦联系方式

电话号码、邮箱号、微信或 QQ 号等。

2. 写作模板

表 3–10　简历写作模板

<table>
<tr><th>结构框图</th><th>文字模板</th></tr>
<tr><td>标题
↓
正文
（基本信息；联系方式；求职意向；教育背景；实践经历；证书；获奖；自我评价；等等）</td><td>
个人简历
<table>
<tr><td rowspan="5">照片</td><td>姓名</td><td></td><td>性别</td><td></td><td>政治面貌</td><td></td></tr>
<tr><td>民族</td><td></td><td>年龄</td><td></td><td>婚姻</td><td></td></tr>
<tr><td>健康状况</td><td></td><td>身高</td><td></td><td>体重</td><td></td></tr>
<tr><td>籍贯</td><td colspan="3"></td><td>现所在地</td><td></td></tr>
<tr><td>联系电话</td><td colspan="3"></td><td>邮　箱</td><td></td></tr>
<tr><td>求职意向</td><td colspan="6"></td></tr>
<tr><td>爱好特长</td><td colspan="6"></td></tr>
<tr><td rowspan="4">学习经历</td><td>起止年月</td><td>学校名称</td><td colspan="3">专业/课程</td><td>备注</td></tr>
<tr><td></td><td></td><td colspan="3"></td><td></td></tr>
<tr><td></td><td></td><td colspan="3"></td><td></td></tr>
<tr><td></td><td></td><td colspan="3"></td><td></td></tr>
<tr><td rowspan="6">工作经历</td><td>起止年月</td><td>工作单位</td><td colspan="2">工作内容及职务</td><td>离职原因</td><td>备 注</td></tr>
<tr><td></td><td></td><td colspan="2"></td><td></td><td></td></tr>
<tr><td></td><td></td><td colspan="2"></td><td></td><td></td></tr>
<tr><td></td><td></td><td colspan="2"></td><td></td><td></td></tr>
<tr><td></td><td></td><td colspan="2"></td><td></td><td></td></tr>
<tr><td></td><td></td><td colspan="2"></td><td></td><td></td></tr>
<tr><td>语言水平</td><td colspan="6"></td></tr>
<tr><td>计算机水平</td><td colspan="6"></td></tr>
<tr><td>其他技能</td><td colspan="6"></td></tr>
<tr><td>获奖情况</td><td colspan="6"></td></tr>
<tr><td>自我评价</td><td colspan="6"></td></tr>
</table>
</td></tr>
</table>

以上模板只是参考，一般来说，标题、基本信息的位置要放在最前面，其他信息可根据需要适当调整顺序，排版可结合求职需要和视觉感受进行调整。

（四）求职简历写作的注意事项

1. 展示优势

在撰写简历时，应确保每一部分都紧密围绕申请职位的要求展开。用经历、证书、学位等反映出人无我有的优势。避免内容泛泛、描述泛泛、意向泛泛，要使工作成果数据化，内容精细化。

2. 逻辑清晰

实践经历、工作内容和工作成绩是简历的写作重点和难点。这段涉及的信息较多，写作时应避免无序堆积。保持逻辑清晰可借助结构化思维工具STAR。

S 是 situation 的首字母，表示情境。

T 是 task 的首字母，表示任务。

A 是 action 的首字母，表示行动，即当时你做了什么、哪些关键动作、决定性措施。

R 是 result 的首字母，表示结果，即你的工作结果、突破、成绩或收获。

3. 版面干净

要避免花哨的装饰和排版，应文字精简、正文部分字体统一、排布整齐。如果需要强调某一内容，可加粗、下划线关键字，避免使用花式字体。排版要突出内容，风格以清爽为佳。

4. 定时更新

简历具有一定实效性，确保所有信息最新和准确的，特别是联系方式和工作经验。定期更新不仅能增加你的经历和求职砝码，对自己来说也是很好的梳理与激励。

【例文辨析】

下面是 ×× 公司在招聘新媒体运营经理一职时，收到的一份求职简历，请分析存在哪些问题。

表 3-11 简历案例

求职简历

姓名	张伟
联系电话	138-××××-××××
电子邮件	zhangwei@example.com
个人简介	拥有 5 年数字营销经验的市场营销专家，擅长 SEO 优化和社交媒体策略。在提高品牌知名度和在线用户参与度方面有着卓越的成绩。寻求在创新和快速发展的公司中担任市场营销经理的职位
教育背景	市场营销专业，20×× 年毕业
工作经验	数字营销专员，×× 科技公司，20×× 年—20×× 年 市场营销经理，YY 互联网企业，20×× 年至今
个人技能	SEO 优化、Google Analytics、社交媒体管理、内容创作、团队领导
获奖经历	最佳市场营销策略奖，×× 科技公司，20×× 年 优秀团队领导奖，YY 互联网企业，20×× 年
兴趣特长	旅行、烹饪、摄影、阅读科技博客

表 3-12 对表 3-11 中求职简历的分析表

问题	问题描述	修改建议
基本信息不全面	简历中仅提供了应聘者的姓名、联系电话和电子邮箱地址，未提及性别、年龄等重要信息	添加性别、年龄基本重要信息，以便用人单位在考虑岗位适配度时有据可依
个人简介	这段是对个人情况概括性的介绍，包括了经验、优势和岗位意向。但 5 年就“专家”、“卓越”的成绩等措辞不够谨慎。从后续工作经验来看，很难证明卓越	可多用数字佐证经验的丰富；选列 2、3 个特别具有代表性的成绩，具体体现自己的突出成绩
教育背景描述不够突出	求职者已有一定时长的工作经历了，因此没有列出大学期间的主干课程。但毕业院校和所学专业不应遗漏，这是重点信息	列出毕业院校和专业，如大学阶段有与新媒体运营相关的课程或荣誉，可适当罗列

续表

问题	问题描述	修改建议
工作经验描述不够具体、典型	简历中工作经验部分的写作过于简单，既没能体现出个人简介中所提到的优势，又没有展示代表性的工作成果，有效信息不足	工作经历以倒序为佳。应列出两段工作的职责和成绩。特别是经理一段经历，描述重心应为突出的技术、承担的重要项目、团队的管理水平等。写作时注意将工作经历、能力与现求职岗位挂钩
缺乏具体的业绩数据支持	简历中缺少量化的业绩数据来支持工作经验的描述，这使得雇主难以评估求职者的实际贡献和能力	可使用数字增加说服力，如“运营服务号 7 个月以来，粉丝从最初的 5000+ 到如今 48000+，注册用户增长 30%，成交订单从日均 300 单到如今日均 1500 单，交易额增长 400%”
技能描述过于泛泛	简历中的技能部分描述较为普通，没有突出求职者在新媒体运营方面的特殊技能或专长	应详细列出与新媒体运营直接相关的专业技能，如 SEO 优化、社交媒体广告投放、内容管理系统（CMS）操作；擅长数据分析，熟练使用 sql 和 SaaS 等，可提供相应的证书或培训经历作为支持
获奖经历	获奖经历很难体现出个人简介中的“卓越”，要注意简历前后的内容要互相关照	优先罗列行业内有影响力的奖项。如果没有重量级获奖，一定数量的获奖也能反映出求职者的工作能力和态度。可以为奖项增加排名、或“唯一”等信息
兴趣特长	兴趣特长不是越多越好，也不是什么都可以写，兴趣特长应往求职岗位上靠，例如旅行、烹饪就不是特别贴合	兴趣特长是潜在的技能。应突出新媒体运营岗位所需，如写作、活动策划等
职业目标表达模糊	雇主要招聘的是中层管理者，相对会关心其中长期职业规划，可能想要了解其职业期望。但求职者只在开头处粗略提了一句岗位意向，没有职业目标描述	可以在简历开头部分添加一段简短的职业目标设想，表达未来在新媒体运营领域想要实现的目标和职业发展路径
格式和设计不够专业	简历的格式和设计既不专业也不美观，无法在第一时间吸引雇主的注意	增加必要信息后重新排版，确保版式清晰、布局合理，调整字体和行间距，使简历看起来更加专业和易读。可以适当使用颜色和图形元素增加视觉效果，但不要与文字抢夺注意力

【小结】

工作实务写作是职场表达的重要内容和工具。从本质上来说，它与前面的沟通、演讲、PPT 制作等，都是内在思维的外在表达。内在思维越清晰有序，外在表达就越清楚分明。因此，本章延续了前述的结构化思维训练，并通过基本结构和模板，帮助学习者规范写作流程。

根据学习者未来的从业需要，选择通知、邀请函、计划、总结、调研报告、简历为主要学习内容，文本满足了在学和在岗的基本和常用需求。每节末尾提示有写作注意事项，指出学习者在写作此文种时容易出现的问题，总结了微小写作规律。通过例文辨析，为学习者提供范文和解析，从应该怎么写、不应该怎么写两个角度训练写作技巧。

【练习】

1. 总结写作

请按照总结的基本结构和模板，写作一门课或一学期的学习总结，写作前请用思维导图画出写作的思路。

2. 简历写作

请按照简历的基本结构和模板，写作你的个人求职简历。求职岗位可以是你喜欢的某行业某岗位，或者是所读专业未来的就业岗位，如果你还不清楚有何岗位，可先在知名招聘网站上查找与你专业相关的岗位及要求。

你的简历应具备正式简历该有的要素和结构。看看有哪些内容现在就可以写、哪些内容暂且空白。留存电子版，一段时间后，更新你的简历。一边练习写作简历，一边对照简历空白处，它会为你的学习和实践指出方向。

【测试】

1.（单选）计划的基本结构不包括（　　）

A. 正文　　B. 标题　　C. 附录　　D. 落款

2.（单选）调研报告的写作基础是（　　）

A. 真实的数据　　B. 清晰的逻辑

C. 生动的语言表达　　D. 全面、详尽的调研

3.（多选）总结写作可以使用的逻辑思维工具有（　　）

A. 鱼骨图　　B. 逻辑树　　C. 目录　　D. 思维导图

4.（多选）求职简历应体现的内容包括（　　）

A. 求职者姓名　　B. 求职者联系方式

C. 求职意向　　D. 在校成绩或相关行业实践经验

5.（判断）总结只需要概括和提炼，不需要详细回顾。

6.（判断）求职简历主要是为了让用人单位了解应聘者的兴趣爱好。

【答案】

1. C　2. D　3. ABD　4. ABCD　5. 正确　6. 错误

第三节　新媒体写作

【情景导入】①

我的第一份工作是给美团写推广文案，一篇 50 元。当时，我认认真真写了 4000 多字，改了又改才投出去，却不料石沉大海。后来，我听人说写微信公众号赚钱，又开始给公众号投稿，但是投了 30 篇都被拒稿了。我不相信是自己的问题，于是开了个人公众号反击那些不能慧眼识珠的人，没想到写了一个多月，最高阅读量也就 300。这次我想放弃了，看来自己不是写作这块料儿。

直到一天，我无意间看到这样一句话："大部分人的写作方法是错误的。他们打开编辑器，新建一个空白文档，就开始思考第一句话该写点什么。"我心想，这不就是我吗？这有什么错呢？阅读完文章后，我才明白过去的写作是

① 吕白 . 人人都能学会的刷屏文案写作技巧［M］. 北京：中信出版集团，2019.（有改动。）

自我陶醉，想到哪儿写到哪儿，记流水账似的，和读者没有半点儿关系。而好的媒体写作首先要定位用户需求，富有个性的自我表达则是满足用户需求的手段。

于是，我沉下心来埋头研究了全网5000多篇爆款文章，将它们的选题、标题、文章架构、开头、结尾一一拆解，仔细分析，终于掌握了互联网写作的技巧。后来我只用了八个月的时间，就把公司旗下的公众号从0粉丝做到近50万，多数文章阅读量达10万+，公众号获年度新锐新媒体奖，而我也晋升为副主编。

【想一想】

1. 上述故事中的“我”在写作新媒体文案时遇到了哪些困难？

2. 哪篇新媒体文案给你留下过深刻的印象？

3. 新媒体文案写作与传统写作有什么区别？

【解析】

不少人认为新媒体写作就是在网络平台上表达自己的思想，抒发自己的感情。正如故事中的“我”在刚开始创作公众号文案时，就自说自话、自我感动，并未站在受众立场上思考受众需求，结果必然是被拒。写作者沉下心来研究爆款文章的举动，是很好的学习新媒体写作的思路。通过拆解爆款，他发现了新媒体创作的规律和技巧。尽管写作者很聪明，仅仅用了八个月时间就有了大突破，但事实上这八个月背后是无停歇地练习和有意识地提升，通过反复“实践—检验—发现—总结”，才有了最后惊人的成绩。

新媒体写作在当下的需求量很高。它要求作者具有互联网思维，而互联网思维的首要特征就是以用户为中心，发掘用户的真正想法和深度需求。新媒体写作有自己的“套路”。套路是中性词，它包含有一定的规律，这就是经过网络传播检验过的、行之有效的写作结构。套路也有僵化、同质化的问题，要有意识地规避和克服。随着互联网的蓬勃，新创意、新现象的加入，新媒体写作还在不断被丰富和改写中。

一、新媒体写作的概念和特点

1. 新媒体写作的概念

"新媒体"是相对于传统媒体而言的。新媒体被形象地称为"第五媒体"，它是利用数字技术和网络技术，向用户提供信息或服务的媒体形态，如数字杂志、数字报纸、数字广播、网络直播、触摸媒体等。新媒体具有数字化、交互性、个性化、跨时空性等特点。

所谓新媒体写作，是指主动适应和利用新媒体平台的特性，以文字、图片、音视频等为写作材料，运用特定的写作策略和排版技巧，以吸引和黏住受众的一种创造性写作方式。

有关新媒体写作最常见的误会是，新媒体写作不过是将文章的发表从传统媒体，如报纸、书刊、杂志，转移到了手机等移动终端或新媒体平台上。这只是新媒体写作与传统写作最浮于表面的不同。

传统媒体写作是读者性文本，读者的阅读是接受式的，即读者单向地从文本接受意义，通过文本接纳作者想要传达的内容。读者少与作者交互，即使有，交互也是少量的、延迟的。但新媒体写作以读者为中心，强调要针对读者的特点进行分析和创作，写作中融入新媒体元素，如梗儿、GIF 动图、热点等，快速吸引和黏住读者的注意力。新媒体写作的读者阅读是参与式的，他们与作者频繁、大量、即时地互动，与作者一同建构文本含义。新媒体写作甚至改变了传统的阅读者身份，使读者变为用户，用户变为粉丝，粉丝变为参与者和推广者。

2. 新媒体写作的特点

（1）针对性

新媒体写作有目标群体，通过对目标读者的群体特征进行充分了解和深入分析，挖掘和聚焦他们的需要和兴趣，有针对性地持续地输出特定的内容。

（2）多元性

新媒体写作打破了传统写作以文字为载体的线性叙述，借助丰富的多媒体元素，如图片、数据、动画、声音、视频等，创造出多元的、立体的、趋近现实体感的虚拟空间。

（3）互动性

新媒体平台具有广开放、广面向、密集交互的特征。它不受现实空间的制约，体量庞大的读者可以自由社交、自由移动。读者通过留言、私信、转发等方式，与作者保持双向交流，大大拉近了交互的空间距离。

（4）即时性

新媒体平台的传播速度极快。写完文章，点击推送，用户马上就能阅读和反馈。点击转发、分享按钮，文章立刻就被传播，大大减少了传播和交互的时间距离。同样，信息更新的速度也很快，大量信息滚动式的出现和消失，存在的意义就在当下那一刻。

【讨论】

1. 你平时获取的信息主要来自什么渠道？

2. 哪些渠道属于传统媒体？哪些渠道属于新媒体？

3. 你觉得在新媒体时代，传统媒体还有哪些价值和意义？

二、新媒体写作的类型

1. 根据写作性质分类

分为非商业性质写作和商业性质写作。

（1）非商业性质写作

个人属于非商业性质写作的主体之一。这类写作基于对个人爱好、特长的分享，不含商业动机，包括普通写作者和 KOL（关键意见领袖）。

KOL 是普通创作者中的翘楚，他能成为领袖是因为拥有大量粉丝、主攻精专领域和内容认可度高。当影响力达到一定程度，流量即可变现，KOL 会兼涉商业性质写作，但一般非商性质的内容创作仍在继续，毕竟高质量内容是 KOL 流量的来源。KOL 在现实世界中一般都是高壁垒领域的专业人士，进入网络世界，他们仍然具有核心竞争优势。

此外，非商业性质写作的主体还有政府机关、公务部门等。随着“新媒体＋政务服务”时代的到来，政务新媒体成为党和政府联系群众、服务群众、凝聚群众的重要渠道，具有引导网上舆论、构建清朗网络空间的重要作用。

（2）商业性质写作

商业性质写作的主体包含企业、个人等。文类包括产品文、品牌文、公关文等。这类写作往往披着一层“外衣”，多用干货、热点、故事化的讲述等方式吸引粉丝，从而实现产品变现或者品牌维护。一些企业尤其擅长挖掘受众的隐性需求，从而创造出高忠诚度的粉丝，达到商业目的。

2. 根据高频用量分类

目前使用频率较高、用户量较大的新媒体写作包括博客写作、微博写作、微信写作等。

（1）博客写作

博客为 Blogger 的音译，是 Web Log 的混成词，意译为网络日记。知名博客写作平台有知乎、简书、CSDN 等。

这一类型的写作特点是内容篇幅较长、内容较专业、时效性一般。它像是“私人博物馆”，不定期地、持续地展出和收集具有个人独特风格的作品，来访者一般比较固定。与微博和微信比，博客上载的内容更多。随着微时代的到来，它仍有不少拥趸者，但用量有走低趋势。

（2）微博写作

微博是微博客的简称，它是一个基于用户关系的即时获取、分享与传播信息的平台。新浪于 2009 年发布“新浪微博”内测版，成为国内第一家提供微博服务的平台。

微博写作是通过微博平台，进行简短信息的分享、传播的一种写作行为。

这一类型的写作特点鲜明，如内容篇幅简短、时效性极强，辐射人群范围广、传播速度快、互动性强。微博写作包括个人微博写作、企业微博写作和政务微博写作。

（3）微信写作

微信写作包括朋友圈文案写作和公众号文案写作。

朋友圈文案写作可用于打造个人社交形象，具有覆盖面有限、传播速度快、亲密交互等特点，一般文字篇幅不大。常见有三种类型，纯文字式、图文并茂式和视频式。图文结合式最常见，它比纯文字式更加醒目，蕴含的信息量也更大。近年来，视频式朋友圈文案渐增。

公众号文案写作具有覆盖面广、传播速度快、互动性强等特点。它的文字篇幅和文本形式不受限制，能够提供更多元、丰富、有趣的信息。与朋友圈文案写作相比，公众号文案写作对客户的干扰度更低，能够持续稳定地推送关于个人或企业的文章，让受众直接或间接地对企业、品牌、产品产生好感和信任感，认可、购买甚至是传播品牌。

新媒体写作也可以根据内容功能分类，讲解类，如科普、知识讲解等；评论类，如书评、影评、测评等；应用类，如技术、技能、操作等；以及文学类，如文学影像化、数字化、综艺化、晚会化等。新媒体写作的内容十分驳杂，以上四类只是探索性的分类，各个类别之间的界限并不是截然清晰的。

【多元视角】

互联网内容创作者的群体素描：规模、构成和来源[①]

网络直播、短视频等内容平台的出现和vlog、条漫等内容体裁的创新为互联网内容行业提供了发展的巨大空间。互联网内容创作者规模近年来持续增长，并带动了下沉市场中创作者体量的显著增加。由于平台相对分散和用户重合等原因，互联网内容创作者总体规模还缺乏权威统计，但可以通过几个主

① 刘胜枝，李俞晨.网红之路漫漫——互联网内容创作者群体研究［J］.中国青年研究，2020（11）：11-19.

流内容平台的数据加以管窥。2019年，微信公众号平台的创作者数量已超过2000万。而今日头条平台创作者全年共发布内容4.5亿条，累计获赞90亿次。创作者中粉丝数量超过10万的账号有13万个，比2018年增长了93%。另外，仅2019年就有1825万用户首次在头条创作。而B站的月均活跃UP主数量达180万，月活跃用户已达1.72亿。当然，并不是所有创作都会产生经济收入，但是，从这些数据可以看出互联网内容创作者的规模和影响力发展势头都很迅猛。

从年龄构成上来说，这一创作群体以青年为主。《2019今日头条年度数据报告》显示，平台创作者中“80后”作者占比38%，“90后”作者占比33%，是头条创作的主力军。不少受访者谈到在新媒体行业30岁已经面临“中年危机”了，很多一线创作者都是“90后”“95后”。他们精力充沛，被业界称为“24小时在岗机器、通宵追热点专家、表情包十级学者、网络黑话拆解师”。

从地域分布来看，北上广等一线城市仍然是创作者的主要聚居地。以今日头条为例，平台创作者多集中于北上广等地区，其中北京占比30%。但是随着短视频的兴起，下沉市场用户被激活。数据显示，2019年短视频用户数量三四线及以下城市占比达到53%。因此，三四线创作者的数量在日渐增多。

根据新榜调研，目前内容创业队伍中具有专业媒体从业经验者仅占两成，自媒体从业经验者约占四成，完全没有相关经验的创作者比例也高达四成。当然，创作者拥有某领域专业知识的优势在新媒体内容平台上具有显著的竞争力，跨界新媒体后更容易建立权威并获得受众认可。

三、新媒体写作的核心思维

新媒体写作与传统写作相比较，它的形式更自由，门槛更低，需求量也更大。想要在极其庞大的写作大军中崭露头角，就要掌握新媒体写作的核心思维——用户思维和产品思维。

（一）用户思维

从用户的角度看待产品的思维方式，被称为用户思维。用户思维强调以用户为中心，关注产品用户的使用价值和体验，从用户的角度出发，进行产品设计和优化。新媒体写作的用户思维表现在，它的写作不是为了表达自我，而是为用户带来价值和体验。

1. 给感觉

用户是感性的。感性体验包括情感的共鸣、情绪的共振、观点的共识。新媒体文案常用故事化的讲述，为文案注入情感、拉动情绪。一旦精准唤起用户的情感和欲望，用户就会以实际行动给予关注和支持。写作前，要思考你的文案要给到用户怎样的感觉。

2. 给便利

省事、省心、省力、省钱的“四省”需求是用户的普遍追求。不要让用户感到麻烦就是典型的用户思维。用户通常不具备专业人士的知识，也没有多少耐心。长篇累牍、故弄玄虚的文案不易传播。写作时要常向自己发问，好懂吗？好记吗？好找吗？一眼就能被人看到吗？ Slogan 和金句就是这一思维的体现。

3. 给价值

新媒体写作区别于传统写作的一点是，它把倾听放在表达之前。写作者要先倾听用户在想什么、需要什么、喜欢什么、你能给什么，然后再进入写作的生产过程。通常，用户不仅需要情绪价值，也需要认知价值，如精心筛选和二次开发的有益于认知提升的内容。新媒体时代是对用户有限注意力的争夺，没有价值的内容注定过眼云烟。

4. 给参与

用户思维还体现在用户既是使用者又是生产者。以小米手机为例，“为发烧而生”的口号体现出用户在产品设计、生产、营销中的深度参与。这种开放给予用户强烈的参与感、到场感和成就感。他们不再是普通用户，而是“米粉”。

给予用户参与感，也是新媒体写作者应具有的思维。社交功能将用户聚合起来进行快速传播，用户阅后评论、转发、分享就是二次加工。许多有经验的写作者往往在文章中留下“缝隙”，让用户发声，异见发酵，引发传播。用户不仅想要利益和体验，而且想要成为创作的一部分。写作者的写作也没有在按下发送键后就结束，他在用户的互动、反馈中迭代和优化作品。

【讨论】

你购买过“三只松鼠”品牌的零食吗？从它的产品中你能看到哪些用户思维？

（二）产品思维

产品思维以产品为核心，围绕产品的设计、生产、推广等方面，从用户需求、市场竞争等角度进行思考和决策。它是一种从生产者的角度看待产品的思维方式，关注的是产品的实现过程。

新媒体写作的产品思维就是指把文案当作产品来打磨，从用户需求、同类竞争的角度进行写作和创意。

（1）用户需求

产品思维中包含了用户思维。文案怎么写，依然要考虑文案的用户是谁、用户有什么需求。可以从痛点和痒点两个点来抓。

①抓痛点

痛点可以理解为用户已经意识到的需求，但还未被解决。需求既可以是物质层面的，也可能是心理层面的，如体验时由有阻碍感引发的负面情绪，像是烦躁、防备、恐惧等。通过止痛或愉悦用户的情绪来解决痛点。抓“四省”、引发复杂情绪就是典型的止痛型手法，而雪中送炭是愉悦型手法。

【例文】

图 3–10　微信公众号“L 先生说”截图（已授权）

用户想要在碎片时间里学些有用的，但又不能太长、太累、太严肃，这些就是痛点。写作者的选题既是当下热度很高的话题，又是用户普遍关心的问题；文案提供有音频，在不想、不方便看时，可以听；文案开头有编号，便于用户建档和检索；有字数提示，8 分钟就能读完；有傲娇小贴士，不要担心文章长，长的是用户的喜欢。在用户阅读之前，就先解决掉痛点，并为其注入动力。

②搔痒点

痒点不是刚需，它是用户没有意识到的潜在需求，能够让用户情感和心理上更满足。一旦被精准触发，就会产生“很想要”的心痒难耐感。写作者通过唤起马斯洛高级需求，或者点燃好奇心，来触碰用户的痒点。

例如明星、名媛、颜值博主等，凭借身份标签和享受精致生活的放松姿态，引发消费者的痴迷和追随。这类文案善于触碰现代女性向往精致生活、希冀保留自我意识和自我空间的精神痒点，从而实现中高端商品的营销和宣传。

写作者除了寻找用户的痒点外，还可以通过写作手法制造痒点。如诗化语言、镜头语言、小说语言等创设氛围、适度夸张。此外，探秘式的讲述、悬念的植入、使用转折词等也有助于刺激用户的好奇心。

【知识链接】

马斯洛需求理论

该理论描述人类的需求和动机，是由美国心理学家亚伯拉罕·马斯洛在1943年提出的。马斯洛认为，人的需求可以分为由基本到高级的五个层次：生理需求、安全需求、社交需求、尊重需求、自我实现需求。正文中的“痒点”一般是较高级的精神性需求。

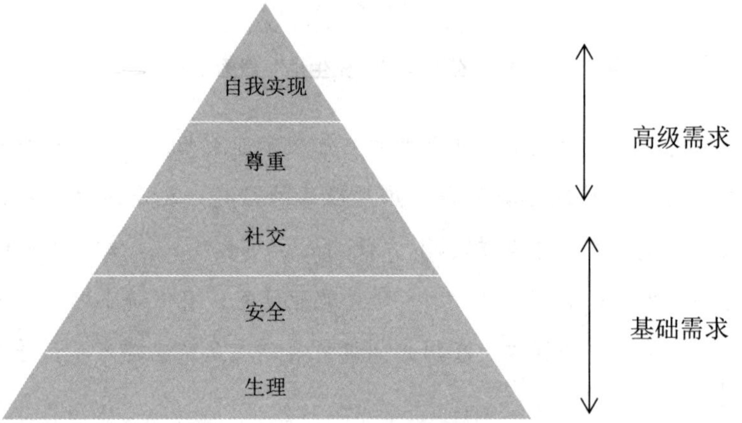

图 3–11　马斯洛需求理论结构图

（2）同类竞争

以用户为中心不等于听用户的，文案的写作者要有自己的专业能力和专业决断，去主动“生产”而非“仿造”文案，才能在同类竞争中胜出。

①以内容出圈

用户选产品看中的是性能，而内容就是文案产品的性能。从初接触新媒体作品再到现在，用户已经进入审美疲惫期，口味越来越讲究和挑剔。低劣的、同质的、纯情绪煽动的、无脑带货的文案让人越来越厌恶。以 KOL（关键意见领袖）为例，他们的出圈策略是用专业知识写别人写不了的内容。如医学、法律、财经等高壁垒职业的从业者，在从事新媒体写作时，利用知识干货、专业见识占据内容优势，为用户提供产品的实用价值。

②以风格出圈

在内容相似时，独树一帜的文案风格、极具个性的叙述策略，使一部分写作者吸引到“同气相求”的用户，从而将用户转为同道，甚至成为陪伴 IP、品牌成长的粉丝。如以艺术鉴赏形式推介美妆、借经典小说评说时事热点等。从行文手法来说，专业的内容平实讲，严肃的内容诙谐讲，在所谓的常识里发现反常识，在习以为常中发掘不寻常，通过反差化、陌生化等方法也能给文案一些新意。而风格就是行文、用词、观点的模式化养成。很多看起来举重若轻、信手拈来的文案风格，其实是常年知识积累和写作习惯养成的结果。

③以制作出圈

当内容相似时，不一样的文本呈现方式给产品不一样的“外观”，这是以包装优势吸引和转化用户。

【例文】

川普配音文案：宠物猫激将主人

猫 A：其实你这个人还怪好吔。

铲屎官：是吧。

猫 A：都这么穷了……

铲屎官：安？！

猫 A：三天都吃不起一个罐罐，还肯养我。

铲屎官：来来来，给你看一哈。

穷不穷？穷不穷！（气得摆出一排猫罐头）

猫 A：啊？啊！（倒吸凉气）

冬瓜！（呼叫另外一只猫）

猫 B：哎，啷个嘞？

猫 A：你快看！

猫 B：她啷个嘞？（奇怪脸）

猫 A：我不晓得呀！我就说她穷，她就应激了。

铲屎官：你们两个过来。

猫 A、B：来了！来了！

铲屎官：吃！今天吃不完不准走！

猫 B：幸福来得太突然喽！

字幕 Later

猫 A：涨不下了……涨不下了……

（文案来自微信视频号“飞机响响”，已授权）

这是微信知名的宠物博主的文案。她用两只猫咪做演员，拍摄小猫之间的互动，记录爱宠生活的同时销售养宠周边。写作者的文案非常出色，打造两猫的人设，创建多样的场景，设计贴近“猫”设的对话，文案紧贴猫咪的表情、动作，以川普配音增加笑点。一个个小故事生动有趣，带货无痕。这个微信号的写作从设计、制作到推广，处处打磨，体现了新媒体写作的产品思维。

综合以上用户思维和产品思维，程栋在《智能时代新媒体概论》中的举例特别到位，指出“紫金山视频是一个比较注重用户体验的案例：紫金山视频源自紫金山新闻客户端，提倡做 37℃的新闻，用‘题材让用户暖心’‘时长让用户省心’‘原味让用户舒心’‘话题让用户动心’‘参与让用户同心’几个方面打出一套组合感情牌，在全国世纪短视频媒体中取得了很好的成绩”。这五个“心”无不体现出新媒体写作的核心思维。

四、新媒体写作者的职业素养

随着互联网技术的飞速发展，越来越多的数字平台涌现出来，新媒体写作人员的队伍不断壮大。新媒体文案的生产全过程都发生在互联网上，而互联网的信息具有疾传速变的特征，它影响和塑造现实。虚拟的网络行为拥有现实意义，同样要服从现实世界的法则和规律，才能健康有序地发展。作为从业者需要从三个方面提升自己的职业素质。

（一）提升道德素养

在互联网信息传播空前活跃的时代，新媒体行业快速发展。繁荣与乱象并存、理性与浮躁同在，这是当今新媒体行业面对的机遇与挑战。

首先，树牢政治意识。新媒体写作者要有端正的政治立场和严肃的政治态度，深入学习和领会党的方针、政策，将国家和人民的利益放到首位。恪守正确舆论导向，杜绝传播行为失范。

其次，加强法制意识。新媒体写作者应严格遵守法律法规，主动学习相关法则条例。杜绝发布和传播违法信息、不良不实信息，杜绝制作虚假内容、恶意营销、侵犯他人版权和用户隐私，自觉维护网络秩序。

最后，强化责任意识。新媒体不仅是社会现象的反映和放大器。它具有快速传播话题和事件的能力，容易引发大众的情绪共鸣，进而影响舆论倾向和社会动态。因此，新媒体也是社会观点和价值观的塑造者，从业者要端正社会责任心和提升职业道德，不被点击率和流量冲晕头脑，创作向真向善的优质内容。

（二）提升生产素养

依托互联网诞生的新媒体形态日新月异，它比传统媒体的影响面和影响力要更大，作为深切反映、影响和塑造时代现象与风潮的重要文化产品，新媒体产品在生产的过程中，需处理好三方面的问题。

1. 注重产品创新

把新媒体当作工具和平台，而非内容和产品。这样一种心态导致诸多新媒体文案的内容建设有克隆化和同质化的问题。加拿大政治经济学家哈罗德·伊尼斯曾说：“技术是整个文化结构的动因和塑造力量。一种新媒介的长处，将导致一种新文明的诞生。”与企业生产的产品一样，新媒体产业链上的产品也要紧跟时代步伐，不断提升设计、生产、传播的创新思维和创新办法，才能够在浩瀚如海的同类竞争中脱颖而出，真正激发出新媒体的活力与原创力。

2. 加强产品质量

随着新媒体内容行业蓬勃发展，各种乱象浮出水面，如低俗炒作夺人眼目、标题党歪曲事实真相、过分追求时效和点击率、煽动情绪带节奏等，影响了互联网内容行业的健康发展。

以用户为中心，不等于无脑地迎合用户。新媒体创作者要有生产者的立场，站在产品思维上，从生产者的专业知识、专业技术和专业预见性出发，加强内容产品的质量建设和内涵建设。

与此同时，注重内容产品的多样性建设。避免过度商业化引发的受众反感和用户流失。写作者应积极关注新媒体行业的动态和问题，将专业技能和业务水平的提升放在首位，生产高质、多样的内容产品，使其成为社会文化的优质供给资源。

3. 关注水平传播

水平传播常见于社交媒体，传递的信息具有个性化、非正式的特点，用户多元而广泛。随着社交媒体成为人们获取和消费内容产品的新模式，新媒体产品须符合水平媒体共享、开放等传播要求，支持转发、评论、互动和分享，以增强用户黏性，利用社交媒体拓展传播区域和传播层级。

（三）提升数据素养

数据素养是指获取、分析、处理、使用数据及信息的能力。这是目前从业者较为缺乏的素质和技能。可以从以下三个方面着力进行培育。

1. 谨慎甄别数据

社交媒体平台的信息因为缺少重要第三方的审查，传递之快速、变形之复杂令人咋舌。倘若不对网络数据及信息的来源、真假进行甄别，错误采集、片面使用、不当挪用等就会导致内容偏误，生成和传播低劣、虚假信息。

数据信息应从可信渠道获取。如果来源不可信或未知，再或有多个来源或不同来源的信息存在差异，就要进行比较和验证。判断数据真伪、信息虚实时可以使用“中国互联网联合辟谣平台”、“科普辟谣”、腾讯“较真查证平台”等工具。并通过参加相关的培训和学习，提升甄别技能和甄别效果。

2. 恰当收用数据

写作者可从各新媒体平台的后台直接收集数据。如果无法从后台获取数据，可以通过统计发文频词、发文类型、访问来源、采集评论等方式获取。将数据以一定逻辑顺序排列，以从中发现数据的特征和趋势。通过站内或站外数据分析工具，恰当地将数据的分析结果用于或指导写作。

此外，使用中需注意，新媒体是大数据的受益者，从法律角度来说，它并不是大数据的拥有者。写作者在采集和使用数据时要关注信息的私有性和保密性，不得突破法律边界。

3. 平衡人机关系

过去的媒体以人为主导，而在未来，机器及各种智能物体都有可能媒体化。在当下及未来的新媒体环境下，新媒体写作者要能跳出机器系统，用批判的眼光审视技术体系，不断提升自身的技术观和技术手段，在新媒体写作中从人机协助走向人机合一，不被技术异化，不被算法牵制，坚守和发挥人的价值。

五、新媒体文案写作

据 2023 年清华大学《新媒体发展研究》显示，微信仍然是国内最大的社交平台，拥有庞大的用户基础和高频的使用场景；而微博是围观热点和公共社交的主要阵地；同好者通过线上线下信息交流，形成紧密的社群，社交媒体平台进一步加深了社群效应。此外，《中国网络视听发展研究报告（2023）》显示，短视频已成为我国吸引网民“触网”的首要应用，用户规模达 10.12 亿。

以上四种文案的写作需求量较大。当不同的内容，基于不同的平台，以不同的形式传播时，新媒体写作的要求兼具一致性和多样性。

（一）微博文案写作

微博是一个基于用户社交关系，通过关注机制进行信息获取、分享及传播的超级社交引擎，也是个人社交的场所和舆论场热点事件的催化器。截至2023年第二季度末，微博月活跃用户已达5.99亿，是国内最具影响力的新媒体平台之一。

微博文案的特点是辐射人群广、传播速度快、互动性强、内容相对简短。编辑文字内容时，可插入表情、图片、视频、话题、头条文章等，有直播、点评、定时发布等功能。

1. 微博文案的分类

根据发文主体的不同，可以将微博文案分成个人微博、企业微博和政务微博三类。

（1）个人微博

个人微博是指以个人的名义注册微博的写作，可以笼统分为自发的写作和自觉的写作。

自发的写作指个人基于表达和分享的需要进行写作。不怀商业动机的写作者，通常将微博视为记录生活、储存信息与拓展社交的工具。因为社交数量有限，又不带有强烈的传播动机，写作是交流工具，而不是内容产品。

自觉的写作是指用户理解自己写作的意义，具有较明确的计划和目的，如营销商品、推广品牌、吸收粉丝等，服从新媒体写作的规律，并能预见写作的后果。普通用户中的一部分人，因为长期聚焦某一领域而逐渐在内容上具备特点，当粉丝黏性和体量大到一定程度时，有可能成为KOL。此外，现实世界中某些领域的专家进入网络世界后依然备受信任和认可，具有较大的用户覆盖面和影响力，微博俗称这些KOL为大V。

KOL在讲述故事、发表意见、传播观点方面有更大的舆论场空间。商业品牌与之合作意在利用用户对KOL专家身份的信任，实现品牌传播和产品营销。受粉丝与市场认可的KOL的写作具有相似特质：持续、稳定地输出某一领域真知灼见的内容，善于寻找用户与产品的契合点，擅长提供认知价值和情绪价值。以旅游微博博主“破产兄弟 BrokeBros”为例，自 2020 年起，他坚持输出系列视频，如《绝对旅行指南》系列、《窝在沙发看世界》系列、《走出家门游中国》系列、《新疆故事》系列等，在微博累计播放量超过 1 亿。

【多元视角】

营销新词 KOC

互联网提供的广阔表达平台，几何倍数的扩大了普通人表达的传播的半径，KOC 应运而生。

KOC 是 Key Opinion Consumer 关键意见消费者的简称。“消费者”加“关键意见”是其核心身份，一方面他本身就是消费者，另一方面他能影响粉丝产生消费行为。在进行新媒体写作时，KOC 的内容不像 KOL 那么聚焦，而是比较自我和宽泛，具有生活化、轻松化的特点。他们以普通消费者的身份分享品牌、产品的使用体验，更容易使消费者产生真实感和信任感。虽然比 KOL 粉丝体量小，但由于他们活跃或具有经验，在垂直用户中有较大的意见和决策影响力。

KOL 与 KOC 的界限并不清晰。一般来说，KOL 位于金字塔顶端，KOC 位于腰部，而普通群众在底部。随着粉丝量积累，KOC 有机会成为 KOL，而每一个 KOL 同时也是 KOC。

（2）企业微博

企业微博是指企业品牌方注册的官方账号，用于进行企业宣传与品牌推广，目前主要有自营或外包两种运营方式。

对企业来说，微博写作具有三大优势。一是信息浓缩，短而简的文字提升了阅读意愿，迎合了用户想要快捷获取信息的心理；二是互动效率高，高度智能的互动平台使企业、用户之间的互动增多和变快；三是获取收益，企业通过写作消息、话题和活动，润物无声地传播品牌理念、促进产品营销和收集反馈意见。

据统计，截至2023年，全国大约有100万家企业开通了官方微博，但真正有效运营的比例很低。原因在于很多企业并不具备微博写作的思维和技能，相关人才的缺口较大。企业必须熟悉和服从新媒体写作的规律，兼重更新频率、内容选择、写作技巧和风格打造。写作者需要持续、定期发布文案，创作以目标客户为中心的具有深吸引、广传播的优质内容。如果是企业自运营账号，写作者通常是员工或部门，写作时应站在企业角度、以企业口吻进行叙述，避免个人化、情绪化的表达。

（3）政务微博

政务微博是政府及其职能部门开设的微博，具有信息公开、为民服务、政民互动、舆论引导的功能，有力推动了公共协商机制，彰显执政为民的理念。

政务微博的写作注重内容主题的严肃性，多书写百姓关心的社会问题，使用口语化的文字，擅用热词、表情、影像等符码加强文字的亲民性。在官方性和平民化的结合中带给受众不同程度的参与满足感。高质量政务微博内容的原创性和风格的连贯性是很好的学习材料。

【知识链接】

政务微博影响力排行榜

为促进网络政务信息传播力、网络政务机构服务力和网络政务互动力的提升，由人民网舆情数据中心、人民数据研究院提供学术支持，微博推出“政务微博影响力排行榜”。该排行榜从四个维度：传播力、服务力、互动力和认同度，评价全国所有通过微博认证的机构官方微博。

粉丝数是构成传播力的重要前提，但该榜单更注重考察政务机构的“活跃粉丝”“可信粉丝”；服务力是指政务机构利用新媒体平台，回应公众关切、为民排忧解难办实事的能力；互动力是政务机关利用网络平台与公众互动交流的能力，包括被动互动力，指发布文章后用户的评论、点赞，以及主动互动力，即政务机构主动回复、双向互动；认同度是网民对政务微博发布信息的认同情况。

例如“江苏微旅游”微博，在2022年江苏省政务微博排行榜中获得亚军，其主要运营亮点主要有：第一，热门话题打造“+运维”；第二，跨界品牌联动，实现破圈增效；第三，创意PGC；第四，整合全站资源，推广大运河经典韵味。

2. 微博文案写作

根据微博文案的篇幅可以分为短微博写作和微博头条文章写作。写作时要注意内容的原创度与优质度。

（1）短微博写作

短微博是微博平台常见的文案类型，篇幅一般在140字以内。鉴于文字量很小，写作时要结合发文的目的突出重点内容，最好在前40个字内直陈观点、亮明主题或展现优势，避免漫无目的、自说自话式的写作。

为了吸引目标用户、引发聚集关注，可以加话题“##”符号，以便系统分类和用户搜索，提高曝光度和阅读量。

由于短微博能够承载的信息较少，写作者可以使用视频、图片、文字图片等展开和补充信息。这种情况下，微博正文的文字会更精简，常见感叹句、问句、省略句等短句，起到点题或吸睛的目的。如果有图片，最好放置1、3、4、6或9张，以上张数排版更显整齐美观。优选高清晰度的、与内容相关的图片，凡涉及色情、暴力、政治敏感的图片禁止上传。

（2）微博头条文章写作

微博头条文章是新浪微博的长文工具，在微博信息流的权重较高，具有信息量大、说服力强、传播力广的特点。写作包括标题、导语、正文和封面等部分。微博头条文章的写作方法也适用于长微博，二者的区别是长微博不受头条文章编辑格式的限制。

①标题

标题是第一眼就会看到的信息。好的标题不仅能获得高点击量，还更容易得到平台的推荐。标题一般位于文案的开头，常用“【】”“##”符号括起。头条文章标题的命名应简洁概括，最好控制在20个字以内。常见写法有宣事法、悬念法、提问法、数字法、关键词法等。

a. 宣事法

宣事法是使用较多的、一目了然式的标题写作方法。它将文案的主要内容简明扼要地加以概括，用平实的语言表述出来，能够让用户立刻知晓文章的主题。例如，“天涯社区将恢复访问”“辟谣！网购保险不会被‘录屏’！”“华为云携手Thoughtworks发布DevSecOps服务解决方案”。

此类标题较为朴实，可以通过使用修饰性词语、谐音词语、增添美图、标记话题等方式增加新意和吸引力，如@欧莱雅中国“妆见中法之美”。“妆见”谐音“撞见”，有邂逅之意；“妆”有美妆、妆饰的意涵，点出文案主题，比较中法两国的护肤品与香氛的起源。

b. 悬念法

悬念法是指通过吊人胃口而又不答复的方式设置题目，一般会配合使用感叹号、问号、省略号等标点符号。例如“为什么你不招人待见？原来……”“优质公司竟然这样招聘？”“脖子快断掉的时候，医生用一招就救了我！”。通过在题目中流露出主题和一些线索，激起用户的好奇心和探索欲，从而进入文案阅读。

c. 提问法

提问法是对文案的内容进行概括后，找出用户对主题内容普遍关注的点，以提问的方式设置标题，目的在于引发用户的思考和参与。例如“春天的这一口鲜美，你尝过了吗？”“六朝博物馆错版竹林七贤砖画什么来头？”“浙江哪里最能吃辣？这些美食你挑战过吗？”

d. 数字法

相比文字，数字法利用阿拉伯数字给予用户视觉和心理的双重冲击。例如“9岁男孩勇夺油管收入三年冠，身价突破10亿人民币”“中国网络文学：作品3000万部，用户规模5亿”“活动时1秒付款未获优惠商家退1赔3，法院：商家构成消费欺诈”。可以同时使用多个数字，或同类加强，或突出反差，吸引用户打开文章一探究竟。

e. 关键词法

关键词法是指在标题中提及目标人群、情感、痛点等关键词。例如人群关键词“左手一瓶增发剂，右手一杯枸杞茶！‘90后’养生修炼手册，扎心了……”、情感关键词“刚分手就有新恋情，为什么有的人可以‘无缝对接’”、痛点+结果关键词“4类食物升糖超快但吃着不甜？”。关键词法的目的在于快速吸引目标用户，利于系统分发和推荐，获取更多流量。

【知识链接】

SPA原则

SPA原则是英文单词Simple、Profit、Accurate的首字母的组合，意为简洁明了、利益关联、准确客观。它可用于指导新媒体标题的写作。现今新媒体标题写作乱象频出，许多标题又长又拗口，甚至还故意通过引发歧义来获取眼球。随着市场的成熟，这类标题并不具备长久的竞争力，也很难吸引优质用户。

新媒体标题是否恰当，可适当参考SPA原则。标题应明确反映正文内容，并尽量保持简洁，克制使用被动句。关联利益是典型的用户思维，标题应与用户的利益相关，透过标题用户能够发现文章的某些价值为佳。客观是指避免“标题党”和不实信息。准确客观并不是生动、富有吸引力的反面，写作者要在命题时多用心思与巧思。

②导语（可选）

导语起到上承标题，下启正文的作用。用户通过阅读导语，决定是否点击“全文”按钮以继续浏览。因此，导语的写作首先要定位目标用户，突出认知价值或情绪价值；其次要做到文字精练概括，紧扣标题的关键词，凝练全文的重点内容。

【例文】

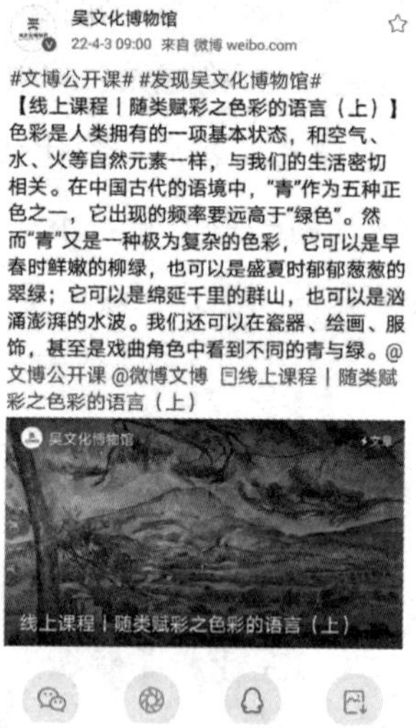

图 3–12 “吴文化博物馆”官方微博截图（已授权）

上图导语开篇即扣题“色彩的语言”，以“青”作为典型颜色，将颜色与用户日常所见的风景相连，再与文化相关。主题明确，文字凝练，连接用户熟悉的日常和文化场景，正文部分的写作完全跟随导语的预告。

③正文

根据写作对象、目的、用户的不同，微博头条文章和长微博的正文写作，可以笼统地分为四类，直叙式、数据式、分享式和热点式。

a. 直叙式

顾名思义，直叙式写法讲求开门见山、叙述有条有理。这一写法的核心理念即结构化思维，常用工具包括金字塔原理（结论先行、以上同下、以下论上、逻辑递进）、黄金圈法则（Why 为什么→ How 怎么办→ What 做什么）、SCQA 模型（Situation 情景→ Complication 冲突→ Question 疑问→ Answer 答案）等。这种主题先行、逻辑叙述的目的是，让用户快速知晓核心观点或关键问题，用户跟随作者铺设的逻辑和思路展开阅读和理解，更容易认同作者的意见，从而朝着作者想要的方向行动。

【例文】

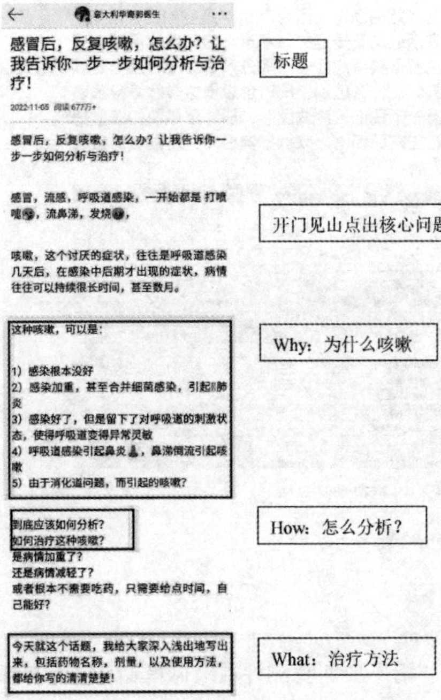

图 3–13　“意大利华裔郭医生”微博截图（已授权）

上文采用黄金圈法则预告了正文的内容，后续的正文围绕 Why–How–What 进行充分展开，写作思路清楚，具有说服力。

b. 数据式

数据式是指运用有权威的、准确的、有效的数据，或通过数据对比或数据分析，以图文混合的方式加强正文的可信度和说服力，尤其在说明产品性能、性价比、选择倾向等方面具有优势。对于喜欢动脑的用户来说，来源确凿的、可信的数字比 KOL、KOC“口说无凭”的宣传更让人信服。

【例文】

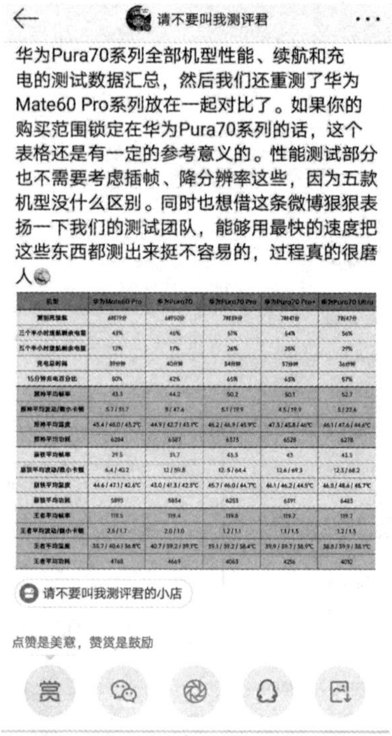

图 3–14 “请不要叫我测评君”微博截图（已授权）

上图看着文字量不大，但信息十分丰富，数据图片比对了 5 款手机的性能、续航和充电测试数据，文字部分点出 5 款机型的相同处，使用户立刻就能明白哪些数据的对比有意义、应从哪些方面考虑来选择机型。文字末尾还表扬了写作者团队，加强用户对其专业性和反应力的信任。

c. 分享式

分享式写作是 KOL、KOC 常用的写作方法。一般以第一人称，也就是消费者视角进行写作。它的好处是真实感和体验感强，优秀的写作者可通过测评性语言触动用户的痛点、诗意的语言搔动用户的痒点。

【例文】

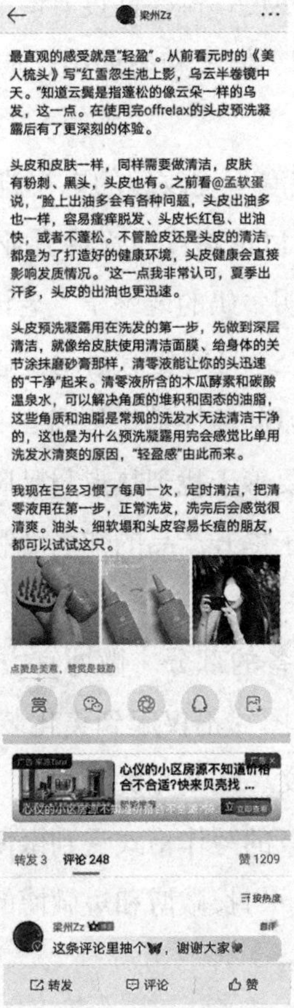

图 3–15 "梁州 Zz"微博截图（已授权）

写作者用诗意的语言叙述，开门见山点出洗头产品最大的优势"轻盈"，以诗歌佐证，配合图片创设出"云鬓花颜"的美人氛围，使用户心生向往。针对油头、细软、头皮长痘的目标客户，用头皮症状强化需求感，用专业术语增加科技感，用使用步骤落实体验感。评论互动区还设置有抽奖活动，鼓励用户参与。

d. 热点式

微博热点是用户最近普遍关心的、带有热度和流量的话题。热点式写作属于借势写作，它利用热点的热度、高关注度、时效性和集中讨论的优势进行写作。在对热点事件进行分析、加工和拓展中，加入写作者的观点和要推介的产品。

例如，2023 年，由金宇澄小说改编的电视剧《繁花》火出圈，在微博热搜榜长时登榜，拥有很高的讨论热度。光明乳业抓住了《繁花》电视剧的特点：年代感和上海腔，与光明牛奶的老牌子、老记忆相结合，推出线上系列文案和线下捕捉光明“新装”、冬日雅集等活动，通过热点式长微博文案和微博头条文章扩大品牌影响力、掀起情怀销售热潮。

需要注意的是，写作者要善于找到热点与品牌的契合点，而不能强行蹭热点。借势只是手段，目的在于提升产品的知名度和营销。

④封面

封面是微博头条文章必备的部分。微博官方对封面有尺寸要求，一般为 1000 像素 ×562 像素。封面图片不仅起到美化装饰的作用，它还要反映文章的内容主题。因此要以图衬文、图文相关。

总体而言，微博头条文章的写作格式受到微博后台编辑的制约，但在写作的核心思维、步骤、方法上，与长微博和短微博的写作相通。

（二）微信文案写作

微信是国内最大的社交平台，据腾讯 2023 年第二季度财报显示，微信及 WeChat 的合并月活跃账户数为 13.27 亿，堪称“国民软件，社会基石”，拥有庞大的用户基础和高频的使用场景。微信文案需求量也甚大，主要分为微信公众号文案和微商朋友圈文案。

1. 微信公众号文案

（1）微信公众号文案的概念

微信公众号是指个人或商家在微信公众平台上申请的，能在平台上与特定群体以文字、图片、语音、视频的形式进行全方位沟通和互动的应用账号。微信公众号文案是指发布在微信公众号应用平台，并将广告植入其中，旨在引导用户做出能够实现其目标行为的文字形式。

（2）微信公众号文案的写作流程

在撰写微信公众号文案时，写作者一般要经历内容定位、效果预期、结构安排和写作成文四个阶段。

①内容定位

内容定位就是要明确文案的目标用户，思考通过该文案能够为用户提供何种价值或解决哪些问题。内容定位包括用户定位和选题确定两个步骤。

a. 用户定位

一般需要从性别、年龄、受教育程度、收入水平等方面对目标用户进行定位。

性别。就群体而言，不同性别的关注点和兴趣点一般有所区别。例如，女性通常对亲子、心理、美妆等方面的内容感兴趣，男性通常对时事、制造、科技等方面的内容有兴致。因此，在写作之前需要了解目标用户的性别。

年龄。不同年龄段的人关注的内容不同。例如，年轻人比较关注时尚、科技、美食等内容；中年人较关注职场、医疗、教育等内容；老年人更关注养生、保健、情感等内容。写作之前要了解目标用户的年龄段，定制更适合某一年龄人群的作品。

受教育程度。受教育程度较显著地影响了用户的认知、心理和兴趣。一般而言，受教育程度较高的用户认知水平也高，具有一定思辨能力，对新生事物、决策判断有兴趣，而受教育程度较低的用户，认知水平相对较低，更习惯于接受传统事物和被引领。写作者如果未关注用户的受教育水平，文案作品可能会因“曲高和寡”而无法广泛传播和被接受。反之亦然。

收入水平。收入水平直接影响用户的消费水平和性价比感知。写作之前需要考量目标用户的收入水平，以便更合理地选品和定价，并在价格、性价比的描述上择选措辞。写作者可事先对用户所处行业、消费场景、消费心理等进行调查。

【复习】

请复习工作实务写作章的调查报告一节，有关数据调查的来源和方法。

b. 选题确定

选题确定常见三类，即常规选题、热点选题和系列选题。

常规选题。常规选题指经过日常积累或借鉴“爆款”等得来的选题。如“人民日报”微信公众号推文《这件事很伤身，但很多人每天都在做》，向用户介绍久坐的危害，以及在不得不久坐的情况下如何保持健康的方法。这篇推文的选题来自对生活中普遍现象的观察。“人民日报”微信公众号的另一篇推文《专科逆袭研究生，她晒出与高校官微的聊天记录！》，介绍了山东女孩从专科逆袭到985院校研究生的故事。此前，“逆袭”选题反复出现、反复火爆，说明这一类话题广受关注，这篇推文的选题就是复刻了“爆款”。

热点选题。热点选题是指紧跟当前社会热点、行业热点、假日节气等进行的文案选题。紧跟热点可以有效地提升公众号推文的阅读量。文案写作者可以从微博热搜榜、知乎话题榜、今日头条等渠道查看最近的热点。

系列选题。系列选题是指围绕一个主题进行两篇以上公众号文章的撰写。这类选题有助于形成公众号的风格，吸引特定用户，增强用户黏性。如“中国职业教育”微信公众号系列推文《中国职业教育扬帆出海闯世界》《关于举办职业院校“讲好中国职教故事”数字素养能力与全球胜任力提升研修班的通知》《产教同行助推“中国智造”闯世界》《职业教育更好赋能新质生产力》《关于举办2024年世界职业技术教育展的预通知》等，围绕“职教出海”这一主题进行连续推送，强化公众号的形象特点，传递出中国职业教育的发展心声。

②效果预期

效果预期指的是通过该文案想要达到的宣传目的和效果。一般来说写作微信公众号文案的目的主要有以下四种。

a. 品牌深化

品牌深化是指通过在文案内容中植入品牌、阐释品牌的价值观等，增加品牌的曝光度，提升品牌的价值。

b. 产品售卖

产品售卖指的是在文案内容中紧紧围绕产品的功效、特点、优势，结合目标用户的利益诉求，对产品进行宣传及引导消费，最终达到促进产品售卖的目的。

c. 粉丝转化

粉丝转化是指通过在文案内容中突出用户的利益诉求，并满足其利益诉求，以增强用户粘性，将路人转化为粉丝。

d. 引起共鸣

引起共鸣是指在文案中传播能够引发用户认同的价值观的行为。找认知痛点和情绪痛点就是意图引发共鸣，而痛点是用户普遍意识到却暂未解决的问题，写作者需留心寻找，并用恰当的语言“替用户说出他想说的话”，从而赢得用户的认同。

③结构安排

微信公众号文案的结构主要有递进式、并列式、总分式三种。

a. 递进式

所谓递进式指的是围绕文章核心主题，按照从现象到本质，或提出问题、分析问题、解决问题等逻辑关系，组织文章的写作结构。

如“故宫博物院”公众号推文《国子文脉展的“学霸”文创是怎样炼成的》就采用了递进式结构。该推文首先介绍故宫博物院正在举办“国子文脉——历代进士文化艺术联展”，共179件重要文物参与展览。接下来告诉读者，故宫文创产品研发团队从展览文物中汲取灵感，开发出一批随展系列文创产品。博物院方特别邀请文创研发团队，分享文创的创作理念和创作过程。推文的主体部分以“问—答”的形式展开叙述，整篇文章按照“做什么—为什么—怎么做”的逻辑思维层层推进，生动讲述了文创产品背后的故事。文章中植入文创产品链接，引导购买，文末植入讨论，刺激互动，成功地将线下文物展出与线上文创售卖进行内容融合，宣售合力。

b. 并列式

并列式是指从几个方面入手，平行并列地叙述事件、说明事物，或者从不同角度论证中心主题的结构方式。

如“拾遗”公众号推文《好的婚姻，都需要江湖义气》，这篇文章的主题为，凡是婚姻维持较久、感情较好的夫妻之间，不仅有爱情，还要讲江湖义气。为了突出这一主题，作者讲述了三个故事，分别是葛优和妻子贺聪、梁家辉和妻子江嘉年、李安和太太林惠嘉的故事。作者从不同角度入手，通过三个故事平行并列地论证其观点，轻松获得 10 万 + 的阅读量。

c. 总分式结构

总分式结构指的是开头引出主题、提出中心论题，正文从不同角度进行分述，结尾进行总结和归纳的结构方式。

如“丁香医生”公众号推文《讲真，别再盯着热量表减肥了》。开头表明观点：别让热量“绑架”你，减肥不是算卡路里。主体分别从“热量压根算不准”“严格控制热量可能带来新问题”“减肥该做的是调整饮食习惯”三个角度阐述核心观点。结尾总结，进一步强调不要让热量“绑架”你这一观点。

【复习和练习】

请复习前面章节提到的结构化思维和工具，尝试使用结构化思维拆解高阅读量推文，思考结构化思维如何用于公众号推文的写作。

④具体写作

完成前三步之后，最后一步是具体写作。写作一篇文案通常包括标题、正文（含开头、主体和结尾）两大部分。

（3）微信公众号文案的写作方法

①标题

标题是用户对文章的第一印象，牵动着用户的阅读兴趣。根据写作方法，微信公众号文案标题可以分为借势式、对比式、数字式、悬念式标题等类型。

a. 借势式标题

借势式标题是指借助热点人物、事件和话题等“爆点”而制作的标题。借助“爆点”，能让文章获得更高的点击量和更大范围的分享传播，从而扩大品牌知晓度、美誉度，提高产品的销售量。

例如“人民日报”微信公众号推文《今晚，和杨利伟一起体验〈太空一日〉》。该推文发布于神州十八号航天员乘务组出征前一天，借助了神州十八号载人飞船发射的热点事件和航天英雄杨利伟这一热点人物。

b. 对比式标题

将数字、人物、事实或性质定义、情绪心理、看法观点等具有对比反差的内容提炼出来，以突出观点，吸引受众注意的标题是对比式标题。

例如“财经杂志”公众号推文《ChatGPT 爆火的冷思考》，标题中“冷”与“火”形成鲜明对比，引导用户好奇和思考反差。

c. 数字式标题

数字式标题是指利用数字的直观性吸引用户注意力的标题。

例如“人民日报”微信公众号推文《令人作呕！成本 5 元，利润 400%！很多人给孩子买过》。该文介绍了浙江台州警方成功捣毁一起涉及多省的重大制售盗版书籍案，查缴涉嫌侵权盗版书籍 26 万余本。标题中的“成本 5 元”“利润 400%”直观呈现了盗版书籍的劣质和暴利的两大特点，强烈地吸引用户的注意力。

d. 悬念式标题

悬念式标题是指将软文中最具吸引力的内容在标题中做出提示或暗示，从而诱发读者好奇心的标题。这类标题或抛出疑问，或“话说一半留一半”卖关子，通过设置悬念激起受众想要一窥究竟的阅读心理，此类标题的曝光率较高。

例如新华社微信公众号曾围绕年俗文化推出“为什么”系列:《大年三十，今天我们为什么要守岁》《大年初一，今天为什么要给压岁钱》《大年初二，今天为什么要回娘家》等，在不以为然的习惯中找到“然”，即文化上的原因，使日常生活真正地可感可观，对民俗文化建立起认同感。

②正文

正文的写作包括开头、主体、结尾三个部分。

a. 开头

开头是用户点击进入文案界面后首先映入眼帘的段落。想要写出让用户有阅读欲望的开头，可以尝试在开头讲故事。

金字塔原理中的SCQA模型（Situation情景—Complication冲突—Question疑问—Answer回答），可用于开头故事的讲述。根据不同的写作需要，选择不同的故事模式，如标准式（SCQA）、开门见山式（ASC）、突出忧虑式（CSA）、突出信心式（QSCA）式。

b. 主体

主体部分应按照叙述或解决问题的逻辑，对内容进行层层展开和剖析。

如绍兴兰亭景区公众号推文《兰亭“老王”正式“入职”》的正文，采用了结构化思维中的金字塔工具和5W1H工具。开头结论先行，点出主题：立足优秀传统文化，用原创IP讲好“中国故事”。主体的纵向结构，层层递进，回答了“老王”是谁（Who），老王是什么样子（What）、从哪儿来（Where），老王的时空形象变化（When）、如何设计（How），为什么这样设计（Why）等问题。正文结构清晰利落。

c. 结尾

结尾对整篇文案进行总结概括，对要点或重点再次提醒，也可抒情或对展望未来，或设置活动与粉丝互动。

2. 微商朋友圈文案

（1）微商朋友圈文案的概念

微商是基于移动互联网的空间，以社交软件为工具，以人为中心，以社交为纽带的新商业模式。微信朋友圈一般指的是微信的社交功能，用户可以通过微信朋友圈发表文字、图片或短视频，并对好友发布的朋友圈内容进行评论和点赞。也可通过其他软件将文章或音乐分享至微信朋友圈。微商朋友圈文案就是基于以上功能，通过微信朋友圈传播，实现营销目的的文案。

（2）微商朋友圈文案的类型

微商朋友圈文案可以分为硬广告和软广告两种类型。

硬广告主要包括品牌推广、产品展示、用户反馈、专业知识普及以及用户互动活动等。品牌推广，一般指腾讯提供给品牌方的一种推广服务，即“朋友圈广告”，其功能和目的主要是让目标用户认知产品和品牌。因此，在写作上无须详细介绍该产品的功能，只需用简洁的文案突出品牌的风格与内涵即可；产品展示，指文案更聚焦产品的功效特点、活动优惠、售后服务等内容；用户反馈，是指用户购买和使用产品的评价及反馈，是增强用户信任感的关键点。用户反馈文案一般使用聊天截图，从用户的角度侧面反映出产品或服务的优势、特点；专业知识普及，是指向用户介绍产品的专业知识，如产品的使用方法、功效说明等。它给用户以作者是专业人士的印象，从而建立信任感。用户互动活动，一般包括集赞赢礼品、发放优惠券等活动，重在引导用户参与互动，提升文案热度。

软广告包括日常生活分享、情感价值输出、借势营销等。日常生活分享，是指写作者在朋友圈以普通人的视角分享生活片段，将产品“不动声色”地植入图文；情感价值输出，是指瞄准用户的情感“痛点”、利益点而写作的文案；借势营销，则是借助热点话题、热度人物、节气礼俗等要素，结合自身产品、服务进行营销的一种文案。

（3）微商朋友圈文案的写作要点

微商朋友圈主要基于熟人社交展示场景，文案的写作要把握以下要点：

①站在用户角度

作为典型的新媒体文案，要利用好与客户生活圈子较近的距离优势，站在用户的角度思考文案的创作，比如用户想要什么、喜欢什么、产品提供何种价值，文案风格与发布者形象统一等等。

②营销柔和适度

微商朋友圈虽然以营销为目的，但具有基于熟人社交场景展示的属性。生硬的、强行的营销让人反感和抵触。文案的写作尽量生活化、娱乐化，有个人趣味、有人情关照。以舒适不打扰、长存不强势、从容不急迫、有格调不庸俗为原则，使用户逐步对产品或品牌接受和认可。

③内容布局美观

图文结合式、短视频形式的文案，更加富有观赏性，也更符合当下用户的阅读习惯。图文结合式，文字不宜超过100字，图片最多9张，每行3张排布。优选原创、高清、构图配色皆美的图片。

④语言浅显有趣

朋友圈文案本身就用于分享生活和体验的瞬间，日常化的表达很多。因此，文案的语言宜浅显生动，不宜艰深晦涩，以使用户阅读得轻松无阻碍。

⑤发布频率适中

朋友圈文案的发布频率不宜过高，频繁发文、重复发文被称为刷屏，很容易让用户反感和抵触。一般每天发布 3 条内容有变化的文案较适宜。

【例文】

图 3–16 左图案例中，文案作者分享了为期九天的陶艺课程的动态，生动讲述了学员不远万里兴致勃勃前来学习陶艺。通过合并图片、突出图片中的人物和作品，最大化地利用了九宫格的位置。照片原创、拍摄清晰，取景美观，紧扣活动主题。用户阅览文图，就能知道课程是什么、干什么，被玩泥的快乐和创造作品的成就感吸引。文案不仅帮助学员记录和回味了课程的美好瞬间，还有效地吸引到其他用户的关注和参与。

图 3–16 右图案例来自一家很有经营特点的个人旅行社团，目标用户为热爱户外运动、注重深度体验、体能和收入较好的人群，客户普遍对自然风景、人文审美、服务品质的要求较高。写作者本身具有良好的文化素养和营销思

维，善用分享式、体验式文案，以散文诗一般的优美文字和原创实景图，击中用户探索自然、远离人群的需求。擅长植入营销点，如“最适合初次入藏的小伙伴”“必须跟我们去”“我们不一样”等，打消客户疑虑，助推用户做出选择。

“童窯陶瓷 TungYaoCeramics”

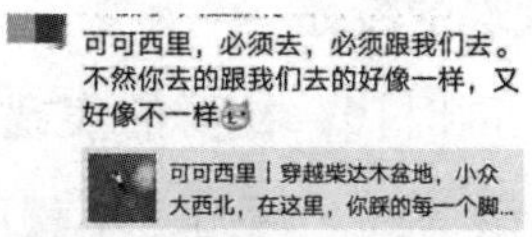

“大鱼旅行”

图 3–16　个人朋友圈截图（均已授权）

（三）社群文案写作

2023 年 9 月，清华大学新闻与传播学院新媒体研究中心发布的《新媒体发展研究 9.0 版》显示，“粉丝对品牌或个人的忠诚不仅基于产品或服务的质量，还包括情感、文化和社群认同。”“社交媒体平台提供的展示和推广空间，进一步加强了社群效应。”“社群”已成为新媒体时代群体力量与影响力的代名词。

1. 社群与社群文案的概念

所谓社群，从狭义来说，是指因为某种需求与爱好而聚集在一起的稳定的群体结构。而社群文案是指文案创作者为了引导社群成员做出能够促进目标实现的行为而创作的文案。

2. 社群的特征

互联网时代，社群的表现形式更加多样。从不同的载体来看，可以分为QQ群、微信群、网站、小程序以及App等；根据社群成员所追求的目标来看，社群可分为产品社群、兴趣社群、品牌社群、知识社群等。想要把握社群文案的创作方向，就要了解社群的以下特征。

（1）成员追求共同目标

社群的发起就是从群成员拥有共同目标开始的。例如某旅游订制群，群成员的共同目标是能够成功订制符合个人需要的旅行线路，在这个沟通的过程中，群成员会就出行时间、旅行目的地、旅行交通方式、旅行住宿等问题进行详细沟通，以促进订制目标的实现。

（2）内部具有稳定组织

社群内部成员担任不同功能的角色，如发起者或称管理员、意见领袖、参与者等。社群内的意见领袖，一般在某个方面有着丰富的经验或专业的知识，其言行能够对群成员产生一定的影响。

（3）群内制订行为规范

为了保证社群的正常运作，制订社群行为规范必不可少。一般社群规定不能私自在群里发布与社群主题、职能不相关的广告或其他内容。有的社群还规定，成员需要分享相关内容，以保持社群的活跃性。

（4）群内持续产出内容

社群内持续稳定地产出内容，有助于维持社群成员的“黏性”，并进一步扩大社群影响力。在社群内，内容产出的形式多样，可以是文章、活动、福利等。内容产出的作者可以是管理员，也可以是群内其他成员。

3. 社群文案的分类

根据社群文案的目的差异，可以将社群文案分为社群邀请文案、社群营销文案、社群活动文案等。

（1）社群邀请文案

社群邀请文案又叫社群引流文案，是为了招募有相似需求和兴趣的用户而撰写的一种文案。这类文案内容主要包括社群简介、社群价值或利益承诺、社群成员特质、社群加入方式等。例如案例中来自某书画院的社群邀请文案，为了邀请用户加入社群参加国画学习，在文案中具体交代了文案的作者身份、开课时间、入群邀请以及课程学习所需要的相关工具。

【例文】

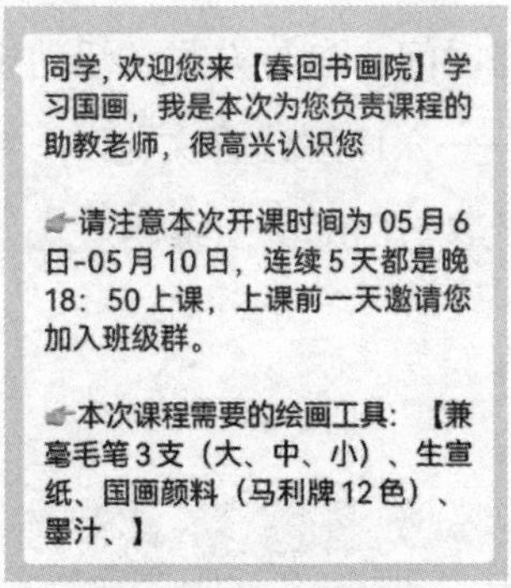

图 3–17 “春回书画院”社群截图（已授权）

（2）社群营销文案

社群营销文案，是指以诱导社群成员产生购买行为为目的的社群文案。这类文案的写作不一定单独存在，常常与社群邀请文案合二为一，或者与社群内的分享、交流等活动相结合。例如图 3–18 某企业的社群营销文案，即与交流活动相结合，一方面以公益形式普及和传播古琴文化，另一方面隐含有课程营销，通过优惠政策、名额限制等信息刺激用户积极参与，增加购买概率。

【例文】

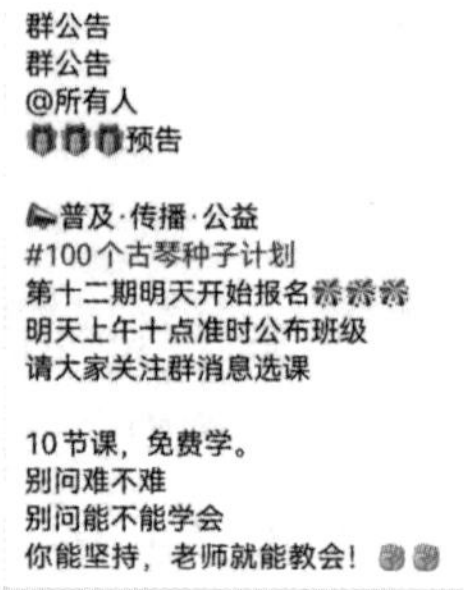

图 3–18 “半圣琴院”社群截图（已授权）

（3）社群活动文案

社群活动文案是围绕社群举办的活动而撰写的文案。这类文案的目的是让用户明白活动的宗旨、参与时间、参与方式、活动规则等内容。例如某社群的活动文案“从博山炉说起——六面解读香文化”，向用户介绍了社群活动的主题、嘉宾、亮点、时间以及参与活动的二维码。

【例文】

图 3–19 “金陵拾雅雅集”社群截图（已授权）

4. 社群文案的写作方法

（1）社群邀请文案的写作

在写作社群邀请文案之前，创作者可以参照以下清单理清思路：

第一，社群的创建目的与宗旨是什么？

第二，与其他社群相比，该社群有哪些优势？

第三，社群的目标用户有哪些特征？痛点是什么？

第四，社群能帮助目标用户解决哪些问题，或带给目标用户哪些好处？

第五，加入该社群有哪些门槛？

上述问题思考明白之后，创作者就可以着手搭建文案框架了。社群邀请文案框架包括五个部分：标题、痛点、方案、证明和承诺。

①标题

首先，标题要真实准确，不能为了吸引用户入群而夸大其词或编造不实信息。其次，要切中用户的利益点或兴趣点。最后，标题的语言应通俗易懂。

②痛点

痛点就是用户迫切希望解决的问题。社群邀请文案的正文要聚焦于目标用户亟待解决的问题，以增加文案的吸引力。

③方案

方案是指针对上述痛点给出可行、具体的解决方法。

④证明

证明是指具有一定权威性的人士或机构，对社群价值的肯定与认同。这部分内容有助于消除用户的担忧与顾虑，能够给予用户一定的权威感和信任感。

⑤承诺

承诺是指为了消除用户入群的后顾之忧，对目标用户做出的无风险许诺。文案创作者可以在文案海报中写明“禁任何广告”“禁任何链接”等字样，以消除目标用户的担忧。

（2）社群营销文案的写作

社群营销文案的写作一般包括标题和正文两大部分。

①标题

社群营销文案的标题应突出营销的产品，让用户一看即明。

例如《甜蜜美食来袭》《南宋同里状元蹄开张啦》：

图 3-20　社区营销文案截图

②正文

正文要包含产品信息、链接或二维码。

a. 产品信息

产品信息的呈现方式可以采用图文结合式或文字式。但无论哪种方式，都要有助于体现产品的优势，从而吸引目标用户的关注，进而对产生购买欲望。

例如图 3-20《甜蜜美食来袭》《南宋同里状元蹄开张啦》中，产品信息部分均采用图文结合式，直观生动地呈现产品的色、形，具有一定的视觉冲击力。文字介绍了产品的名称、配料、价格等，用【 】符号和深色底纹突出产品优势，如使用优质淡奶油、零卡糖、抢免单等，增进用户对产品的了解和兴趣。

b. 链接或二维码

链接或二维码的功能是一致的，都是为了便于目标用户了解更多产品的信息，方便用户下单购买。

（3）社群活动文案的写作

根据活动的阶段，文案包括活动预热、内容简介、答疑环节、结束语四个部分。

①活动预热

活动预热是指对社群活动进行提前预告。群主会提前 @ 全体成员，预告活动的主题和时间，以吸引成员积极参与社群活动。

例如“此念对谈”社群邀请心理学专家组织讲座活动，提前半天在群内告知活动的背景、时间、嘉宾以及二维码。

【例文】

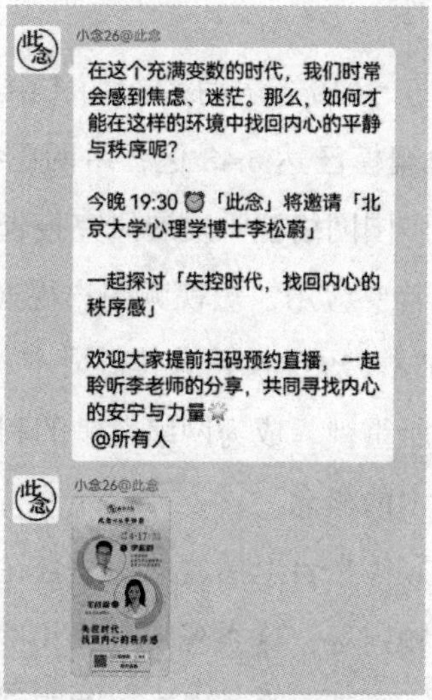

图 3–21 “此念对谈”会员福利群截图（已授权）

②内容简介

社群活动的内容简介呈现方式比较灵活，可以在文案中以简明扼要的文字加以说明，也可以在社群直播中由活动主持人口头介绍。

③答疑环节

这一环节会在社群活动中由嘉宾或主持人针对用户提出的问题予以回答，有助于消除用户疑惑，增强用户粘性。

④结束语

社群活动即将结束时，主持人要对社群活动进行总结，对嘉宾和参与的用户表示感谢，也可就后续社群活动计划进行预告。结束语要有助于营造轻松愉快的氛围，以便吸引用户持续关注并积极参加社群活动。

社群活动文案一般要在社群内“@所有人”发布，文案的排版清晰，篇幅不宜过长，一般不超过500字。如果涉及多个步骤，需要用序号标明先后顺序。以上操作都是为了便于用户阅读。

（四）短视频脚本写作

中国互联网信息中心于2019年6月发布的《中国互联网络发展状况统计报告》显示，短视频用户规模已达6.48亿，占网民整体的75.8%。而至2023年，仅仅四年时间，据《中国网络视听发展研究报告》显示，我国短视频已经成为吸引网民“触网”的首要应用，短视频用户规模达10.12亿。两组数字对比，可见短视频发展之迅猛。短视频凭借其低成本、强互动、广传播等优势，越来越被众多企业和个人所重视，成为网络营销的利器。

1. 短视频和短视频脚本的概念

短视频是指在各种新媒体平台上播放的、适合在移动状态和短时休闲状态下观看的、高频推送的视频内容。这类视频时长几秒到几分钟不等。

脚本的概念由来已久，脚本一直是电影、戏剧创作中的重要一环。脚本可以说是故事的发展大纲，用以确定整个作品的发展方向和拍摄细节。

短视频脚本是在拍摄和制作前期对整个短视频要表达的内容进行策划，并进行视频镜头分解，按不同镜头分组用文字将思路表达出来的文本。拍摄短视频，尤其是有剧情的短视频时，切忌想到哪儿拍到哪儿，盲目拍摄只会造成素材冗杂，而无法保证短片的呈现效果。脚本写作是必要和重要的。

2. 短视频和短视频脚本的类型

（1）短视频的类型

①按时长划分

可以分为 15 秒以下的短视频、1 分钟左右的短视频和 2—10 分钟的短视频等。

15 秒以下一般是用户自我表达所拍摄的短视频，美拍、抖音等平台上此类视频较多。1 分钟左右的短视频内容上比较完整，侧重对故事情节的表达，秒拍、快手上此类内视频较多。2—10 分钟的短视频专业性更强，梨视频、西瓜视频上此类视频较多。

②按表现形式划分

可以分为传统影视节目二次传播、网络视频短剧、微电影和用户自发生产的视频等类型。

传统影视节目二次传播可以增加用户的深度交流，让更多被二次传播吸引过来的用户转而关注原本的影视节目，对用户进行广泛引流，从而提高节目的收视率和知名度等。例如“芒果 TV”视频号推送的“乘风 2024”系列短视频就是对综艺节目“乘风破浪的姐姐”的二次传播。

网络视频短剧多是一些剧情轻松、有趣或有创意的视频集，通常有比较完整的故事情节，主要通过网络进行传播，从而达到吸引用户、传播产品和品牌的目的。例如快手与天猫合作的短剧《我在大宋开酒吧》，每集时长 4 分钟，主打穿越、奇幻、搞笑。

微电影是指通过互联网进行传播的具有完整故事情节、制作周期较短、投资规模较小的一种短影片。例如宝洁公司发布的微电影《小幸感》，由该公司旗下衣物护理品牌汰渍洁净熏香出品。该视频通过唯美的镜头和舒缓的音乐，从全方位视听为观众营造舒适温馨的生活氛围，将“小幸感”这一从微小感触中获得幸福的生活方式带入了大众视野，向用户传递“分享让幸福触手可及”的主题。

用户自发生产的视频是指用户通过互联网向其他用户展示与产品相关信息的视频。这类视频比较容易引发其他用户的积极关注和讨论，从而增加品牌粘性，深化推广效果。

（2）短视频脚本的类型

短视频脚本一般分为拍摄提纲、分镜头脚本和文学脚本，分别适用于不同类型的短视频。

①拍摄提纲

拍摄提纲一般是指为了拍摄一部影片或某些场面而制定的拍摄要点。其作用主要是对拍摄内容进行各种提示，主要适用于一些不容易掌控和预测的内容。比如记录、采访一些大型活动，可以通过指定拍摄提纲的方法，防止遗漏拍摄要点。

②分镜头脚本

分镜头脚本是指将文字转换成可以用镜头直接表现的画面大纲。通常分镜头脚本包括画面内容、景别、摄法技巧、时间、机位、音效等。

③文学脚本

文学脚本是各种小说或者故事改编以后，方便以镜头语言来完成的一种台本方式，比如电影剧本、广告脚本等。

3. 短视频的特点

（1）互动性

短视频一经发布，即可让发布者和用户进行单向、双向，甚至多向的互动交流。用户的回复可以为短视频造势，从而提高短视频的传播速度和用户覆盖面。

（2）娱乐性

短视频多是关于音乐、电影、旅游、生活、自然等方面的内容。这些内容有助于消除用户心理负担、缓解精神压力，同时也有助于分享信息，体现了短视频的娱乐性特点。这也是短视频日益受到广泛欢迎的重要原因之一。

（3）低门槛

可以利用手机进行短视频创作，而无须使用专业设备。短视频对制作人的要求较低，几乎没有专业限制。它从制作到发布，都有低门槛的特点。

4. 短视频脚本的结构和创作方法

短视频脚本由标题、开头、主体三部分构成。

（1）标题

短视频脚本的标题旨在让用户快速获取短视频的主要内容，从而决定是否继续看完视频。短视频标题常见的写作方法有以下几种。

①总结概括

总结概括是平实可靠的短视频标题写作方式。它概括和预告短视频的内容，或者标注“十大”“合集”“榜单”等字样总结相关信息。例如抖音热榜《太阳爆发强耀斑影响我国上空》，咬文嚼字编辑部发布的《2023 年十大流行语》、抖音知识发布的《2023 年抖音年度好书榜》等。

②引用数字

短视频的标题常常通过引用数字以吸引流量。例如《据说每个城市都来了1 亿人》《职场中的 3 个死穴，如果你踩中一个就麻烦大了》等。

③反差对比

这类标题擅长寻找和制造反差，利用反差、反转吸引用户点击观看。例如《如何用一身优衣库搭配出年薪百万的感觉》，再如天津动物园用天津方言诱导游客不要在动物园投喂动物，有创作者发布题为《挂面塞进去，没有猴会做》的方言视频。

④引发疑问

这类标题通常包含各类问句，或使用夸张的手法让人产生疑问，以勾起观众寻根究底的兴趣。例如《为什么要生孩子，我被这段话治愈了》《怎么分分钟写出文案金句》《一个细思极恐的实验，圆周率 π 这个常数究竟隐藏了多少秘密》等。

⑤大胆假设

标题通过大胆假设，激发用户的好奇心，吸引用户观看。例如系列视频“假如历史是猫猫之苏轼”“假如你穿越到古代，有人问你从哪里来，你可以这么介绍自己”等等。

【讨论】

学习了微博、微信、社群和短视频的标题写作方法后，你摸索到了哪些相似的规律和哪些不同？

（2）开头

短视频的前3秒内容是吸引用户的关键，要让用户在短短3秒产生兴趣，创作者要将创意应用在短视频的开头文案中。常见的短视频开头文案的写作类型有互动型、段子型、恐吓型、悬念型等。

①互动型开头

重在激发用户的参与感，可以采用第二人称，使用疑问句式或反问句式。例如“千年鸭蛋你见过吗？”“中国最美的50个古建筑，你去过几个？”以问句的形式引导用户思考和观看答案。

②段子型开头

段子具有故事感和画面感，能给用户制造身临其境的感受，尤其是有热度的段子较受用户的欢迎。例如电视剧《三十而已》热播时，某短视频文案“三十而已，太太圈大型拼包现场，260万喜马拉雅占C位，这些包你认识吗？”

③恐吓型开头

恐吓型开头是指通过相对夸张的方式营造一种紧迫感，从而让用户迫切希望通过观看短视频找到解决问题的办法。例如“一场大变革正悄悄来袭，有多少人还未觉醒？”“事关钱袋子！这个问题不能糊涂”“职场中的3个死穴，如果你踩中一个就麻烦大了”。

④悬念型开头

悬念型开头通过勾起用户的好奇心吸引用户观看。例如“不可错过”“一定要看完”“你肯定不知道”“我只做了一个动作，播放量冲破700万”等。

【多元视角】

引以为戒：“标题党：赚了眼球，丢了节操”[①]

房价、医疗、教育、股市……这些与社会民生息息相关的领域，一向是大众关注的热点，也是“标题党”的重灾区。特别是没有采编权的商业门户网站只好在标题上大做文章，以获得网友的点击和关注。

为何社会新闻、民生热点成“标题党”重灾区？朱巍指出：“根本原因在于现在的互联网经济是关注度经济。关注高了，流量多了，才有广告投放，网站才能赚钱。”为了获取关注度，“标题党”们在热点新闻上推波助澜、煽风点火，也在所不惜。“标题党”为了争夺关注和流量而剑走偏锋，其实是一种不正当竞争行为。“‘标题党’进行的是大规模、低价值的毛坯式生产，片面追求廉价的流行，可能会导致‘劣币驱逐良币’的结果。”中国社科院信息化研究中心秘书长姜奇平说。

去年底，北京市网信办通报“标题党”六大乱象：正题歪做违反正确导向、侮辱调侃突破道德底线、无中生有违背新闻真实、断章取义歪曲报道原意、夸大事实引发社会恐慌、格调低俗败坏社会风俗。

姜奇平认为：“整治互联网‘标题党’相当于在电子商务中打击假冒伪劣产品，不妨仿效电子商务，在新闻网站中引入信用评价机制，通过网友的差评让‘标题党’失去市场。”

① 许晴. 人民日报批“标题党”：赚了眼球，丢了节操［EB/OL］. 人民日报，(2017-1-26). https://www.thepaper.cn/newsDetail_forward_1608411.

（3）主体

不同类型的短视频脚本主体，在写作方法上有一定区别，但归根到底都是在讲故事。企业发布短视频，讲述创始人及后代的故事，目的在于宣传企业形象，塑造用户感知；围绕产品价值讲述故事，吸引用户眼球；借助情景剧的形式讲述品牌故事，给用户以深刻印象；用真实案例讲述用户反馈的事件，给用户以信任感。

例如，2023年初中国三峡新能源股份有限公司策划制作的一组“神兽”系列短视频，包括《“神龙摆尾”——四川金阳风电场悬崖上运输风机叶片》《“金戈铁马”——内蒙古库布其大基地项目先导工程建设》《“金鳞列阵”——安徽阜阳基地（古城）项目全容量并网》《“鲲鹏展翅”——福建福清兴化湾海上风电场建设运行》。该系列短视频拍摄视角宏伟，表现了悬崖、山地、沙漠等特殊地貌的壮阔场景，工程车整齐列队推进，再配合音乐、特效、文字等，给人气势恢宏之感。强大的视觉冲击力震荡着观众热血、骄傲的情感，让人感叹祖国山川之壮美、企业开拓之勇进。仅仅30秒的短视频，出新出彩地讲好了新能源故事，彰显龙头企业的实力和公信力，筑牢企业的引领者形象。视频一经推出，立刻成为网络爆款，实现了突破新能源行业的“出圈”传播。

以讲故事为中心的短视频脚本创作，其主体应该包括：故事主题；基本信息，如地点、时间、导演、演员；故事梗概；场景里的地点、时间、人物、景别要求；场景说明，包括场景里人物的动作、感情、表情、对白、旁白等。每个场景的拍摄景别、场景说明、人物的对话和旁白都需要详细罗列，以确保短视频拍摄的质量。

【例文】

表 3-13 《带娃游览陕西八大景点》短视频制作脚本 [①]

场景号	场景 / 解说词	配套画面	特效说明	时长秒	备注
1	场景：客厅 妈妈：大家好，我是 ××，感谢您收看我的视频栏目！昨天闺女期末考试结束了，我答应她今天带她去秦始皇兵马俑玩了一天。回来之后，我突发灵感，想趁着闺女放暑假的机会，带着她去游览一下陕西的八大景点。很多人说，暑假应该上补习班，但我不是这么想的。我觉得上补习班还不如去游山玩水。而且，我认为，玩也是一种学习。比如说，语文书上的诗文景色，历史课本上的知识典故，如果到实地去看一看，印象肯定会更加深刻。所以，这个暑假我就带着闺女去游览陕西八大景点，同时拍摄一部分视频分享给大家。 女儿（入画）：Hi，大家好！ 妈妈：闺女，暑假妈妈带你去游玩，而且我们将游览 8 大景点哦！开心吗？ 女儿：开心！谢谢妈妈！妈妈，我爱你！ 妈妈：闺女，妈妈也爱你！那么，接下来就跟大家分享一下我和闺女的兵马俑之行吧！	无	无	60	
2	场景：兵马俑入口处 妈妈：各位朋友，这里是秦始皇兵马俑的入口处，我们现在就往里走。哇！大家看，真的是人山人海，还有很多外国人。我们先去买票。	无	镜头由妈妈转向人山人海	10	
3	场景：售票处 妈妈：哇！终于买到票了，不容易！现在咱们就进去看看，被称为世界八大奇迹之一的秦始皇兵马俑到底有多神奇。来之前呢，我也做了一些功课。我简单介绍一下秦始皇兵马俑的情况。	无	无	15	
4	解说词配画： 兵马俑一共有 4 个坑，其中 1、2、3 号坑成“品”字形排列，而 4 号坑中实际上没有兵马俑，据传可能是因为秦末农民起义导致兵马俑没有建成。那么，为什么古人要做这么多的陶俑放在墓中呢？	（1）兵马俑内部结构 3D 图或视频；（2）兵马俑图或视频	图片做翻页效果	15	

① 释若 . 写作公式——新媒体写作从入门到精通［M］. 北京：北京大学出版社，2021.

续表

场景号	场景 / 解说词	配套画面	特效说明	时长秒	备注
5	解说词配画： 其实，这是一种殉葬制度。在奴隶社会，尤其是殷商时代，王公贵族死后，都是用活人陪葬。据说，在安阳殷墟王陵区内已发掘的十几座大墓中，陪葬人数达五千余人。想一想，是不是很恐怖？真的是惨无人道！	（1）古代杀人陪葬图片或视频；（2）安阳殷墟王陵陪葬遗址图；（3）报道安阳殷墟王陵陪葬情况的图片或视频	图片做缩放特效	15	
6	解说词配画： 到了周朝以后，随着周礼的盛行，用活人陪葬的恶习得到了一定的遏制。到了春秋战国时代，各国都开始废除活人陪葬制度，改成用陶俑代替活人陪葬。而秦始皇兵马俑就是以俑替代人陪葬的典型代表。	（1）周礼相关视频或图片；（2）春秋战国时期送葬视频或图；（3）兵马俑视频	图片做缩放特效	15	
7	场景：兵马俑 1 号坑入口处 妈妈：刚才给大家分享了一点点小知识。在这里友情提示一下，为了保护文物，在兵马俑内部，拍照时千万不要开闪光灯，否则会不利于文物的保存。当然，最好是不要拍照录像。所以，我们进去后就不录像啦！我在介绍时用的视频均是从影视剧或网上发布的视频中剪辑的。刚才我带着闺女分别参观了 1、2、3 号坑，一共花了近 4 个小时。我就给大家讲讲我们都看到了什么。	无	无	35	
8	解说词配画： 1 号坑主要是身着战袍的兵俑，据解说人员介绍，1 号坑的东侧有战士俑 210 人，其余位置有兵俑 204 人，每排有 68 人，组成方阵的后卫。在坑的中间位置，还排列着 38 路战车和步兵纵队，是军队的主体力量。据说，1 号坑是当地村民在打井时发现的。现在，井口的位置刚好在 1 号坑的东南角。	无	从不同角度拍摄 1 号坑的视频（特写、中景、全景）	25	

续表

场景号	场景 / 解说词	配套画面	特效说明	时长秒	备注
9	解说词配画： 2 号坑位于 1 号坑的东北侧，建筑风格与 1 号坑差不多，但是比 1 号坑的规模要大得多，而且内部陈设更加复杂。2 号坑共分为 4 个单元，有陶俑和陶马 1300 多件，战车 80 余辆，青铜兵器数万件，还有将军俑、鞍马俑、跪姿射俑。	（1）全景介绍 2 号坑的视频；（2）陶俑、战车、青铜兵器、将军俑、鞍马俑、跪姿射俑等特写	（1）双画面；特写及与解说词相匹配的视频或图片；（2）可视情况做单、双画面切换	20	
10	解说词配画： 第 1 单元位于俑坑东侧，主要由 60 个立姿俑和 160 个跪姿俑组成，均为持弩的士兵。这样的布阵便于作战时分别采取立姿和跪姿进行轮番射击，确保对敌人形成不间断攻击。	全景、中景、特写等画面要尽量与解说词同步		20	
11	解说词配画： 第 2 单元位于俑坑右侧，是由 8 行 8 列组成的 64 架战车的方阵。从战车方阵可以看出，秦朝的军事力量的确很强大，怪不得可以一统天下。			10	
12	解说词配画： 第 3 单元位于俑坑中部，是一个由 19 辆战车、264 个步兵俑和 8 个骑士俑组成的长方形综合方阵。看到这个方阵，立即可以想起影视剧中古代军队整装待发的恢宏场面。			22	
13	解说词配画： 第 4 单元位于俑坑东侧，是一个声势浩大的骑兵方阵，由 108 个骑士俑和 180 匹陶鞍马俑组成。看到这样的阵势，似乎看到了秦国骑兵所向披靡的气势。			22	
14	解说词配画： 3 号坑位于 1 号坑的西北侧，共有兵俑 68 个。据解说人员介绍，3 号坑是 2 号坑的指挥部，也是 3 个坑中唯一没有被大火焚烧过的。所以，我们可以在 3 号坑中看到较多的彩绘，颜色非常鲜艳。			25	

续表

场景号	场景 / 解说词	配套画面	特效说明	时长秒	备注
15	场景：客厅 妈妈：朋友们，说到彩绘，我想起上次和闺女看《芈月传》时，闺女突然跟我说："兵马俑真正的主人是芈月。"那么，她说的到底是不是真的呢？其实，这个问题还没有得到证实。不过，既然闺女这么说，一定是她在哪里看到了什么消息，不妨让她讲讲缘由吧！ 妈妈：闺女，来，给妈妈讲讲，上次看《芈月传》时，你为什么说兵马俑的主人是芈月啊？ （闺女入画） 妈妈：给大家打个招呼吧！ 女儿：大家好！我上次和妈妈说兵马俑的主人是芈月，是因为我无意中看了一篇文章，觉得挺有道理的。	无	无	45	
	第一，部分兵马俑身上刻了"月芈"这两个字，但古人写字是从右往左的，我们应该将兵马俑身上的字读作"芈月"。而且学者研究发现，兵马俑身上刻的字与阿房宫遗址桶瓦上刻的"芈月"，意思应该是一样的。	无	（1）双画面：闺女的特写及与解说词相匹配的视频或图片；（2）可视情况做单、双画面切换	15	
	第二，从芈月在秦国的身份地位看，她是秦昭襄王的母亲，虽然是楚国人，但是她曾在秦国独揽大权 40 余年，史称"秦宣太后"，她也是中国历史上第一个被称为太后的人。而且，在芈月主政期间，秦国的国力提升得很快，她的文治武功得到了国人的高度认可。	无		22	
	第三，从兵马俑的颜色、表情和着装来看，当时的秦国人喜欢黑色，而楚国人喜欢红色，我们从那些被还原出来的彩色兵俑可以看出，服装均为红色。而反观其他兵马俑，都没有戴头盔，也没有盾牌，面部表情显得很沮丧，有点像陪葬的队伍。最重要的是，我们仔细观察兵马俑的发型，大多是偏向一边的，这在当时的楚国，是很流行的一种发型。	无		28	
	第四，从位置来看，兵马俑坑位于咸阳以东，面向东方，而芈月的故乡楚国恰好在秦国的东边。	无		10	
	第五，从兵马俑坑中发现的物质来看，坑中有麋鹿的骨骸。麋鹿是楚国的奇珍异兽，这在秦代其他的墓葬中是很少见的。最重要的是，在 3 号坑的西北角 150 米处，考古人员发现了一个神秘的大墓，而墓主的身份依然是个谜，我们可以假设这个墓的主人可能就是芈月。 通过这五个方面的分析，我们所看到的兵马俑也许是秦昭襄王按照楚国的习俗，专门为母亲芈月而做的陪葬队伍，好让母亲在九泉之下能魂归故里。	无		40	
	妈妈：哇！我真没想到，闺女居然能对"兵马俑的真正主人是谁"这个问题思考得这么深！	无	无	15	

续表

场景号	场景 / 解说词	配套画面	特效说明	时长秒	备注
15	妈妈：闺女下学期就要上初中了，她刚才的一番见解，真的是把我惊到了，哈哈…… 好的，朋友们，感谢您收看我的视频。那么，兵马俑真正的主人到底是谁呢？真诚欢迎您在评论区留言讨论！顺便剧透一下，下期视频我将带着闺女去华山看日出哦！欢迎喜欢的朋友持续关注哦！	无	无	28	
	妈妈：您的关注，就是我行动的力量！本期视频就到这里啦，希望各位朋友一定要关注、点赞、转发哦，再见！	无	无	10	
说明：本期短视频约 9 分钟，必须打字幕。需要的素材包括： （1）实景拍摄； （2）相关影视资料； （3）相关图片资料。					

【解析】

○写作思路

题目《带娃游览陕西八大景点》直白地点出该短视频属于亲子旅游类，定位目标用户为宝妈宝爸、同年龄段儿童、教育工作者和旅游爱好者等人，视频的内容创作应该融休闲、娱乐、教育等功能为一体，视频的语言风格应平实易懂、轻松不说教，内容的呈现应活泼、细致和丰富。

○设计表格

短视频制作脚本包括场景号、场景 / 解说词、配套画面、特效说明、时长和备注。以单元格划分，内容清晰可辨，确保解说词、画面、时间轴准确对应。标注特效，提前设计和记录拍摄要求，如角度、景别、运镜等，为丰富地呈现内容做出充实的准备。

○脚本开头

解说词的写作：

以母女谈话这一贴近日常的生活场景作为暖场词，给人亲切放松的观看体验。“暑假应该上补习班，但我不是这么想的”“玩也是一种学习”向观众清晰地传递出短视频的创作背景和作者的价值观念，引发观众的思考和共鸣。主题先行说正事，亮明视频内容：游览陕西 8 个景点。

场景设置：

开场设置在家中，稍后将通过场景的转换，模拟“外出旅游”，给观众带来移动感和新鲜感。

〇脚本主体

解说词的写作：

主体内容是边游玩景点边学习知识。因为整个脚本的逻辑主线是清晰的，脚本内容、画面和时间分配皆清清楚楚，没有遗漏，也没有冗余。

主体内容的逻辑为金字塔结构，还暗含了 SCQA 模型。写作层次清楚，语言叙述有序。

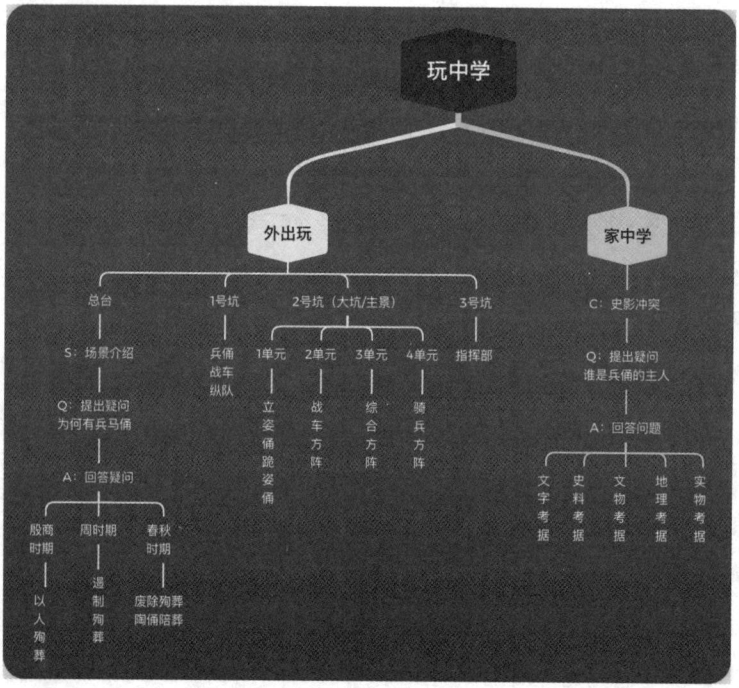

图 3–22 《带娃游览陕西八大景点》短视频脚本：金字塔结构图

结论先行：开篇点出玩中学的理念。

以上统下、以下论上：首先，下级分论点“外出玩”加“家中学”，共同证明上级结论；其次，2号坑中1、2、3、4单元，每个单元的代表文物，逐级展开，各有特点；最后，暗含两个省略式SCQA模型，基于场景或冲突，提出问题和解答问题，很好地利用了旅游的场景和知行的冲突。

归类分组：首先，根据时间逻辑展开，殷商—周—春秋，揭示了产生殉葬、遏制殉葬、废除殉葬的历史；其次，根据考据角度排序，包含文字、史料、文物、地理、实物，从各个角度充分解答上级疑问，尽可能全面地给出解释，丰富儿童的知识。

场景设置：

场景移动线路为，售票处（总台）—景点1、2、3号坑—家中客厅。明显的景观变化，防止观众感觉沉闷，照片和视频给观众带来实地体验感。每到一景，进行解说词讲解，使场景与内容同步。回到家中客厅中模拟回归，为接下来的知识讲解做出准备。讲解由儿童主导，语言日常化，避免“掉书袋”式的学究讲法，措辞比较谨慎，指出“其实，这个问题还没有得到证实。”表示这只是一种说法，还有待论证。防止绝对化导致的知识错误和传播。同时，启发家长观众不要压抑儿童的阅读、思考和表达。

〇脚本结尾

结尾再次提出问题“兵马俑真正的主人到底是谁”，引导用户评论和互动，给予视频更多关注和流量。预告下期主题，呼吁用户关注、点赞、转发，明确表达诉求。

整个脚本以对话式、导览式展开，既让观众欣赏了景观，又分享了历史知识，践行了玩中学的理念，满足了目标用户好好观赏、微微学习、看看别人怎么带娃教娃的需求，展现出较成熟的互联网用户思维和写作的结构化思维。

【小结】

新媒体平台正在发挥越来越大的影响力，早已全方位地渗透进我们的生活、学习和工作等各个领域，并带来极大的变化，同时也为相关从业人员带来了无限的挑战和机遇。

经过时间的推移，新媒体基本形成三大矩阵、数个产品。第一矩阵主要包括微信平台、微博平台等。其中，微信平台包括微信公众号平台、微信个人号、微信群、微信广告资源等。第二矩阵包括直播平台、视频平台等。其中，视频平台包括抖音、快手、美拍等。第三矩阵包括自媒体平台和论坛平台。其中自媒体平台包括头条号、微信公众号平台等。新媒体为品牌提供了广阔的创意空间和价值转化的可能性，已经成为宣传和营销的主阵地。

不同平台有着不同的内容生产和分发机制。不少互联网内容创作者会在不同平台进行内容分发，形成矩阵模式。以微信公众号、微博头条为主要平台的图文形式最受创作者青睐。图文创作相对简单，信息量大、阅读速度快。但是，图文内容的生产需要创作者具备扎实的文字功底和独到的观点。相比之下，随着拍摄设备的普及，短视频的制作和观看几乎都是低门槛，它更加生动直观，获得了越来越多的关注。

追逐流量、急于变现的创作心态不利于优质内容的产出，而跟风炒作、哗众取宠的内容，随着国家加强对低劣信息打击的力度，终将被市场淘汰。内容创作者必须坚守创作优质内容的初心，在激烈竞争的市场环境下深耕细分领域，寻找独特的定位和优势，坚持用户思维、产品思维和结构思维，认真打磨内容选题、制作、包装的全部细节，呈现出专业的、有深度、有温度的内容。

【练习】

1. 以小组为单位搜集 5 篇优秀的新媒体文案，分析其优点，完成下表。

文案标题	主要内容	平台来源	优点分析

2. 从上述案例中挑选一份你最感兴趣的新媒体文案，小组合作完成下表。

项目		内容
写作目的		
市场调研	产品特点	
	竞品特点	
	目标受众	
创意梳理		
文案执行		
优点		
缺点		

3. 尝试运营一个微博账号，结合当下热点，借势发起话题，完成文案写作，并选择有亮点的回复进行互动。

4. “水韵江苏，有你会更美”是江苏省文化和旅游厅运营的旅游公众号，用于发布江苏文化和旅游资讯。假设你是该公众号的文案创作者，需要为该公众号写一篇有关大运河的旅游、饮食消费之类的文案，请你完成以下任务：

（1）请从性别、年龄、受教育程度、收入水平、利益诉求等维度对该公众号的用户进行分析。

（2）根据上述分析结果，绘制拟撰写文案的写作结构思维导图。

（3）完成微信公众号文案的标题、开头、主体、结尾的撰写。

5. 假如小美是一位烘焙师，平时会制作各种西点和甜品。中秋节快到了，小美想发布一条微信朋友圈文案，宣传自己的烘焙产品，以吸引更多用户购买。如果请你为小美撰写这则文案，你将如何写作？

6. “21 天阅读与写作打卡”微信群是一个专门为阅读与写作的爱好者提供阅读书目推荐、阅读与写作经验交流服务的社群。该社群要求成员连续 21 天每天晚上 10：30 之前完成当天阅读与写作的分享任务。该群规定，不允许群内成员闲聊或打广告。假设你是该社群的管理员，请你完成以下任务：

（1）尝试为该微信群撰写一份社群邀请文案。

（2）该群的发起者是一位资深记者，有丰富的深度报道写作经验。应社群成员要求，该发起者决定举办线上写作培训，共12讲，每讲2小时，收费688元。请你为该群撰写一份社群营销文案。

7. 请以“最美是家乡”为主题，为宣传家乡撰写短视频文案，具体任务如下：

（1）请创作一篇宣传你家乡的剧情类短视频文案。

（2）请选取你家乡的一道特色美食，撰写一篇硬广类短视频文案。